Reminiscences of a Stock Operator

彼得·林奇、索罗斯 点评版

股票大作手回忆录

[美] 埃德温·李费佛 ◎ 著
荣千 ◎ 译

立信会计出版社
LIXIN ACCOUNTING PUBLISHING HOUSE

图书在版编目（CIP）数据

股票大作手回忆录/(美)李费佛著；荣千译.--上海：立信会计出版社，2016.2

（去梯言）

ISBN 978-7-5429-4802-1

Ⅰ.①股… Ⅱ.①李… ②荣… Ⅲ.①股票投资－经验－美国 Ⅳ.①F837.125

中国版本图书馆CIP数据核字(2015)第288290号

策划编辑　蔡伟莉
责任编辑　蔡伟莉
封面设计　久品轩

股票大作手回忆录

出版发行	立信会计出版社				
地　　址	上海市中山西路2230号		邮政编码	200235	
电　　话	（021）64411389		传　　真	（021）64411325	
网　　址	www.lixinaph.com		电子邮箱	lxaph@sh163.net	
网上书店	www.shlx.net		电　　话	（021）64411071	
经　　销	各地新华书店				

印　　刷	北京柯蓝博泰印务有限公司
开　　本	720毫米×1000毫米　1/16
印　　张	17　　　　　　　　插　页　2
字　　数	253千字
版　　次	2016年2月第1版
印　　次	2018年6月第6次
书　　号	ISBN 978-7-5429-4802-1/F
定　　价	36.00元

如有印订差错，请与本社联系调换

历经20年的岁月沧桑,《股票大作手回忆录》仍是我一生最钟爱的图书之一。

——著名投资家 肯尼斯·L.费希尔

在对当代最杰出的30位证券交易员的采访中,我向他们提出了同样一个问题——哪一本书对其最有启发?迄今为止,独占这榜单首位的,仍然是70多年前出版的伟大著作——《股票大作手回忆录》!

——《金融怪杰》作者 杰克·施瓦格

作为杰西·利弗摩尔这位历史上最富传奇色彩、令人炫目和最受尊敬的金融市场投机者之一的传记,这部关于股票和期货市场的经典著作过去、现在、将来都将令广大投资人、交易者爱不释手。

——《期货交易策略》作者 斯坦利·克罗

这本书（《股票大作手回忆录》）确实是任何严肃交易者的必读书。

——资深交易员、《驾驭交易》作者 约翰·F.卡特

苦闷中，我又拿出埃德温·李费佛的《股票大作手回忆录》重读，这本我奉若投资圣经的书出版于1923年……大家都知道这本书讲述的是传奇人物杰西·利弗摩尔的经历……这本书荟萃了身处20世纪前30年那个阴谋、内幕、操盘盛行的市场环境中的一个职业炒家的智慧精华和逸闻趣谈。一个世纪以来，市场并没有改变太多。

——美国第一投资策略师、《对冲基金风云录》作者 巴顿·比格斯

本书是投资者的案头必备必读经典——无论是入门新手还是经验老手。

——《投资者日报》创始人 威廉·奥尼尔

Reminiscences of a Stock Operator | 导 读

伟大优秀操盘手的"护城河"

刘海亮[①]

当立信会计出版社即将出版的《股票大作手回忆录》及《股票大作手操盘术》这两本书稿整齐地呈现在我面前时,其实我是不愿花时间去读的。因为我之前曾多次读过这两本书的中英文版,不但十分推崇,而且还多次行文推荐。因此,我觉得重读这两本书并不是当务之急,草草浏览一下就足够应

[①] 刘海亮,南开大学经济学硕士,1992年期货行业在大陆复苏开始便投入其中,至今20年有余,有深厚的理论功底和丰富的实战经验,除国内证券期货外,还直接参与过外盘的实盘操作,业绩不凡;更深度观察无数顶尖操盘手无数,总结出成系统的如何成为一名优秀操盘手的素养论。他的期货理论来自实战,集各家之长又自成体系,兼具思想性和实用性。在中国证券报、期货日报等主流财经报刊发表过大量文论,深受好评。现任职于北京东方盛悦投资管理公司。著有畅销书《从一万到一亿:证券期货之老鬼真言》。

付差事。但没想到这一浏览，几个小时就过去了，再后来，我居然开始仔细地读了。究其原因，还不完全是因为内容，因为这些内容我早已熟稔于心。吸引我的一个直接原因，还是荣千的译笔之工：不但有别于不少图书庸常的翻译腔和硬译，而且在整体审美传达上也堪当"信、达、雅"之誉。

利弗摩尔是一个游离于投机天才和精神病患者之间的绝世高手，是股市里的坏孩子。这个有着悲剧英雄色彩的人物长期痴迷于交易，有大瑕疵但更有真性情，言辞行为哲学而感人。所以他才会比永远正确的股神们耐看，就像李世石的棋比李昌镐的好看一样。这个胆大包天到"卖空美国"的人，在股市大崩盘中"恶意做空"，赢利一度相当于全美国年GDP的2%，但他那近乎爆仓止损法的另类风控习惯在最后一次击溃了他，并在最终繁华落尽后用一颗子弹将其斩仓。

《股票大作手操盘术》是利弗摩尔亲手所撰，《股票大作手回忆录》则同出自财经名记李费佛的手笔，可以说是小说版的《股票大作手操盘术》。这两本书为什么能穿越时空畅销几十年，原因远不止好看那么简单。近一个世纪悠悠而过，期间能称得上股神的作手们都对这两本书盛赞有加，连索罗斯、彼得林奇、巴菲特及其师父、师爷也是如此。甚至，巴菲特还指定其为股市赢利必读书："读再多的投资书籍也不见得就真能笑傲股市，但是连利弗摩尔都没有读过，赢利基本上等于妄谈。"

对普通投资者来说，许多人倾其一生也达不到利弗摩尔的思想高度和实战水平，但阅读这两本追踪交易员心路历程的巨著，可以引领我们更加清晰地认识市场，认识自我。利弗摩尔的成功以及失败都是对投资者最好的启示，正如书中所说的那样，要想在投机市场长期生存，天分、勤奋和自我管理，缺一不可。

投资者的经验都是用真金白银换来的，所以为了使自己少走些弯路，我们还是应该认真学习前人的经验和告诫。有意思的是，因为过早做空而二度破产，利弗摩尔当时甚至认为自己不是做交易的料；就连这个天才也这么想过，所以普通的交易者大可不必对重复犯错过于介怀。投机交易是让人上瘾的危险游戏，市场一定会用各种方式证明大部分人是错的。人们常说，不要在同一个地方跌倒两次，但对投资者，包括利弗摩尔这样的天才来说，这句话基本上就是笑话，谁没有在同样的场景下反复亏损过？

利弗摩尔的四次破产乃至最后自杀都与他的交易理念无关，所以我们大可不必因人废言。他第一次破产是被"对赌行"的规则所害，第二次破产是因为过早放空，第三次是逆市重仓投入了棉花期货，而最后一次破产，则完全是因为他树大招风，在市场大幅波动中乱了章法。

利弗摩尔在交易方面的天才，没有人能够望其项背，但他的缺点却更是致命。一个天才最终赔掉身家性命的凄美悲剧，正说明了投机市场上稳定赢利的可贵，哪怕收益率并不那么高。因为他的人性弱点，利弗摩尔的结局似乎已经注定了，例如，在市场上屡次得手后，这个当年的穷小子变得比所有的富豪都奢华：曼哈顿的公寓、长岛和欧洲的别墅、私人火车车厢和私家飞机，这还不算，他还有多名情妇，并和妻子公开闹离婚。正因为这种种不检点，这个在大股灾中睥睨全美的交易员之后没几年便赔了个精光。不过，就像文王演周易、孙子写兵法一般，他在人生最低谷时写出了《股票大作手操盘术》一书。负债出书后不久，他留给这个世界最后一句话是："我的一生是一场失败。"这是他个人的不幸，但却是后来者的幸事，因为谁的财富最终都将归于泥土，而他留下的思想却是长远的。

所以，利弗摩尔最后落败的主因是人性，而不是他的交易理念和方法。市场调研发现，品行不好的人一般都成不了好的操盘手，原因是投机市场的奖惩是浓缩的，市场会用资金倍增的方式奖赏"好人品"，比如谦卑、自律、勇敢、刻苦、忍耐、冷静，同时也会加倍惩罚"坏人品"，比如贪婪、恐惧、冲动、浮躁、自大、懒惰。由于这种正负能量的轮回，久而久之，操盘手的好习惯会被强化，坏习惯会被克服，然后好习惯也会被不知不觉地套用到日常生活中，他们的人品自然也就会越来越好了。情场得意，赌场失意这句话，平时我们只是当笑料说说而已，但在投机市场里还真的是这样，如果你天天过得声色犬马，一定会影响到交易心态，心态一乱，市场之耳光立刻就会抽到你的脸上，利弗摩尔的经历就是一个明证。

持久的伟大才称得上真正的伟大，所以我不愿承认利弗摩尔是伟大的，而愿意承认他是不世出的。做投资不只是依赖知识的积累和分析能力的提高，甚至操盘经验也不是全部，而拥有好的人品则是不可或缺的。交易的真理往往很简单、很朴素，它在客观上要求人内心纯净，心无旁骛。一个人的心性和涵养好不好，在现实生活中往往需要很长时间去验证，而在投机市场上，这个验证基本上就是现世报。

品性好的操盘手都把公认的好品质内化在行动中了，他们每天三省吾身，不贪恋、不嗔痴。高手都是在一定程度上超脱了人性弱点的人，所以他们能够在波涛汹涌的市场里挥洒自如。正如长篇财经小说《撤单》里主人公悟出来的一样：仅有良好技术的人即便在这个市场上赚到了钱，迟早都是要追随利弗摩尔而去的。当然，我们说的好人品不等同于世俗的道德品质，但如果追求交易的成功，对自身的人品、涵养和修为是应该有硬性要求的。

现今中国的资本市场还很不成熟，所以这两本书对投资中国市场很有帮助："看对个股波动没什么了不起。你能在股市发现很多高手，看时机很准，总能在最佳利润点买卖股票，但他们都没能真正赚到钱。为什么呢？能看对波动方向的人很多，能看对波动并坚持不动的人才真正厉害。但是，一个股票投资者只有牢牢掌握了这个诀窍才能赚大钱。而这是最难学的。"

利弗摩尔的世界我们永远不会真正理解，但我们可以从其传世的言论和故事中学习其核心，而不是具体的手法。都说利弗摩尔的投资体系好到高山仰止，但为什么巴菲特、索罗斯、林奇都不去效仿呢？因为投资者个人走哪条路径，最终取决于自身的认知和心性，就像利弗摩尔自己说的那样："交易方法任何人都可以学习。让交易成为最具挑战性行为之一的，其实是我们的心理陷阱。不管你的技术水平如何，你都必须记得并且遵守游戏规则，或者直接一点说就是纪律。"

能够长期生存下来的操盘手，一定都是些老成端正之人。细读此书并身体力行，我们就能够以利弗摩尔天才的思想为纲，以他的勤奋痴迷为范，以他的狂放不羁为戒，进而在投机市场里找到适合自己的持续生存之道。

"投资从无新鲜事。所有的一切都是轮回。"

Reminiscences of a Stock Operator

| 译者序 |

华尔街"投机之王"的投机人生

他是20世纪最著名的操盘手之一。

他在市场中四起四落，成就了一段不朽传奇。

他精于卖空，被同时代投机者冠上"华尔街巨熊"的称号。

他曾创下一个月赚取1 000万美元的纪录，更曾在股灾中放空市场，赢利超过1亿美元。

作为趋势投机流派的奠基人，他还为后世投机者留下了许多精辟的投机箴言和谚语……

他就是本书主人公"拉里·利文斯顿"的人物原型——杰西·利弗摩尔（Jesse Lauriston Livermore，1877—1940年），20世纪20年代美国最伟大的"投机之王"！

利弗摩尔曾被美国经济新闻媒体称为"少年作手"，他在20世纪初通过投机股票和农产品市场赚取了巨额财富。比如，他曾在3个小时的市场搏杀中，赚进20万美元——这在当时来说是一个天文数字，因为那时美国人的年均收入才1 000美元。到1925年，利弗摩尔的家当已超过2 500万美元。他拥有豪华的曼哈顿公寓、欧洲别墅、长岛的度假房产、私人专列，甚至还有私人专机。

20世纪20年代，利弗摩尔成了当时华尔街最有影响力的人物之一，有时就连他即将入市卖空的谣言也真的会引起股价下挫。因为他既富有又放荡不羁，利弗摩尔很快成为众矢之的。报界频频攻讦，称他为"滥赌之徒""职业大熊""专事逆市掠夺的强盗"及"花花公子"。

虽然已经赚取了足够支持他奢侈挥霍几辈子的财富，但利弗摩尔选择继续留在市场游戏中。不幸的是，他的好运气不见了。

1930年，或许是因为他的头脑不再清醒，或者是因为与妻子的关系影响了他的情绪，总之利弗摩尔开始走下坡路，不管是什么投机总是上手就赔。到了1931年年底，他的一半江山易手。1933年，另一半也葬送了。

利弗摩尔没能再重新振作起来。1934年，他已酗酒成性，同年3月，他申请破产保护。他的债务高达226万美元，而财产却只剩下令人诧异的18.4美元。

1940年11月，一个大雪纷飞的日子，利弗摩尔走进一家大旅馆的卫生间，从口袋里掏出手枪，对着自己的脑袋扣动了扳机。他在遗书中写道："我的一生是一场失败。"而他的墓志铭则写着："他的去世为一个时代画上了句号。他的功过任由后人评说。"

从本书中，我们看到了利弗摩尔最重要的交易原则：（1）只持有正确的仓位；（2）只在赢利的仓位上加码。毫不夸张地说，利维摩尔对股市的见解和对股票价格波动的分析不仅十分透彻深刻，而且精辟独到，不仅符合当时证券市场的实际情况，也适用于今天的股市操作。

一代又一代的金融专业人士和普通投资者都曾阅读过这本书，并从中学习证券操作所应秉持的态度、如何做好心理控制及怎样顺应市场趋势操作。书中的一些经典论述和建议充满无限的智慧和哲理，在今天依然让人回味无穷。

Reminiscences
of a Stock Operator

目　录

第1章　投机是一项挑战 ································· 1
第2章　股市永远是对的 ································· 13
第3章　股市上只有看对的一方 ··························· 27
第4章　避免做亏钱的事 ································· 35
第5章　顺市而行 ······································· 47
第6章　坚持自己的判断 ································· 57
第7章　在正确的时机买进卖出 ··························· 67
第8章　牛市看多熊市看空 ······························· 73
第9章　真正的股市之王 ································· 83
第10章　别让希望和恐惧伤害你 ·························· 97
第11章　交易者无法离开市场 ··························· 107
第12章　独立思考，不被别人左右 ······················· 117

第13章	股市人生的重要一课	131
第14章	改变战略适应市场变化	143
第15章	商战是眼光和眼光的较量	159
第16章	不要依靠内幕消息交易	167
第17章	投机者要接受必要的训练	179
第18章	历史总在不断重演	193
第19章	操纵市场总有伎俩	201
第20章	战略与战术有质的区别	209
第21章	大众赚的只是账面利润	219
第22章	没有永恒的利益体	233
第23章	当心"匿名内幕人"的"忠告"	249
第24章	做多做空不信谣言	257

第1章
投机是一项挑战

中学一毕业我就工作了，在一家股票经纪行里做抄写行情的记价员。我对数字很敏感，在学校学习了三年的算术，以心算最为出色。我的工作是把股票最新成交价格写到营业厅的木质大报价板上。通常会由一位客户坐在行情收报机旁高声报出最新价格，我从来不会觉得他报得太快，因为对于我来说记住这些数字一点问题也没有。

我们的办公室里有很多雇员，我和其中的一些交上了朋友，但每当市场交易活跃时，我会从早上十点忙到下午三点，连和他们聊天的时间都没有。当然因为工作性质就是如此，所以我从来没有抱怨过。

繁忙的股票交易并没有妨碍我思考自己的工作。在我眼里，那些报价无关紧要，不过是些数字而已，虽然它们确实代表每股多少美元，而且总在变化。我最感兴趣的是"变化"，它们为什么会变呢？这是当时的我所不能理解的。老实说，那时的我不太关心，也很少去想它，我只是看见它们不停地变动。我注意到的只是在星期一到星期五每天的5小时和星期六的2小时里，它们总在变动。我对价格的兴趣就是这样培养起来的。

我的记忆力非常好，我可以记住价格在上涨或下跌的前一天是如何波动的。例如，我注意到股票在上涨前和下跌前总倾向于表现出固定的模式。这样的例子数不胜数，我从这些例子中得到预测性的指导。当时我只有14岁，在观察研究了数以百计的股票价格行情资料后，我就开始预测它们的精确性，比较股市行情的今日和往日。自那之后，没过多久我就能预见股票价格了。而我唯一的依据就是它们过去的表现。这就好比我已经得到了可靠情报，然后期待着股价朝着预期的方向发展。

举例来说，你可能会发现在什么价位买入比卖出更有利。股票市场上多头空头互相争斗，而股价记录器上的行情记录才是你判断的依据，利用这种方法，你差不多会有七成胜算。

我从早年的经历中还学到的另外一个宝贵经验就是：在华尔街，根本没什么新鲜事，投机是人类的天性，而投机事业更是像山川一样古老。股市上的事，今天发生的，过去也必然发生过，而且将来也肯定会再次发生。我从没忘记这点。我真的想设法记住它们是何时及怎样发生的，但事实上我是在交易中付出学费后才记住的。

我对自己的这套把戏着了迷，并急切地开始预测所有引起我注意的活跃股票的涨跌。我随身带着一个小本子，把我的观察资料记录在里面。它不是记录一些想象中的交易，而是记录一些我预测成功或失误的例子，记录了我预计股价进一步可能的走向。我的主要用意是验证我的观察是否准确，换句话说，我是否分析对了。

比如说，在研究了某只活跃股票一整天的波动后，我会判断它是否会如同以往那样，将突破当前价位8个或10个点。通常，我会在星期一记下股票的名称和目前的价位，然后根据它先前的表现，记录下在星期二和星期三它可能的发展，然后在股价记录器上验证我的判断。

这就是我对股价记录器上的信息产生兴趣的缘起。我最初从观察股价的涨跌中建立了波动的概念，尽管股价的波动总是有原因的，但行情记录本

> 我在金融领域的所作所为和别人的确有些不一样，但我经常能取得成功，更主要的是我设计有一个仿真系统，也可以说是投资假设。就像进行试验那样，模拟、假设金融市场炒风骤起之时，当局会出什么牌，据此决定我的投资决策。
> ★ 索罗斯

第1章 投机是一项挑战

身并不会对股价的波动作出任何解释。我在14岁时不会探究价格为什么涨跌，现在我已经40岁了，我仍不会去问原因。股价今天涨跌的原因也许两三天或者几周甚至几个月以内你也不会知道。但这有什么关系呢？你是要在今天作出决断而不是等到明天。况且还要找出原因需要等，而你要么立刻行动，要么被机会抛弃！有多少次，我曾看到这样的事情发生。记得霍洛管道（Hollow Tube）公司股票曾经突然下跌了3个点，而这时市场上别的股票已经止跌回稳了。后来在下个星期一的报道上说该公司董事会通过了分红方案。这就是原因。董事们知道股价会怎么样发展，虽然他们没有卖出他们的股票，但至少没有买进，股价缺乏内部支持，有什么理由不跌呢？

我用小记录本摘录行情大约有6个月。每天干完活后，我并不立刻回家，而是继续我的工作，记下那些我想研究的股票价格并研究其变化，并一直在寻找重复的或表现相似的波动形态，以此来学习观察行情记录，尽管当时我还不清楚自己在做什么。

有一天中午，我正在吃饭，办公室里一位比我年纪稍大一些的同事跑来找我，悄悄地问我身上有没有钱。

"你想干什么？"我问。

"嘿，"他说，"我打听到了伯灵顿（Burlington）公司的好消息，要是有人能跟我合作，我一定会抓住这个机会玩一把。"

"你说玩一把是什么意思？"我问。在我眼中，能够玩这种游戏的人都是有钱的老手——因为这种游戏需要成千上万的美金，只有那些拥有私人马车，还雇有戴着丝绸帽子的马车夫的人才有资格。

"我想要试一次！"他说，"你有多少钱？"

> 把你的投资策略建立在一些普遍流传的陈词滥调上绝对是非常愚蠢的，这些陈词滥调包括："当你的投资翻番时就卖出股票""持有期满两年后就卖出股票"，或者"当股价下跌10%时马上卖掉股票止损"等。绝对不可能找到一个普遍适用于各种类型股票的投资法则。
>
> ★ 彼得·林奇

"你要多少？"

"嗯，我可以交5美元作为保证金，买5股伯灵顿。"

"那你准备怎样做呢？"

"我打算把这些钱当保证金，放进一家对赌行①买伯灵顿，他们让我买多少股我就买多少股。"他说，"这事儿就像从地上捡钱一样，我们会立刻赚一倍！"

"等一下。"我对他说，然后掏出了我的小本子。

事实上，我对钱能否翻上一倍并不感兴趣，但既然他说伯灵顿的股价快要上涨了，我的小本子也应该显示出这一点。我一页一页翻着，果真，根据我的记录，伯灵顿正表现得像它以前上涨前通常表现的那样。在这之前，我从未买卖过任何股票，也没和办公室的伙伴一起下过赌注。当时我想，这实在是一次很好的机会，可以测验一下我的研究成果。于是我给了他我所有的钱，他带着我们凑起来的钱跑到附近一家对赌行买了一些伯灵顿股票。两天后我们套现，我赚了3.12美元。

开了这个头之后，我便独自在对赌行里做交易了。我总是在休息时间里买进或抛空股票——这两者对我来讲并没有什么不同。我的秘诀是依据自己总结出来的一套方法买卖股票，而不只是买卖一些我所钟爱的股票，而且我能抵制住各种各样、五花八门的买卖建议。我唯一关注的，只是股价的数字。事实上，我的这套方法在对赌行里是最理想的，普通的交易者不过是拿着印有股票价格的纸条赌博而已。

我的成绩非常棒，不久我在股票交易上赚的钱就超过了做一名行情记录员赚的钱，所以我辞掉了工作。起初我的家人都反对，但当他们看到我所赚的钱时就没有过多地指责我。毕竟我还是个孩子，做一名报价员赚不了多少钱，而我在股票交易中却干得不错。

我15岁时就赚到了人生中的第一个1 000美元。我把1 000美元现金放在了我母亲面前，这些钱是我在短暂的几个月里在对赌行里赚的，而且还不算我已经带回家的钱。我母亲因此患得患失。她想让我把钱存到银行去，担心我

---

① 对赌行出现在19世纪末20世纪初的美国，是指那些不诚实且未登记的证券经纪商，他们利用客户的资金，投机性买卖股票和商品，或者接受客户下单买卖，却未通过交易所进行交易。这种机构与指数期货的操作有点相似，投资者只需要3%的保证金就能运作股市外围盘口。——译者注

第1章 投机是一项挑战

会胡乱花掉。她说她从未听说过哪个15岁的男孩能白手起家赚到这么多钱,她甚至不相信这是真的钞票。其实对我来说,这只是一个能让我一直验证自己的推测正确与否的游戏,我从不考虑别的事情。这就是我所有的乐趣——动脑筋作出正确的推断。有时我买10股股票来验证我的推断,有时我买100股来检验,而这时我并不需要10倍的把握,它只代表更多的保证金而已。这需要更大的勇气吗?不!用不着!

不管怎么说,15岁时我已在股市里赚得了很不错的利润。我开始是在一些较小的对赌行里做交易,在这种地方你如果一手买卖20股也会被认为是大户了。在那个年代,对赌行并不需要优待客户。他们不需要那样做,即使客户猜对了股价的走向,对赌行也有办法吞食客户的保证金。这是一个暴利的行业。当时经营对赌行是合法的,你每天都能看到客户保证金随着股价的波动落入对赌行老板的口袋。股价只需向不利于客户的方向变动3/4个点,就足以吞没客户为买进或抛空而交的保证金了。而且,如果客户赖账,他就再没机会参加这个游戏了。失去信用的人不会被允许再买卖股票。

没有人跟我的风。我自己的事自己干,而且总单独干,我凭自己的脑子赚钱。当股价朝我预测的方向发展时,并没有朋友或伙伴能帮我推动市价;而一旦股价朝不利于我的方向发展,也更加没有人能使它停下来。所以我不需要把我做交易的事告诉别人,当然我身边有不少朋友,但我总是独自做交易,我找不到要和别人合伙的理由。

我总是赚钱,没过多久,对赌行就对我翻白眼了。终于有一天,我去柜台缴纳保证金时,那些家

> 如果你和市场打交道,你就应该默默无闻,一声不响。否则,你会招来很多非议还有提防,这对你的投资没有好处。
> ★索罗斯

伙只是盯着钱而不愿意接受它。他们告诉我，这儿没有我的什么事。就从那时开始，人们开始叫我"投机小子"。我只得不停地更换经纪商，从一家对赌行换到另外一家。到后来我不得不用假名去做交易了。我变得小心翼翼，刚开始只买卖15股或20股。有时我被他们怀疑了，我就会先输些钱给他们，然后再狠狠地赚回来。这样几次后他们会发现赚我的钱太难了，于是便会让我离开，不许我妨碍对赌行的老板发财。

有一次，我在一家大对赌行做了几个月交易后，他们拒绝再接受我的生意。我打定主意，临走前要从这家公司多赚些钱。这家对赌行有许多分支机构，有些在旅店的大堂里，有些在附近的镇上。我找到了一家设在旅店大堂的分店，进去问了分店经理几个问题，然后开始买股票。就在我开始以自己的独特技巧买卖一只活跃股票时，分店经理接到总部打来的电话，查问是谁在买卖这只股票。我告诉分店经理，我叫爱德华·鲁滨逊（Edward Robinson），从剑桥来。然而电话那头还要知道我长什么样儿，我对分店经理说："告诉总部，我是一个又矮又胖的人，深色头发，留着大胡子。"但是那位经理如实地描述了我的外貌，紧接着他的脸变得通红，然后挂断了电话。

"他们对你说什么？"我很有礼貌地问。

"他们说：'你这个瞎眼的白痴，难道我们没有告诉你不许接受拉里·利文斯顿（Larry Livingstone）的生意吗？你竟然放水，让他从我们这儿弄走700元钱！'"除此之外，他就没再说下去了。

我一家接一家地试了几乎所有的分店，但他们都已认识我，仿佛我的钱是假的，都不肯接受我的生意。甚至我去看看股票报价，都会受到店员们的挖苦。我试图让他们允许我做较长线的交易，他们也都拒绝了。

最终，我只剩下一家对赌行可去，那是所有的对赌行中最大最富有的一家——大都会股票经纪公司。

大都会公司有着极好的声誉，生意做得很大，在新英格兰①的每一个工业小镇上都开有分公司。他们倒是允许我去做交易，我在那儿买进卖出，有

---

① 新英格兰是美国东北部一个宗教团体Puritans在16世纪建立的英国殖民地，位于美国大陆东北角，濒临大西洋，毗邻加拿大。新英格兰地区包括美国的六个州，由北至南分别为：缅因州、新罕布什尔州、佛蒙特州、罗得岛州、康涅狄格州和马萨诸塞州（麻省）。马萨诸塞州（麻省）首府波士顿是该地区的最大城市及经济与文化中心。——译者注

第1章 投机是一项挑战

赚有赔,但是最终和过去一样——我是赢家。他们并没有像过去那些小公司一样直截了当地拒绝我去做交易。这倒不是因为职业道德,而是他们知道,要是因为哪个家伙碰巧有本事赚点小钱就不接他的单子——这种事情一旦传开,对他们的名声无益。但是,他们的举动更叫人受不了。他们要我付3个点的保证金和额外的溢价[①]。溢价开始是半个点,接着是一个点,最终达1.5个点。这太过分了!举例来讲,假定你买进美国钢铁公司[②]的股票,市价90美元,你的成交价通常为90.125美元。如果你交纳1个点的保证金,当市价跌破89.25美元时,你就自动赔光出局。证券所不会通知客户追加保证金,也不需要得到客户的通知或授权就帮你清理账户。

但是在大都会,他们让我增加额外的溢价,我就会更容易被清理出局。同样假定美国钢铁公司股票市价为90美元,我买进它时报价为90美元,而他们给我的成交价却是91.125美元。这样的话,即使在我买进后,股票上涨了1.125美元,如果这时以市价卖出,我依然会亏钱。除此之外他们单凭3点的保证金就使我的交易潜力削弱了2/3。尽管如此,这是唯一让我做交易的经纪公司,我要么接受这个苛刻条件,要么停止做股票交易。

当然了,我的账户净值时升时降,不过最终我仍然是赢家。不管怎样,大都会公司对拥有我这样的客户大为恼火,因为他们强加给我的条件足以打败任何人。他们试图让我掉进陷阱,但我总能凭直觉逃掉,从来没让他们抓住。

前面曾经说过,大都会是我最后一条路。它是整个新英格兰地区最富有的对赌行,它的交易规则从来不限制客户交易的手数,我每天都会做交易,我应该是这家公司里买卖股票手数最大的个人交易者。而它呢,是我所见过的拥有最好的交易厅和最大、最完备的报价板的公司。我在交易厅里走来走去,可以看到任何东西的报价。诸如纽约、波士顿股票交易所里的股票,棉花、小麦还有金属期货,总之所有在纽约、芝加哥、波士顿及利物浦交易的股票和商品期货的价格在这里都能看到。

你知道在对赌行里,客户们如何做交易吗?你要先把钱交给一个职员,并告诉他你想买或卖哪一种股票或商品,这时职员就会盯着行情记录器或大

[①] 溢价是指所支付的实际金额超过证券或股票的名目价值或面值。——译者注
[②] 美国最大的钢铁垄断跨国公司。该公司成立于1901年,由卡内基钢铁公司和联合钢铁公司等十几家企业合并而成。曾一度控制美国钢产量的65%,公司总部设在匹兹堡。——译者注

厅里的报价板，把最新的成交价填在一张单子上，他也会把时间填上去。这张经纪商给你的成交单上记录了你买卖的股票的名称、成交价、时间、日期及你缴纳保证金的数额。当你打算了结你的某次交易时，你走到经纪商的职员处（可能还是同一个职员，也有可能是另外一个，这要看你在哪家经纪行做交易），你告诉他你想了结交易，这位职员就记录下最新的成交价。如果你买卖的股票交易清淡，他就会等着下一个成交价传过来。他记下你了结交易的价格后把成交单交给你，你就可以去收银台兑换成现金了。当然，如果市场朝着不利于你的方向发展，股价低于你的保证金的价位时，你的交易就会自动被清算，这样你的成交单就变成一张废纸。

在那些较小的对赌行里，客户们可以买卖很少的股数，比如5股。那些买卖成交单是颜色各异的小纸条。当市场处于狂热的牛市期时，那些对赌行会损失惨重，因为所有的客户都在做多头，而且经常赚钱。这时对赌行就会向客户收取买进和卖出双向的手续费。当你以市价20美元买进一只股票时，成交价会是20.25美元，结果你交纳的保证金就只够支撑3/4个点的反向波动。

但大都会仍是新英格兰地区最好的一家对赌行。这家公司拥有数以千计的客户，我想我是唯一让他们感到害怕的客户。无论是他们强迫我交纳的致命溢价，还是比平常高三点的保证金，都没有减小我的交易量。我一直买进或抛空他们允许的最大数量，我有时会一次买卖达5 000股之多。

让我来说说我的一次有趣的交易经历吧。有一次，我抛空了3 500股糖业（Sugar）股份公司的股票，我得到了7张各500股的粉红色的成交单。大都会使用的是比较大的成交单，预先留下空白，好添上额外追加的保证金。毫无疑问，对赌行从来不会要求客户追加保证金。保证金越少，客户回旋的余地就越小，对他们来说越好，因为他们利润的来源就是客户输掉的保证金。在一些规模较小的对赌行里，当客户要求增加保证金以维持他们现有的头寸时，对赌行却给他们一张新的成交单，这样他们就可以收取额外的手续费，而客户的保证金只能承受3/4个点的反向波动，对赌行把这看成是客户的一次新交易，所以向客户收取卖出时的手续费是理所当然的。

好了，我们继续主题，我记得那天我拥有1万美元的保证金。

当我赚到我的第一个1万美元时，我只有20岁。你还记得我曾经提到过的我的母亲吗？1万美元对她来说是一笔巨款，她对我过去的表现已经很满意了，希望我做一些实际的生意。我真的花了很多的时间来说服她我不是靠赌博，而是靠精确的计算赚钱。怎么说呢？在我母亲眼中，1万美元是一笔巨款，而我看到的，只不过是更多的保证金罢了。

我抛空3 500股糖业的成交价是105.25美元，在交易大厅里，还有一个客户叫亨利·威廉斯（Henry Williams），他抛空了2 500股。我平常总坐在行情接收器旁，为站在报价板旁的职员大声传达价格。价格表现得正如我所料的一样：在显著地跌了几个点后停在那里盘整，好像是另一次下跌前的停顿。整个市场显得非常脆弱，各种情况都显示市场对我有利。但是市场表现出的犹豫不决突然让我不安，我想我应马上退出市场。这时卖出价是103美元，我本该更有信心，但我却觉得事情并非那样，我想某个地方出差错了，到底是哪儿呢？我不知道。但有一点是肯定的，一旦有什么事情发生，而我不知道会是什么，我将无法采取有效的策略保护自己，而此时最好的策略是赶快退出市场。

我从不盲目行事，我不喜欢那样做。甚至我还是个孩子时，我也是有的放矢。但是这次，我没有什么明确的理由要采取行动，我只是感到非常不适，我想不能再保留我的头寸了。我立刻呼唤我认识的小伙子，他叫戴夫·威曼（Dave Wyman），我对他说："戴夫，你来接替我的位置帮我做点事儿，当你报出糖业股份公司的下一个成交价以前，稍停一会儿，好吗？"

他说好的，然后我让出位子给他，他坐在我原来坐的地方为计价员喊出行情收报机里传出的价格。我从口袋里拿出7张成交单走向柜台，尽管我真的不知道我为什么要退出市场。我站在那里，斜靠

▲ 我其实是合并运用理论和本能做决定，你喜欢的话，可以把它叫做直觉。

★ 索罗斯

在柜台上，把成交单捏在手里不让柜员看见它。不一会儿，我就听到电报机发出一阵敲击声，汤姆·本汉姆（Tom Burnham），一个柜员，很快把头转过去聆听，我立刻感到阴谋在酝酿中，我决定不再等了。戴夫·威曼开始报价了，他刚开始说"糖业股份公司——"我就闪电般将我的成交单拍在柜台上，叫道："平掉糖业股份公司。"这一切都在戴夫报完他的价格之前就完成了。就这样，按照行规，对赌行不得不接受前一个价格与我成交，而戴夫报的价格，仍然是103美元。

根据我的预测，糖业这时应该已跌破103美元了。然而下挫动力不足，我感到这里有一个陷阱。这时电报机就像发疯一样跳动，我注意到汤姆·本汉姆迟迟不在我的成交单上做记录，他只是专心听着电报机的敲击声，好像在等待什么事情一样，所以我对他叫道："嘿！汤姆，你到底在等什么？快在我的单子上做记录，价位是103美元，快点！"

交易厅的每个人都听到我的叫喊声，都转过头来，询问发生了什么事情。你知道大都会公司从不赖账，因为发生在对赌行的挤兑会像在银行里的一样可怕。只要有一个人猜疑经纪公司，别人也会纷纷效仿。所以汤姆紧绷着脸走过来，在我的单子上写道："平仓价103美元。"他把我的七张单子猛地推到我的面前，面色异常难看。

从汤姆的柜台到收银的桌子距离不到3米，就在这时，我听到戴夫·威曼报出电报机上的价格，他激动地大嚷："天啦！糖业股份公司108美元！"但一切都太迟了，我忍不住大笑起来对汤姆说："刚才不是这样的，不是吗？"

亨利·威廉斯和我总共抛空了6 000股糖业股份公司的股票，这个对赌行收取了我和亨利的保证金。公司里还有别的客户抛空了糖业股份公司的股票，因此我们总共可能抛空了8 000至10 000股。仅这一次，他们就收取了差不多2万美元的保证金。这笔钱足以让对赌行在纽约股票交易所里拉抬价位，使我们被迫斩仓10 000股。

在那个年代里，每当对赌行发现自己在某个股票上积累了太多的多头赌客时，往往会在交易所里找几个经纪人，打压或拉抬股价，使价位超出客户保证金能承受的限度，使客户被迫斩仓。对赌行只需花费几百股，亏损几个点，就能赚到成千上万美元。

这就是大都会公司的行径。为了捉住我和亨利，以及别的抛空糖业股份公司股票的客户，他们在纽约股票交易所的经纪人把价位抬高到108美元。当然，价位随后立刻就跌回去了，但是亨利和许多别的客户就这样被洗劫了。每当市场上出现一个无法解释的涨跌，紧接着又恢复正常，当时的报纸就会称它为"对赌行的偷袭"。

好笑的是，在这之后不到十天又发生了一件更为精彩的事。一个纽约的炒家，使大都会公司损失了7万美元。这位老兄是纽约股票交易所的会员，是很有名的股票经纪商，在1896年的股市恐慌中，曾获得"大熊"的威名。他常常抨击交易所的制度，因为这些制度阻碍了他提高会员利益的部分计划。有一天他想到，如果他从那些对赌行里分享一些他们的不义之财，纽约证券交易所或警察当局也不会介意他的举动。于是他派了35个人装扮成顾客，让他们分别到大都会的总部和较大的分店去。他们在事前计划好的日期和时刻，买进了对赌行允许他们购入的最大股数然后依计划在适当的时机卖出。当然，他所做的就是向他的老朋友们散播好消息，接着他走进股票交易所，开始拉抬价格，他的那些场内经纪人朋友也都帮助他，因为他们都还认为他是那个很有职业道德的人。他们为这次行动小心地挑选出适当的股票，在没有遇到任何麻烦的情况下把价格抬高了3/4个点，他的代理人们在对赌行里按计划获利了结。

有一个知道内情的小伙子告诉我，这个计划的组织者最后得到了7万美元的纯利，不包括他的代理人们的开销和报酬。他用这套把戏玩遍了全国，痛击了那些在纽约（New York）、波士顿（Boston）、费城（Philadelphia）、芝加哥（Chicago）、辛辛那提（Cincinnati）、圣路易斯（Saint Louis）的大对赌行。他最爱挑选的一只股票是西部联合公司（Western Union）。因为这只股票比较容易拉抬或打压。他的人在事先定好的价位买入，价格涨两个点获利了结，然后反手抛空，又赚得三个点或更多。顺便提一句，这位老兄现在已经去世了，死时穷困潦倒，默默无闻。我想，如果他死于1896年，他会上纽约每家报纸的头版，而现在呢，他却只在第五版被报道了两行。

11

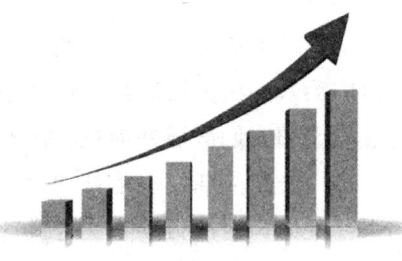

股票大作手回忆录

第2章
股市永远是对的

　　大都会经纪公司发现采用不正当手段以3个点保证金的障碍和1.5个点的溢价都无法击败我时，就向我暗示不愿再接我的生意了。于是不久后，我决定到纽约去，这样我可以在纽约股票交易所的会员公司里做交易。我不想去波士顿的任何一家经纪公司，因为在波士顿，行情报价必须得通过电传机传递，而我希望能尽可能地接近行情来源。就这样，我在21岁的时候来到纽约，随身带着2 500美元。

　　之前提到过，我20岁时就已经有1万美元了，仅我在糖业股份公司股票交易中交纳的保证金就超过了1万美元。但我并不是总在赚钱。我的交易方法很完美，赢利比亏损多。要是我一直坚持我的交易方法，那么大约有七成交易是赢利的。事实上，要是在交易之前我就确信我的计划是正确的，那么我通常会赚钱。真正打败我的，是我没有继续坚持我的交易方法。换句话说，只有当市场上有先例支持我的交易计划时，我才做交易。天下万物皆有定时，而这一点正是华尔街许多智力非凡的投资者遭遇失败的原因。有些十足的傻瓜，他们每笔交易都做了

> 我从来不在我不懂的事情上投入大量的金钱。
>
> ★ 彼得·林奇

> 对于那些轻率鲁莽且容易冲动的"投资"股票的人来说,四处打听热门消息并频繁买进卖出,跟赌马时只根据赛马的鬃毛是不是漂亮或者骑士的衣衫是不是华丽就胡乱下注根本没有什么两样。
>
> ★ 彼得·林奇

错误的选择。还有一些华尔街的呆子,他们不分时间,总觉得非做点交易不可。任何人都没有足够的理由每天买卖股票,自然也就没有任何人聪明得能使他的每次交易都赚钱。

我就是个例子。每当我根据先例发现市场上的交易机会时,我便能赚钱;而一旦我在不恰当的时机做出交易,我就会亏钱。我也不能例外,不是吗?一走进交易大厅,行情在巨大的报价板上不断地变化,客户们做着交易,眼看着手里的成交单变成钞票或变成废纸。这么一来,我就让激情控制了我的理智。在对赌行里,你的保证金只是很少的一笔钱,你会很快、很容易地被清扫出局,所以你不能做长线的交易。盲目而频繁地交易是造成华尔街投资者亏损的主要原因,甚至在专业投资者中也是这样。他们大概认为自己每天都应赚些钱回家,把投资当成一份有固定收入的工作。当时我只是一个孩子,我还不知道我后来学到的那些东西,也不知道它们会使我在15年之后获得成功。15年后的1915年,我曾耐心地等待了两个星期,寻找到合适的价位后买入一只股票,看它上涨了30点。后来我又亏损了一些钱,我试图再赚回来,但首先我必须做正确的选择,不能草率从事,所以我静等着……那是一个很长的故事,我会在适当的地方仔细讲述它。现在让我们把话题转回来。我在对赌行里做了好几年的交易,我赚了一大笔钱,但对赌行最终吃了我的大部分赢利。

不仅如此,有些错误我还明知故犯,而且这种经历不止一次。一个股票交易者必须战胜许多人,其中包括他自己。不管怎样,我带着2500美元来到了纽约。但在纽约,我找不到一家可以信赖的对赌

第2章 股市永远是对的

行。纽约交易所和警察局携手管得很严,严密地堵住了对赌行的财路。在此,唯一限制我的是我的财力,我打算找一个不限制头寸的地方,有多少本钱就做多少。我当时买卖的手数并不大,很明显我不想一直这样。在开始做交易的时候,最大的问题就是找一家交易规则公平的经纪公司。起初我来到纽约股票交易所的一家会员公司,认识了其中的几个职员。现在说起来,那家公司现在已经倒闭了。我在那儿没待多久,因为我不喜欢其中一位合伙人。于是我就转到A.R.富勒顿公司(A.R.Fullerrton & Co.)去了。肯定有人对他们说过我早期的经历,因为去了不久之后,他们都叫我的绰号"投机小子"。我一直看起来比较年轻,这给我带来一些不便。总有人想利用我的年幼无知,所以我得学会保护自己。对赌行那些家伙都认为我是个傻瓜,认为我击败他们的唯一原因只是我的好运气。

结果,不到六个月我就输光了。我是一个非常活跃的交易者,也有"常胜将军"的声誉。我猜测,我所有付出的手续费加起来一定不少。我为我的账户赚了不少钱,但是最终却被输掉了。尽管我小心从事,但我仍然亏钱,其原因就是:我在对赌行里非常成功!

我只能在对赌行里凭我的方法赚钱,在那里我只是对价格的涨落下赌注。我善于观察行情,当我买进的时候,价格就在我面前,写在报价板上,甚至在我买进之前,我就知道我将成交的价格是多少,于是我总能够立刻把它抛掉。因为成交的速度非常快,所以我能成功地反手买卖。当我做对时,能够继续跟进;当我做错时,能够迅速地退出市场。举例来说,有时我确信有只股票将要上调或下

◢ 如果操作过量,即使对市场的判断正确,仍会一败涂地。

★ 索罗斯

跌至少一个点。不用太贪心，我只需交纳一个点的保证金，就能迅速把本金翻一倍。或者赚半个点也行。每天用一两百股赚一个点，那么一个月下来，也是不错的进账。

然而问题是，即使对赌行有雄厚的资金来承担损失，他们也不可能愿意让某个客户总是赢钱，那种滋味实在太糟糕。

杰西·利弗摩尔（Jesse Livermore，1877年7月26日—1940年11月28日），曾经直到20世纪20年代后期都是华尔街的传奇人物和"最大的空头"。有着一头金发的利弗摩尔，也是那个时代最花哨的百万富翁。

无论如何，在对赌行里稳赚的交易技巧，在富勒顿公司就不灵了。在这里，我是在真正地买进或卖出股票。比方说，当糖业股份公司的股票在105美元时，我预见它会跌3个点。电报机传来的价格仍是105美元，但同一时间股票交易所里的价格可能已经是104美元或103美元了。这时我下了一张卖出1 000股的指令单，传递给富勒顿公司的场内经纪人去执行，价格可能更低了。在我看到成交回报单以前，我一直无法得知我到底会以什么价格卖出1 000股。我在对赌行里做这样的交易，能稳赚3 000美元，而在股票交易所里，一分钱也赚不到。在A.R.富勒顿公司里，行情收报机传来的价格总是比交易所里的交易价格慢得多，而我却没有意识到这一点，仍然采用过去的方法做买卖。

雪上加霜的是，做大手买卖的时候，我的卖单会在交易所里压低市价。而在对赌行里，我就用不着考虑这个问题。我在纽约的交易亏损累累，因为这里上演的游戏规则和过去完全不同。我亏钱并不是因为我转到纽约合法的经纪公司里做合法的交易，而是源于我对现况的一知半解。从前说过，我分析行情的技巧很高，但这一点也救不了我。如果我是一名场内交易员，在交易所里直接做交易，也许我能赚不少钱。

长话短说，我当时并没有完全了解股票投机的精髓，我只是掌握了一部

第2章 股市永远是对的

分,虽然这是一个很重要的部分,它过去对我一直很有价值。但是,在我掌握了这些交易技巧之后仍然亏钱,那么,场外那些毫无经验的新手又有什么机会获胜呢?

过了没多久,我就发现我的方法出了问题,但我不能确定究竟是什么问题。有时候,我的买卖系统似乎很有效,而有时却突然接二连三受打击。当时我只有22岁,并不是我固执己见,不愿意去找出自己错在哪里,而是在那样的年纪,谁都懂不了多少这方面的知识。

交易厅里的人对我很友善,因此我不能自己想做多少就做多少,而是要照顾到他们的保证金额度。但老富勒顿和商行的其他人实在是对我太好了,使得我做了6个月交易后,不仅把带来的资本全输光了,而且还欠了商行好几百美元。在那儿,我只是一个孩子,第一次出门就摔得头破血流,但是我知道这不是我自身的毛病,而是我的交易套路有问题。我不会跟股市怄气,也不会跟大盘分析理论较劲,这样对自己没有半点用处。

我太渴望恢复交易了,一分钟也不愿耽误,于是去找老富勒顿先生,对他说:"嗨,老兄,借给我500美元吧。"

"干什么用?"他问。

"我需要一些钱。"

"干什么用?"他坚持要我做出回答。

"当然是做保证金了。"我回答。

"500美元?"他一边问一边皱着眉头,"你知道我们要收你10%的保证金,那就是说100股交1 000美元。你还是在公司里赊账好了。"

"不,"我说,"我不想这样,我已经欠了商行的

> ◢ 一些投资者跟着感觉走的选股方法,最大的毛病是,在股市大涨600点后,股票已经被高估,人们反而会感觉股市还会涨得更高,因而会在高位买入,结果股市调整而被严重套牢;而在股市大跌600点后,股票普遍被低估,人们反而感觉股市还会跌得更低,结果后来股市反弹而错失低价买入良机。
>
> ★ 彼得·林奇

钱,我只是向你私人借500美元,然后我就可以拿到外面去赚一笔钱再回来。"

"你要怎么做呢?"老富勒顿问道。

"我要去对赌行做。"我告诉他。

"就在这儿做吧。"他说。

"不,"我回道,"我在这儿没有把握获胜,但我敢肯定我准能把对赌行的钱赚出来。我懂那儿的玩法而且小有心得,已经知道了在这儿我错在什么地方了。"

他借给我500美元,我这个对赌行的投机小子便拿着这些钱走出了我曾经输得精光的地方。我不能回老家去,因为那里的对赌行不收我的钱。纽约也不可能,因为那时候那座城市不允许开办这类业务。有人告诉我,在18世纪90年代,布罗德街(Broad Street)和新街(New Street)有很多这类机会,但在我需要他们的时候却找不到一家。经过考虑,我决定去圣路易斯。我听说那儿有两家对赌行在中西部做着很大的生意,他们在十几个城市开办了分行,一定赚了很多钱。实际上,在营业额方面,东部的对赌行简直无法和他们相提并论。他们公开营业,技术高超的人在那里交易也不会受到任何限制。有个家伙甚至告诉我,那里有个商行的业主还是商业部的副部长。就这样,我带着借来的500美元朝那个地方走去,指望赚回一笔资金到纽约的A.R.富勒顿公司充当保证金。

到了圣路易斯后,我先住进了旅店,梳洗一番后就上街去找对赌行。一家叫J.G.杜兰公司(J.G.Dolan Company),另一家叫H.S.特勒(H.S.Teller & Co.),我知道我能赢他们的钱。我必须保证绝对安全,因此极为小心谨慎。我唯一担心的是,有人认出我,出卖我。因为全国的对赌行都知道"投机小子"的事。他们和赌场一样,能打探到各种消息和谣传。

我离杜兰比特勒近一些,因此我从杜兰开始,但愿他们能在赶走我之前让我争取到几天的交易时间。我走进宽敞的交易厅,里面至少有两百人在盯着看报价。我很满意,在这样一大群人中间,我不容易引起别人的注意。我站着看了一会儿报价板,直到选定了我第一只要买的股票。

我朝四周看了看,见接单员在窗子边上,那是客户交保证金取成交单的地方。他正看着我,于是我走上去问他:"这是买卖棉花和小麦期货的地方吗?"

"是啊,小朋友。"他说。

第2章　股市永远是对的

"我也可以买股票吗？"

"你只要有现钱，就可以买到。"他说。

"啊，我有钱，有的是钱。"我说着，看上去就像一个爱夸耀自己的孩子。

"你有钱，是吗？"他笑着问道。

"100美元能买多少？"我故意装作有些气恼地问。

"有100美元就买100股。"

"我有100美元，等等，是200美元，我有200美元！"我对他说。

"哇，好家伙，真想不到！"他惊叹道。

"帮我买200股！"我不客气地说。

"买200股什么？"他认真地问，这次是在谈生意了。

我再次望着报价板，像是在动脑筋猜谜一样地告诉他："200股奥马哈（Omaha）。"

"好的。"他收了我的钱，点清后给我开了成交单。

"你什么名字？"他问我。

我回答道："霍拉斯·肯特（Horace Kent）。"

他把单子递给我，我接过来便走到顾客中间坐着等待报价。我速战速决，那天做了好几次交易。第二天我故技重施，进展也很顺利。两天我赚了2 800美元，当时心里还希望我能在这里做完一星期。按我的成交率和赚头，一周下来大概成绩不坏。然后我再去别的对赌行，要是再有同样的运气，我就能满载而归地回纽约了。

第三天早上，当我装作一副害羞模样，去窗口买500股B.R.T的时候，那个职员对我说："嗨，肯特先生，我们老板要见你。"

我知道事情败露了，但还是装作不解地问他："他为什么要见我？"

"不知道。"

"他在哪儿？"

"在他私人办公室，"他指着一扇门对我说，"从那边进去。"

我走了进去。老板杜兰正坐在桌旁。他转过身来，指着一把椅子对我说："坐下，利文斯顿。"

我最后的一线希望破灭了。我不知道他怎么知道我的真实身份，大概是在旅店登记簿里查到的。

"你要见我做什么?"我问道。

"听我说,小伙子,我对你没有恶意。知道吗?我一点也不想跟你过不去,一点也不想,明白吗?"

"好吧,"我回应道,"但我不明白你在说什么。"

他从椅子上站起身来,这家伙是一个大块头。他对我说:"请你过来一点,利文斯顿,过来一点,好吗?"

他一边说一边走到门边去,开了门,指着交易大厅里那些客户,问我:"看见他们了吧?"

"看见什么?"

"那些家伙。好好看看他们吧,小伙子。那儿有300人,300人!他们供养着我和我们全家。懂吗?300人啊!然后你来了,才花了两天就收走了我两个星期才从他们身上刮来的那些钱。那可不是我的生意经,小伙子——那对我太不公平了。我不会与你过不去,但你该对你的收获心满意足了。你赚走的钱我就不计较了,但别想从我这里再拿走一毛钱!"

"为什么,我——"

"到此为止吧。前天我看见你进来,第一眼就不喜欢你。老实说,我一点也不喜欢你。我认出你是一个出格的玩家。我把那个蠢驴叫去——"他指着那个悔恨不已的职员,"我问他你买了什么,他告诉我之后,我对他说:'我不喜欢那家伙的样子,他是一个诈骗犯!'那个蠢驴却说:'骗子?不会的,老板!他叫霍拉斯·肯特,一个老实巴交的毛头小伙子,他没问题!'听他这么说我才没有理会,结果这傻瓜害我损失了2800美元!我不怪你,小伙子,我对你并不吝啬,但是现在,我不能再给你任何机会来赚我的钱。"

"听我——"我想再说点什么。

"你看,利文斯顿,"他抢着说,"我知道你的底细,我要赚我顾客的钱,你却不属于这些人。我的目标是捕猎,而你呢?却扑在我的猎物上。再这样下去,我倒成猎物了。现在既然我知道你是谁了,那你就快走吧,小子!"

就这样,我带着我赚来的2 800美元离开了杜兰营业大厅。特勒的交易厅就在同一个街区。我已经打听清楚了,特勒非常富有,还开了好几家其他的店铺。我决定去他的对赌行。我琢磨着,究竟是小笔买卖开始,适当慢慢加大到1 000股,还是一开始就大投入呢?因为考虑到我可能只有一天的机会,

第2章 股市永远是对的

一旦他们发现亏本,就会很快变聪明,那样我就再也没有机会了。但我确实想买1 000股B.R.T,而且我确信可以赚到4~5个点。不过,如果他们产生了怀疑,或者有许多其他的顾客都买了这只股票,他们就可能根本不让我进场。我觉得或许起初我还是分散资金,先从小笔开始为好。

这里的交易厅没有杜兰大,但人员结构要好一些,明显看得出来,这里的客户群来自更加富有的阶层。这对我来说再适合不过了,我便决定买1 000股B.R.T。于是,我走到相应的窗口前,对柜员说:"我想买一些B.R.T,有什么限额吗?"

"没有限制,"营业员说,"你可以想买多少就买多少——只要你有钱。"

"买1 500股。"我一边说着,一边从衣袋里掏出我的大卷钞票,而柜员已经在给我开成交单了。

就在这时,我看见一个红头发的男人从柜台边推开了那个柜员,靠在窗口对我说:"嗨,利文斯顿,你去杜兰公司吧,我们不做你的生意。"

"等我拿到成交单再说,"我说,"我刚买了一些B.R.T股票。"

"你拿不到成交单了,"他说。这时候,其他的营业员们都站在他的背后看着我。"请你再也不要到这里来买股票,我们不做你的生意。明白吗?"

我知道,在那种情形下,无论生气或争执都无济于事。于是我便离开交易厅回到旅店,结清账目,乘第一班快车回到纽约。我本想赚回一笔钱来,可没想到特勒居然一手交易都不让我做。

我回到纽约,还了老富勒顿的500美元,又开始用在圣路易斯赚来的钱买卖股票。我的手气时好时坏,不过总体还不错,远远不只是保本不亏。毕竟

◢ 我在金融领域的所作所为和别人的确有些不一样,但我经常能取得成功,更主要的是我设计有一个仿真系统,也可以说是投资假设。就像进行试验那样,模拟、假设金融市场炒风聚起之时,当局会出什么牌,据此决定我的投资决策。

★ 彼得·林奇

我的交易技巧要改变的地方并不多，我认识到我过去对股票投资并没能深入地了解。我就像那些玩字谜游戏的玩家，星期天总要补做填字游戏，不做完决不收手。我非常希望自己能找到买卖股票的诀窍。当时我以为自己再也不会在对赌行里交易了，可事实并不像我认为的那样。

大约在我回到纽约几个月后，一个老人来到了富勒顿商行，他认识老富勒顿。有人说他们曾一起购置过一群赛马，很明显，这位老人曾经有过光彩的好日子。经人介绍，我认识了老麦克·德威特（McDevitt），他正给一群人讲西部赛马骗子们在圣路易斯刚做成的一场诈骗案，他说，为首的就是开对赌行的特勒。

"哪个特勒？"我问他。

"H.S.特勒。"

"我认得那家伙。"我说。

"他是一个笨蛋。"德威特说。

"他坏透了，"我说，"我还有一笔小账要跟他算。"

"怎么算？"

"教训这伙人的唯一办法就是从他们的钱包入手！我现在在圣路易斯够不着他，但是总有一天，我要找他算账。"我把自己的委屈告诉了他。

"啊，"老麦克说，"他曾经设法在纽约设点，但没有成功，所以另在霍博肯（Hoboken）开了个分行。有消息说，那里不限交易数额，生意火爆到极点，能使直布罗陀山变成小虱子。"

"什么分行？"我猜他说的是对赌行。

"对赌行。"麦克说道。

"你敢肯定他开张营业了吗？"

"没错，我已经听到好几个伙伴都给我说过这家店了。"

"那只是道听途说，"我说，"能不能麻烦你确认一下他是否开张，还要问清楚一个人能允许做多少股？"

"好吧，小家伙，"麦克·德威特说，"我明天亲自去看，回来就告诉你。"

他跑了一趟，带回来的消息说特勒的生意正做得红火，而且对投资者交易是来者不拒。那天是星期五，整整一周，股市都在上涨——记住，那是20年前——可以肯定，星期六公布的银行报告必定显示，银行超额准备金大幅

第2章 股市永远是对的

下降。因此大炒家们有十足的理由投入市场，去动摇那些虚弱的信托商行。当天最后半小时交易，市场将一如既往地明显回落，特别是那些最活跃的股票。当然，那些也正是特勒的客户们大量做多的股票，所以对赌行会很高兴看到有人做空这些股票。没有比两头捉弄这些傻瓜更令人愉快的了。这样操作起来也没什么难的——因为散户们只交了一个点的保证金。

那个星期六的早上，我赶到霍博肯并走到特勒的对赌行。他们在装修一新的巨大的交易厅并挂上了豪华、花哨的报价牌，里面还有一大群交易员和一支穿着灰制服的特警队，里面大约有25个顾客。

我去找经理聊天，他表示愿意为我效劳，我什么也不需要他为我做，只是告诉他，大家在赛马场上凭运气赚来的钱比这里多得多，而且没有任何阻碍，可以自由地交易，能在瞬间赚到成千上万的钱。不像在这里，只能赚一点零花钱还需要等上好几天才能出手。他开始劝说我，要我相信股市很安全，他们的顾客赚了多少大钱——你一定认出了，这是那种常见的经纪人，他们代你买卖交易所的股票，还要你相信一个人只要买卖做得大，就会赚到令人满意的钱。他一定以为我是揣着大把的钞票来的，因此很想拉我入市，好让他有机会得利。为此他还说，我得抓紧时机，星期六2点就收市了，办完事还可以有一个下午去做别的事——要是我选准股票，我就可能赚得更多了。

我露出一副不相信的神色，因此他继续对我劝说不已。我看着挂钟，到十一点一刻了，我说："好吧。"然后给了他几种股票的卖空指令，我投入了2 000美元现金，他很高兴地收下了，并且说他认为我一定会赚大钱，而且希望我常常来。

后来的一切进展果然都在我的预料之中。许多交易商抛售打压股价以触发那些市场里的止损单，当然价格明显下滑了。我就在最后五分钟价格回升之前把我卖空的股票平仓了。

我总共赚了5 100美元，我走过去换现金。

"我真高兴自己入市了。"我对经理说，并把单子给他。

"呃，"他对我说，"我付不了你那么多，我没预料到会有这么大的行情。星期一上午我一定给你准备好，到时你来这儿取吧。"

"好吧，"我说，"不过你先把你付得起的钱给我。"

"拜托了，这点现钱我还得兑付给那些散户呢，"他说，"我先把你的保证金还给你，然后剩下多少还你多少。但这得让我先兑付完其他的成交单。"

于是，我在一边等着，让他先兑付其他赢家。嗯，我知道自己的钱是安全的，特勒不会在这儿赖账的。而且，即使他真的食言，除了拿走目前剩下的所有的钱之外，还有什么好办法呢？那天我拿回了自己的2 000美元，另外还有800美元，这就是营业厅剩下的所有的钱了。我对经理说，星期一不见不散。他发誓，到时候一定准备好钱等着我。

星期一上午12点前，我到达霍博肯。我看到一个人正在同经理交谈，特勒叫我滚到多兰去的那天，我曾在圣路易斯办公室见过此人。我立刻意识到经理给总部发过电报，于是他们派了一个人调查这件事。骗子不相信任何人。

"我来结算剩下的钱。"我对经理说。

"就是这个人？"从圣路易斯来的家伙问。

"是的。"经理一面回答，一面从口袋里抽出一沓崭新的钞票。

"等等！"那家伙冲经理嚷着，然后转向我，"利文斯顿，难道我们没对你讲过，我们不做你的生意吗？"

"先把钱给我。"我对经理说，他勉强地抽出两张1 000美元钞票，4张500美元钞票，最后是3张100美元钞票。

"你刚才说什么？"我收好钱，问圣路易斯的那个人。

"我们对你说过，我们不欢迎你在我们的地盘交易。"

"是的，"我说，"我正是为此而来。"

"别再来了，走远点儿！"他吼了起来。身着灰色制服的保安人员听到声音后小心地走来张望。圣路易斯的人对经理挥舞着拳头，喊道："你早就该了解情况的，竟然犯了如此愚蠢的错误，让这个家伙钻你的空子。他是利文斯顿。我们之前对你有过警告。"

"听着，你这家伙，"我对圣路易斯的人说，"这儿不是圣路易斯，你不能随便取消任何成交单，就像你的老板对待客户那样耍花招。"

"出去！你不能在这里做交易！"他喊着。

"如果我不能在这里交易，别人也不会来的，"我警告他，"你无法用

第2章 股市永远是对的

那套鬼把戏骗人。"

那人一听到这话,口气立刻软下来。"小伙子,"他不安地说,"帮帮忙吧,讲点道理!你知道我们不能天天遇到这样的事情。要是老头子听说谁干了这事,一定会暴跳如雷的。请发发善心吧,利文斯顿!"

"我会适可而止的。"我许诺道。

"你会理智些的,对吧?看在上帝的分上,请离开!给我们一个重新开始的机会。我们才刚刚来到这儿,好不好?"

"下次我来的时候,不许以这样傲慢的态度对待我。"我说完转身离开,留下他对经理滔滔不绝地呵斥。我已经以他们在圣路易斯对付我的方式回敬了对方,所以也没多大必要把事情闹大或设法搞砸了他们的生意。我回到老富勒顿的办公室,把经过告诉了麦克,然后我说,如果他同意,希望他去泰勒的地盘交易20或30股,以便让他们晓得有这么个人。等我看准一个赚大钱的机会,就打电话通知他,让他大赚一笔。

我给了麦克1 000美元,他带着那些钱去了霍博肯,依我的话行事。他很快成了那儿的常客。不久之后,我觉得机会来了,悄悄通知麦克,他卖空了最大的股票限额。那天,除了付给麦克的佣金和花销,我赚了2 800美元,或许麦克私下还留了一点儿。随后不到一个月,特勒关闭了霍博肯的分支机构。于是,警方开始忙碌起来。不管怎么说,我没赔本,我只在那儿做了两次。我们正好碰上了疯狂的牛市,股价价格很少回落,甚至不足以把1个点的保证金洗出去,以使客户们不易被清理出局。几乎所有的客户都持多头,赢利颇丰。全国许多对赌行都倒闭了。

他们的游戏规则从此改变了。与在一家有名气的股票经纪行做交易相比,在老式的对赌行更容易成功。其中一个原因是,当你亏完保证金而被自动清除头寸时,你的交易自动终止,这是最好的止损方法。在交易所里有时当股价朝不利的方向发展时,你会因无法及时成交而扩大损失。在纽约,对赌行对待顾客从不像我在西部听说的那么慷慨。他们过去常把某些惹人注意的股票赢利限制在2点以内。糖业与田纳西煤铁(Tennessee Coal and Iro)公司即属此例。哪怕它们的股票十分钟内涨了十点,你也只能在一张单子上挣2点。他们算准了,不让股民有太多的获利机会,否则,客户的赢面就大了,处处是赔一赚十的机会。曾经有一度,所有的对赌行,甚至最大的一家,都拒绝交易某些股票。1900年大选前的一天，麦金莱①（McKinley）胜出已经是铁板钉钉的事了，于是纽约没有一家对赌行允许股民购买股票。麦金莱的获选概率高达3：1，若是星期一购买股票，你认为会赢3~6点，或许更多。你也可以打赌布莱恩②（Bryan）会当选，买进股票也有把握赢利。然而那天对赌行拒绝交易。

要是他们不拒绝而接受我的交易，我会永远在对赌行做下去。要是那样，我就只会抓住上下几点的波幅赚些小利，就再也学不到更多的股票投机技巧了。

---

① 威廉·麦金莱（1843年1月29日—1901年9月14日）是美国第25任总统，生于俄亥俄州。1896年，麦金莱参加竞选获得总统职位。执政之后，他提高关税，稳定货币，使美国经济迅速有了很大的起色，他也因此被人们称为"繁荣总统"。1900年，麦金莱以前所未有的票数赢得了总统大选，并于1901年3月4日就职，开始了他的第二届总统任期。6个月过后的9月15日，总统威廉·麦金莱遇刺离开了人世。——译者注
② 威廉·詹宁斯·布莱恩（William Jennings Bryan，1860年3月19日—1925年7月26日），美国政治家、律师。能言善辩，曾三次代表民主党竞选总统（1896、1900、1908年），均失败。威尔逊总统上台后任命他为国务卿，后因对于卢西塔尼亚号事件的意见与威尔逊不一致而辞职。——译者注

第3章
股市上只有看对的一方

一个人要花很长的时间才能从自己的错误中吸取教训。虽说凡事都有两面性，但对股市而言，只有一面，既非牛市的一面，也非熊市的一面，而是正确的一面。这是我在熟悉了大部分的股票投机技巧后，才深深印入脑海中的一条普遍原则。

我听说过有些人喜欢自娱自乐，在股市进行模拟操作，并以模拟的美元数字证明其水平高超。有时候，这类虚拟的赌徒会赚大钱。按照这种方式，似乎成为优秀的投机客非常容易。这让我想起一个老故事，说的是一个第二天就要决斗的人。

他的助手问他："你是个好射手吗？"

"嗯，"决斗者说，"我可以在20步开外击中葡萄酒杯的杯脚。"他略显谦虚。

"这很好。"不为所动的副手继续问，"如果酒杯上有一只子弹上膛的手枪正指着你的心脏，你还能击中酒杯脚吗？"

对我来说，我必须用赚的钱来证明自己的观点。之前的亏损教会了我：除非自己确信不会后

◢ 看不清股市形势时也去投资，这是对自己不负责任的做法。市场时起时落，人们有时持这种看法，有时持那种看法，这都是正常的。不正常的是，当投资者拿不定该买入还是抛出时，却不回避一下，勉强投资，结果当然不会好。
★ 索罗斯

◢ 人们认为我不会出错，这完全是一种误解。我坦率地说，对任何事情，我和其他人犯同样多的错误。不过，我的超人之处在于我能认识自己的错误。这便是成功的秘密。
★ 索罗斯

退，我才能前进。如果不能前进，我就会按兵不动。我这么说，并不是指一个人出错时不该限制损失。限制损失是应当的，只是不能因此养成优柔寡断的处事习惯。我这一辈子几乎一直都在犯错误，然而在错误中，我也获得了经验，积累了许多颇有价值的"几不做"原则。我也有过赔得很惨的时候，但总算不是彻底的亏损。否则，我此刻也就不在这儿了。我始终清醒地相信自己会有下一次机会，而且不重复同样的错误。我信任自己。

要想在这个游戏里生存，你必须相信自己，相信自己的判断，这也是我不听信种种所谓内幕消息的原因。如果买进证券是按照某个人的内幕消息，那么卖出这些证券也必须要按照他的内幕消息，那我就在依靠他了。如果这个人度假去了，而恰好卖出的时机来了，要怎么办呢？因此没有人能依靠别人来发财。我从自己的亲身经历认识到，没有谁向我提供消息让我赚的钱比我根据自己的判断赚到的钱更多。我总共花了五年的时间，才学会在判断正确的时候尽量抓住机会多赚钱。

实话实说，我没有多少你所想象的有趣经历。我的意思是，学习如何投机的过程似乎并不富有戏剧性。我曾经几度破产，这当然令人不快，但我输的方式和那些在华尔街的人是一样的。投机，是一桩艰苦的冒险行当，投资者必须始终全身心地投入到工作中，不然，很快便会一败涂地、无工可做。

其实在富勒顿受挫后我的任务就明确了，非常简单：从另外一个角度观察投机。但是，我没有意识到更多的游戏内容是在对赌行里学不到的。我自以为在交易中游刃有余，实际只是在对赌行略有胜绩而已。不过，对赌行的经历确实增强了我的行情

▲ 一旦在路边听到什么小道消息，或者在公交车上听到什么传闻，或者偶然在报纸杂志上看到什么股评，都可能让一些投资者为一个盈利前景十分可疑的机会而心潮澎湃，又会用自己的闲钱来玩玩，赌上一把。
★ 彼得·林奇

▲ 我相信，我管理麦哲伦基金的前4年期间不再开放，不是坏事，反而是好事。这段对外封闭的日子，使我可以安静地学习投资，不断进步，即使犯了一些错误，也不会因广受关注而难堪。
★ 彼得·林奇

第3章 股市上只有看对的一方

分析能力,对记忆力的训练更是可贵。对这两项,我得心应手。作为一个交易商,我把自己早期的成功归于这两点,而不是头脑灵活或知识广泛,因为当时我的思维未受训练,并且在知识上也很匮乏。我接受的是市场教育,游戏本身教会了我如何游戏。教法总是无情而有效的,让我吃一堑,长一智。

我至今还记得自己刚到纽约的那一天。我曾经说过,对赌行拒绝我的生意,因此,我不得不去找一家有名望的证券经纪商。我过去的一位同事当时在为哈丁兄弟(Harding Brothers)公司工作。我是那天早晨到达这座城市的,然后中午一点之前,我就在哈丁公司开了账户,准备做交易。

对我来说,像在对赌行那样做交易是再自然不过了,也就是看准股价的波动趋势,抓住虽然微小,但肯定会有的差价来赢利。初到纽约,我仍然如此行事。没有人告诉我和过去的区别。要是有人说我的办法行不通,那我肯定会实际操作一番以检验之。因为只有一件事能说明我错了——那就是"赔钱"。而我唯一正确的时候就是"赚钱"。这就是投机生意。

那些日子,股民们生机勃勃,股市相当活跃,令人鼓舞。我顿时找到了如鱼得水的感觉,陈旧而熟悉的股市行情布告牌就在眼前,牌上的语言在我15岁之前就已经学过。一个小伙子做着我最初工作时同样的事情。股民们目不转睛地盯着布告牌,高声嚷嚷着价钱,谈论着股市。就连他们使用的设备也是我所熟悉的。那里的空气,几乎与我在伯灵顿挣第一笔钱(3.12美元)时呼吸到的一模一样。同样的行情,同样的股民,做着同样的游戏。还记得吗?当时我才22岁。我以为自己已经充分了解游戏了。于是我对自己说:为什么不试试呢?

我密切关注着布告牌,瞅准一种有利可图的股票,它走势良好。我以84美元买进100股,半小时内,又以85美元抛出。然后,我又发现了另一种有利可图的股票,于是如法炮制。很短时间内,各赚了3/4点。我开了个好头,是吧?

现在请看仔细:作为一家知名的证券商的客户,第一天,在当时仅剩下两个小时的交易时间里,我就交易了1 100股,买进卖出。结果呢?那天的炒作最终使我损失了1 100美元。这个意思是,我在纽约证券交易所初试锋芒时,一半的资本都付诸东流。请注意,其中一部分交易是获利的,然而,那天我总共赔了1 100美元。

这一切并没有令我不安,因为我看不出自己究竟做错了什么。我操作的步骤相当稳妥，相信如果在以前的大都会对赌行里做，一定会成功。我想，大概是这个机构当时运转得不太正常，所以才会损失了1 100美元，只要管理者状态良好，就没必要担心。唉，22岁的年轻人无知起来正是一个足以致命的缺陷。

过了一些日子，我对自己说："不能这样交易下去了，这儿的纸带机没有发挥出应有的参考作用！"但也仅仅如此，我没有继续研究下去。我还在交易，时好时坏，直到赔光了所有的钱。我又去见老富勒顿，请他借给我500美元。后来，带着再次从对赌行赚来的钱，前面我曾经说过，在那儿我总能赢，我从圣路易斯回到纽约。

回来后，我开始更谨慎地交易，确实有一段时间做得很出色。境况一好转，我便尽量生活得更舒适些，结交新朋友，过得很开心。别忘了，我那时还不到23岁，独自一人在纽约闯荡，怀里揣着赚来的钱，满是一腔要在纽约股市站住脚的信念。

我更为谨慎地从事着真正的股票交易。但我依然固执地坚信着纸带信息，而不理会普遍原则。事实上，只要我不改变交易方式，就永远看不出游戏有什么异常。

1901年，我们进入一个经济大增长的时代，对于一个年轻的小伙子来说，我挣了一大笔钱。还记得那段美妙的旧时光吗？国家空前繁荣。我们不仅迎来了势不可挡的工业兼并和资本组合浪潮[①]，而且公众一波接一波地疯狂涌入股市。我听说过，华尔街之前号称自己拥有日成交量25万股，面值2500万美元易手的记录。然而在1901年，人们创下了日成交量300万股的新纪录！那年头，差不多人人都在赚钱。钢铁帮进城了，这是一群挥金如土的百万富翁，唯一令他们满足的游戏便是买卖股票。我们曾经见过这样的巨头：约翰·盖茨（John Gates），一开口就是"和你赌一百万"，还有他的那些朋友，像约翰·A.德里克（John A.Drake）、洛依尔·史密斯（Loyal Smith）等等。里德-利兹-摩尔（Reid-Leeds-Moore）集团卖出钢铁公司股份，随后又在开放股市里买了罗德岛集团（Rock Island system）的大多数股份。还有施瓦

[①] 1901年前后，美国经济持续繁荣，出现了一波企业兼并浪潮。据统计，一家大公司的兼并占83.5%，其中5家以上企业合并为一家企业的兼并至少占75%，10家以上企业合并为一家企业的兼并占26%。比如，在1901年当年，多家大型钢铁企业进行重组，成立了美国钢铁公司，该公司资产达14亿美元，前后11年里共有785家中小钢铁企业最终被重组到美国钢铁公司当中。——译者注

布（Schwab）、弗里克（Frick）、菲甫斯（Phipps）及匹兹堡集团（Pittsburgh coterie）都是这样。更不用说那些在机构重组中失业但换个行当即可称为冒险家的人了。一个股票经纪人在短短几分钟内就可以抛售十万股。这是多么精彩的时代！这是多么精彩的赢家！另外，人们无须为卖出股票而纳税。啊，真是一段好日子啊！

自然，每过一阵子，我都会听到一些股市要暴跌的传言。那些老手们说除了他们以外，人们都疯了。但事实却是，除了他们之外，人人都在赚钱！我当然知道，涨势总有尽头，什么都买的疯狂劲必定有停止的一天，我做好了对付熊市的心理准备。然而，每次我的抛出总是亏了一些，若非我动作迅捷，一定会损失得更多。我希望捕获跳水行情，我变得更加谨慎，买进做多的时候获利，卖出做空的时候一点点亏掉——结果在那场大繁荣中，我并没赚大钱。尽管根据我通常的大手买卖，你们认为我应当赚了很多钱。

仅有一只股票我一直留在手上，那就是北太平洋铁路（Northern Pacific）股票。我对阅读纸带得心应手，认真分析之后，认为大多数股票都稳定了，而北太平洋表现良好，似乎还会上涨。现在我们都知道，当时无论普通股还是优先股，都在被库恩－卢伯－哈里曼集团（Kuhn-Loeb-Harriman combination）稳步收购。我不顾办公室其他人的劝说，牢牢地捂住了1000股北太平洋普通股。当它涨到110时，我有30点的赢利。我抓住了这个机会，赚了近5万美元的利润，挣到了那时自己最大的一笔收入。对一个年轻小伙子来讲，几个月前还在同一地点赔得精光，这已经很不错了。

你也许还记得，当时哈里曼集团通知了摩根—

◢ 历史长期统计数据告诉我们，在过去70年里，股票平均每年投资收益率为11%，比国库券、债券、定期存单高出一倍以上。尽管20世纪以来发生了各种大大小小的灾难，曾经有成千上万种理由预测世界末日将要来临，但是投资股票仍然要比投资债券的收益率高一倍以上。

★ 彼得·林奇

希尔（Morgan-Hill）财团说明，他们有意取代摩根财团在北太平洋公司的地位，于是摩根财团先指示尼恩买5万股北太平洋股，以确保其在该公司的控股权。我已经听说，尼恩告诉罗伯特·培根①（Robert Bacon）做好吃进15万股的汇票，银行家罗伯特执行了。不管怎样，反正尼恩派了一个他的经纪人，埃迪·诺顿（Eddie Nprton），去北太平洋集团买入10万股。我感觉，之后又有一个买入指令，他们接着又买了5万股，一场著名的收购战②随之而来。在1901年5月8日市场收市后，全世界都知道两个金融寡头间的较量正在进行。在此之前，在这个国家，还从来没有如此规模的资本集团争斗过。哈里曼对摩根，真是旗鼓相当。

5月9日，第二天早晨，我手里有近5万美元现金，没有一张股票。我之前

---

① 罗伯特·培根（1860年7月5日—1919年5月29日），美国金融家、外交家，创纪录的担任了一个月零9天的美国国务卿。作为一名政治家和外交家，他表现平平。但作为一名金融家，他称得上老谋深算，他是美国最大的金融帝国之一——摩根财团的董事，参与了公司许多重要活动，为公司的壮大立下了汗马功劳。——译者注

② 一场发生在当时美国最为显赫的两大银行巨头之间的收购战争——J.P.摩根（摩根银行的创始人）和雅各布·谢弗。战争的导火索是E.H.哈里曼，这位先生是当时著名的联合太平洋铁路公司的实际控制人。1898年他接手了濒临破产的联合太平洋铁路，后来中西部农场日渐繁荣，使得联合太平洋铁路成了一棵摇钱树。1901年，哈里曼在谋求北太平洋公司控制的一小段他能够造成威胁的铁路的控制权时受挫，于是哈里曼决定通过收购北太平洋公司来永远地解决这个问题。由此引发了两大银行巨头之间的战争。

当时与哈里曼合作的银行家就是雅各布·谢弗，而北太平洋公司的控制人希尔则是摩根银行的重要客户，因此对希尔的北太平洋铁路动手就等于是挑战摩根银行。谢弗先下手为强，动作迅速地把北太平洋公司的大部分优先股收购到手，同时还持有了相当数量的普通股票，这使哈里曼控制了绝大多数的北太平洋公司的股票，而对普通股票的收购还在继续。而此时摩根还在欧洲，对此一无所知。

摩根银行最终还是识破了谢弗的计划，并立刻致电摩根，要求他授权银行在5月6日（星期一）开盘购买15万股北太平洋公司的普通股票（总股票数是80万股）。留给希尔的最后一线希望就是获得大多数的普通股票，然后让公司做出决定，回购优先股（法律赋予了公司这个权利），这样希尔就能够重新获得公司的控制权。而实施这个计划要花费1 500万美元，摩根同意了。于是摩根和谢弗之间的战争开始了。

星期一早上一开盘，激烈的股票抢购战就开始了，这时两个巨头总共持有北太平洋公司80万普通股票中的63万股，而到了星期二收盘的时候他们掌控的数字就变成了75.4万，市场上仅剩下了4.6万股在流通。

当时市场上的股票空头们都在盼望股价的下跌，等他们意识到这是摩根和谢弗两个人的较量时，一切都太晚了。他们只能抛出自己手中的其他股票，然后以高价购买北太平洋股票来履行合约。于是很多空头已经倾家荡产时，股票价格还在上扬。空头们的恐慌还在持续着，由于北太平洋股票的价格不断增长，空头们不得不大量抛售其他公司的股票来高价购买北太平洋股票以履行合约。在巨大的卖压下，其他股票的价格也出现了连锁效应。例如合众国钢铁公司（United States Steel）的股票短短几天内就从54.75美元直降到26美元。直到周四下午，J.P.摩根和雅各布·谢弗终于签订了紧急停战协定。两家银行宣布不再购买北太平洋公司的股票，同时允许所有的空头以150美元的价格（当时北太平洋的股价在1000多美元）平仓，把很多人又从破产的边缘拉了回来。战争结束了。——译者注

第3章 股市上只有看对的一方

提到过，对熊市我已有所准备，现在机会终于来了。我知道将会发生什么：先是暴跌，然后是廉价得惊人的股票，很快市场又会反弹，接着便是当初低价吃进的股民赚大钱！这都用不着请福尔摩斯来推理，我们将迎来一个稍纵即逝的机遇，捕获一个来回，因为不仅获利巨大，而且几乎十拿九稳。

之后发生的每件事都如我所料。我完全正确——然而，赔了个精光！我被一些意外击败了。怎能没有出人意料的事情发生呢？要不然人与人之间就没有差别了，生活也失去了乐趣。炒股游戏会变成枯燥的加加减减，让我们变成思维僵化的记录员。正是投机中的竞猜，拓展了人们的大脑思维能力。索性把你要做的事当作猜谜吧。为了猜对，我们不得不做许多的功课啊。

股市如我期望的一样，又相当火爆了。成交量之巨大，股价波动之剧烈，再创新高。我递进了一大堆卖单。我看到开盘价的那一刻，形势并不乐观。我的经纪人忙碌地操作着，他们精明能干，和其他经纪人没什么两样。可是，当他们执行我的卖单时，股市已跌了20多点。因为成交量巨大，纸带记录和相关报告传来的信息远远落后于实际的市场行情。我按纸带提出的卖价，譬如100美元下单卖出股票，被他们以80美元的成交价格出手，实际卖价已经比头天晚上的收盘价跌了30或40点，就好像我花了钱使它们降到我想吃进的低价。但我想，股市总不会没完没了地跌下去，因此很快决定平掉空头转做多头。

我的经纪人买进了股票，以证券交易所接到买单时的价格，而不是以能令我获得转机的股价买进。他们的成交价比我预计的平均高15点。没人受得了一天之内损失35点。

由于纸带机传来的信息难以及时反映实时股市变化，断送了我的交易。毕竟我已经习惯于根据纸带信息做出判断，但这一次，我的好帮手——纸带愚弄了我。纸带机打印出来的价格与实际价格的差异搞砸了我的买卖。以前就曾导致我失败的同样原因再次打击了我。现在看来很明显，从不理会经纪人如何成交，仅仅靠阅读纸带是远远不够的。我惊讶于当时自己为什么没有认清这一点并找到解决办法来及时补救呢？

我因此做得越加糟糕。我不停地交易，买进卖出，不考虑经纪人的操作。你看，我从不用限价单交易。我总觉得必须在股市里把握机会，我要打败的是股市，不是某个价位。当我觉得应当抛出时，我就抛出。当我觉得股市会上涨时，我就吃进。最终，对普遍投机原则的笃信拯救了我。如果在对

> 以往取得成功的经验固然重要,但它只能作为你进行新的投资的参考,而不能照搬照套。股票市场变幻莫测,这次投资和以前的投资肯定不同,照搬的结果,只有失败。
> ★ 索罗斯

赌行使用的方法——简单地以有限价格交易适用于大型证券机构,我可能学不到真正的证券投机。如果不是栽跟头,我恐怕只能根据浅陋的经验继续冒险。

为了尽量减少纸带机滞后股市的不利影响,每次我都试图限制买卖价格,结果却发现股市总是变化得更快,因此我不得不放弃这种念头。我没法说清楚,我花了许多年,才认识到不能醉心于对眼前股市下注押宝,而是应该抓住较大的涨跌波幅。

经过5月9日的失败后,我便改进操作方法,然而仍旧有欠缺。如果不是有部分时间还能获利,也许我能更快地掌握股市规律。然而,我赚的钱足够我过舒适的生活。我喜欢结交朋友,享受快乐时光。同所有华尔街的交易商一样,那年夏天我住进新泽西(New Jersey)海滨。说真的,我当时挣的钱其实还不够从容地平衡亏损和生活开销。

我不再固执地坚持以往的交易方法。不过,我还是说不清症结所在,当然更谈不上解决问题了。我反反复复强调这一点,是想说明在真正赚大钱之前,我得经历许多挫折。打个比方来说吧,与高性能的来复枪相比,我已经感到自己的老猎枪在大猎场中劣势越发明显了。

就在那年秋天,我不仅输光了所有的钱,也对不再稳操胜券的股市游戏感到厌倦,以致我决定离开纽约,到别的地方换个行当做做。从14岁起,我就开始交易。15岁时,赚了第1个1 000美元;21岁前,赚了第1个1万美元。我曾经不止一次地赚到、又赔掉1万美元的赌本。然而几年后,我又回到了当初的起点。更糟糕的是,我养成了大手大脚花钱的习惯,虽然它不如赔钱那样令我心烦意乱、倍感困惑。

第4章
避免做亏钱的事

就这样,我回到了家乡。然而从归来的那一刻起,我就猛然地意识到自己的生活里只有一项使命——再回华尔街冒险!我迫切想要找到一些资本,然后重新杀回华尔街。华尔街是这个国家里我唯一能大笔交易的地方。总有一天,等我找回了感觉,有了一定积蓄,就需要这样一块用武之地。你了解的,当一个人感觉良好的时候,他便更渴望得到有利条件的支持。

尽管没抱多少希望,但我还是想重新进入对赌行。当时城里已经没有太多对赌行了,其中几家的主人我还不认识。那些认识我的老板,仍然不肯给我机会再试身手,尽管我如实地向他们解释了,诸如在纽约,我赔掉了全部积蓄;实际上,我并非如自己想象的那样对股市了如指掌;允许我进行交易丝毫无损他们的利益等等。可他们还是不同意。那些新开的对赌行也靠不住,那些新老板认为:即便客户有把握,他也应该像一位绅士般的只买进20股。

我需要钱,考虑到那些规模较大的对赌行可以从其他客户那儿吸纳充足的资金,因此我找了一个朋友,合伙去对赌行交易。我只是偶尔进去扫一眼,便抽身退出。但有些时候,我会忍不住巧言相劝某位职员让我做一次,哪怕只有50股。当然他们都拒绝了。我与朋友临时编了一套暗语,好让他及时按照我说的去买卖。这办法虽然能解燃眉之急,但对我来说,依然是杯水车薪。很快,这家对赌行嚷嚷着要收回我朋友的单据。终于有一天,当他想卖出100股圣保罗(St.Paul)股票时,被人取消了他的交易资格。

后来我们才知道事情的原委。一个客户看到我们在外面交谈，便进去告诉了对赌行的人。等我的朋友到单据操作处去填100股圣保罗（St.Paul）的卖单时，柜员冷冷地说："我们不收任何圣保罗的卖单，尤其是你的。"

"为什么，怎么回事，乔？"我的朋友问。

"停止交易，没什么好说的。"乔回答。

"难道这些钱不好吗？瞧这儿，仔细瞧瞧。"我的朋友递进去100美元，那是我的100美元，一共10张的10美元面钞。乔恼怒地看着他，他也尽量显得义愤填膺，而我在一旁静静地看着这一切。如同每次听到店家与顾客发生口角那样，其他客户渐渐围了过去。为了了解公司是否有清偿能力，他们总是乐意凑凑热闹。

柜员乔，大概是一位助理经理，他走出柜台，走向我的朋友，看看他，又瞅瞅我。

"太可笑了，"他慢吞吞地说，"实在太可笑了！你的朋友利文斯顿不在的时候，你什么都不做，只是瞧着布告牌，甚至傻坐上个把钟头，一声不吭。但他一来，你就忽然忙碌起来。就算你只为自己交易，也不能再来这儿了。我们从未变更交易规则，只不过不允许利文斯顿在背后指使你买卖。"

唉，我的生路就这么断了。幸亏除去花销，我还净挣几百美元。我琢磨着怎么个花法更划算，以便更快地挣够回纽约的钱。我想下次自己一定会做得更好。我现在有时间静心反思那些愚蠢的失误，并逐渐清晰地认识到，首要目标是进行新一轮冒险。你瞧，当一个人站得远一些，他就能更全面地看清事物的本来面目。当务之急是筹集一笔新本金。

一天，我在一家旅馆大厅里同一些熟人交谈，他们都是业绩相当稳健的交易者。大家在一起谈论证券业，我说："就我的经历而言，当一个人在证券交易所炒作时，要是经纪人的执行不力，没人能赢得了游戏。"

有人提高嗓门，问我说的经纪人指谁。

"全国最优秀的。"我毫不犹豫地说。

他接着追问："这些最优秀的又是谁？"

我看得出他不相信我曾经在一流的证券公司做过。我说："那些纽约证券交易所的经纪人。问题并不是他们粗心大意或不诚实，而是当你在证券市场填单买入时，你无从了解买进的股票实际交易价格是多少，直到你从经纪

第4章 避免做亏钱的事

人那儿收到交割单后。市场上一两点的波动总是多于10~15个点的大波动，场外交易商却因为成交条件的限制没办法抓住这些微小波动而获利。如果对赌行允许大笔买卖，我倒宁愿天天去那儿交易。"

这位和我讲话的人，叫罗伯茨（Roberts），我以前从未见过。他似乎非常愿意帮忙。罗伯茨把我拉到一边，问我是否在其他交易所做过，我说没有。他说，他认识一些棉花交易所和农产品交易所，以及一些小规模的证券交易所的会员公司。这些公司无一例外都运作规范，尤其注重经纪人的成交质量。他们与纽约证券所这样的证券巨头有着密切关系。通过自己的影响力和每月稳定的高额交易量，他们能够为个人交易者提供非常优质的服务。

"他们真的很关照小客户，"罗伯茨说，"此外，他们还开展了一项专为偏远地区客户服务的特殊项目。他们对待10股的单据同对待10万股的一样细致周到。他们真的非常能干、可靠。"

"好吧。但如果他们要向纽约证券交易所支付常规的1/8点佣金，那他们自己又得多少利呢？"

"对的，他们应该付第1/8点的佣金的。但是……你明白！"他朝我眨了眨眼。

"是，"我说，"可证券交易所最不愿意做的就是分割佣金。这是不公平的，证券交易所的生命就取决于遵守这条规则。"

他一定看出我曾经和交易所的人打过交道，于是便说："听我讲，每过一段时间，就会有一家诚守法规的证券商由于违反那条规则而被罚停止交易一年，对吧？但是，返回佣金的路子数不胜数，所以没人会告密。"望着我疑惑不解的面孔，他继续道，"此外，在某些业务类别上，我们……我是说，这些有独立通信设施的证券商将在第1/8点的佣金的基础上加收1/32点。他们这样做很公平，除非一些特殊情况，比如有的客户账户交易清淡，否则就不会额外收费。你能理解的，不然他们会入不敷出，大家努力工作的目的也不是为了赚大钱，仅仅是为了养家糊口而已。"

这时候，我明白了，他是在为一些冒牌的经纪行当拉生意。

"你能介绍一家可靠的吗？"我问他。

"我知道美国最大的经纪公司。"他说，"我自己就在那里交易。他们在美国和加拿大有78个分支机构，生意好极了。如果没严格的管理，年复一年，不可能把生意做得这么大，对吧？"

"没错，"我随声附和，接着问他，"他们提供纽约证券交易所里交易的那些股票吗？"

"那当然，他们经营在场外交易市场和这个国家或欧洲交易所上市的任何股票。诸如小麦、棉花、粮食，其他农产品，要什么有什么。他们在世界各地都有代理人，是所有交易所的一级或二级会员。"

现在我都清楚了，可我还想逗他再多透露些内情。

"是啊，"我说，"不过这并未改变单据要由别人执行的事实，还是没人能预测最新的股市变化或纸带显示价接近即时交易股价的程度。等客户在这儿看到报价，递进单据，再电传到纽约，一部分宝贵时间已经没有了。我想最好还是回纽约去，在有名气的纪经商那里输钱吧。"

1906年，明信片上的纽约证券交易所（New York Stock Exchange, NYSE）。1792年5月17日，24个从事股票交易的经纪人在华尔街一棵树下集会，宣告纽约股票交易所的诞生，直到1865年交易所才拥有自己的大楼。图中这座坐落在纽约市华尔街11号的大楼是1903年启用的。交易所内设有主厅、蓝厅、"车房"等3个股票交易厅和1个债券交易厅，是证券经纪人聚集和互相交易的场所，共设有16个交易亭，每个交易亭有16~20个交易柜台，均装备有现代化办公设备和通信设施。交易所经营对象主要为股票，其次为各种国内外债券。除节假日外，交易时间每周5天，每天5小时。自20世纪20年代起，它一直是国际金融中心，这里股票行市的暴涨与暴跌，都会在其他资本主义国家的股票市场产生连锁反应，引起波动。他说了一个名字，是我以前听说过的。

第4章 避免做亏钱的事

"你们的顾客?"

"我不知道亏钱是怎么回事,我们的顾客没这个习惯。他们赚钱,我们则照管生意。"

"呃,我在这家公司也有股权,如果我能给他们揽些生意,当然乐于尽力。因为他们待我不错,帮我挣了不少钱。要是你愿意,我也可以把你介绍给他们。"

"这家公司叫什么?"我问他。

这个公司在各类报纸上大做广告,大肆宣扬很多人在他们内部消息的帮助下做股票发了大财。这是该公司最与众不同的地方。他们可不是通常意义上的对赌行,而是一群老骗子。他们截留客户的单子和客户的交易,却打着经纪行的幌子,通过巧妙的伪装,令世人相信他们只是从事守法买卖的普通经纪人。实际上,这类对赌行早已存在,而这一家是其中最老的一员。

那些职业买空卖空者就是今天许多被注销执照资格的经纪人的鼻祖。他们的欺诈原则和方法都没有变,只是手段略有不同,把一些人尽皆知的鬼把戏换成各种花样。

这伙人常常提供所谓的"内幕"消息,劝导股民买进或卖出某种股票。他们一方面拍出数百份电报建议吃进一种股票;另一方面,再拍数百份电报向其他顾客推荐抛出同样的股票,跟古老的提供赛马内幕消息的骗局如出一辙。然后,买单和卖单滚滚而来,公司可能通过一家颇负盛名的证券交易所,买卖交割上千股的同种股票,获得一份规范的营业记录。要是有人对他们的欺诈行为提出质疑,他们就用这样的记录来反驳,让他没话说。

他们也发起一些自营交易基金。按照他们认为

◢ 保持自己清醒的头脑是必要的,金融本身就是为了追逐利润,如果你放弃自己独立思考的习惯,而是一味的跟风和从众,你就会像常人一样庸碌。

★ 索罗斯

最稳妥的方式，参与的客户要书面授予其交易姓名使用权和资金使用权。这么一来，当客户资金无影无踪的时候，即便是脾气最坏的客户也得不到合法的赔偿。随后，他们哄抬股市，诱使股民跟进，接着玩一回卖空的花招，把数百位客户微薄的保证金一卷而空。他们不放过任何人，连妇女、教师和老人也不例外。

"我讨厌所有的经纪人，"我对这位推销员说，"我得考虑考虑。"说完抽身离去，免得他再来搭讪。

我向人打听这家特殊的对赌行的情况。他们有几百个客户，虽然有一些不利的传闻，但我还没发现有客户赚钱却被拒付的事例。关键是找到一个能赚钱的人十分困难，而我做到了。当时总体上股市行情似乎对他们有利，因此如果某一桩交易造成了损失，他们还不至于赖顾客的账。当然，大多数这类公司在走下坡路。每过一阵子，像传染病似的，大批这样的对赌行纷纷倒闭。其他对赌行的顾客则担心受损而忙于抽回注入的资金。但在这个国家，仍有很多暂时罢手的对赌行老板伺机而动。

还好，那人推荐的公司除了一心赢利、时有欺诈行为外，便没有令我感到更加惊讶的其他坏消息。他们的拿手好戏就是愚弄那些企图一夜暴富的傻瓜，要求顾客允许在异常情况下不诉诸法律。

我遇到一个小伙子，他告诉我他亲眼看见的一幕闹剧。一天，某投机对赌行发了600份电报建议顾客买入一种股票，与此同时，又发600份电报强烈规劝另外一批顾客卖出同种股票。

"是的，我知道这把戏。"我对他讲。

"事情可不单单是这样，"他说，"第二天，他们又发电报给同样的客户，建议那些人放弃可能的赢利，转而吃进或抛出另外一种股票。我问一位高级合伙人，当时他正在办公室。'你们为什么要这么做？我懂你们的第一步做法。一些顾客理论上可谓是赚钱了——你们利用了这样的心理，而事实上呢，他们最终还是要赔本。但像现在这样再发一次电报，不就等于是害他们了吗？为什么要这样做？'"

"'呃，'他说，'这些顾客注定要赔本的，无论他们买卖的对象、方式、时间和地点如何。他们输钱的时候也就是我失去他们的时候。反正早晚都得如此，还不如我尽量从他们口袋里多捞点钱，然后再寻找新的冤大头。'"

第4章 避免做亏钱的事

说句实在话，我并不关心那些公司的商业道德。我说过特勒的对赌行如何惹恼我，我厌恶它，甚至报复了他们。但对这家公司，我却没有这样的感觉。他们大概是骗子，大概没有传闻那么黑心。当然，我也不想听从他们的花言巧语，或者相信他们的谎言。我只想尽快挣钱回纽约去，在一家堂堂正正的证券公司做大额的交易，不必担心警察会突然闯入搜查——警察会查抄对赌行，或者检察官强行检查并冻结资金之类的事。

无论如何，我下定决心要看这家特殊的对赌行到底提供了哪些优于合法经纪公司的条件。我没有多少钱可以充当本金，而这类公司在这方面十分灵活，因此我就以用几百美元长驱直入，窥其究竟。

我来到这家公司，直接与经理本人见了面。当他弄明白了我是一个老交易商，而且曾经在纽约的证券交易所开过户，便以为我是一个只知道赔钱的执拗狂，一只无论是大胆地被做手脚还是"谦虚"地只收佣金都会乖乖掏钱的肥羊。

我只对这位经理说，我需要的是执行交易指令最好的公司，因为我总在市场中做交易，我不想看到成交报告显示成交价和股价收报机上的价差超过1个点。他对我信誓旦旦，保证将完全照我的意愿行事。他们拥有这行里最精明的雇员，以其快捷的操作闻名。他们想显示出一流中介机构的工作水准，如果纸带机价格与报单价格不同，他们总是尽可能选择有利于客户的报价，虽然，他们不承诺一定会准确无误。要是我在这儿开个户头，就可以立刻通过电报进行交易了。他们显然对其经纪人的操作水平充满自信，这样，我就可以像在一家普通的对赌行交易了。还有，他们希望我从下一轮就开始。我当然不想显得太匆忙，便摇摇头，告诉他我可能当天不能开户。而他呢？迫不及待地劝我不要错过当前的良机，应该立即入市。

对他们来说，的确是这样的。一个股价轻微波动的平缓股市，正好怂恿股民投资，等股市动荡时，再卷走他们的钱。我被他缠住了，费了好大的劲才得以脱身。

我只留下了自己的姓名和住址。然而就在当天，我便开始收到一些费用预付的电报和信函，敦促我买入一种股票，他们声称：一家联营机构要把这种股票炒升10个点。

我忙着四处走动，寻找那些类似的公司。我觉得，如果我要摆脱他们的控制，真正赚到钱，就必须在附近的几家公司同时做。

了解情况后，我在其中3家开了户。随后我租了一个小办公室，并安装了电报机直通这三家冒牌的对赌行。

我谨慎地进行交易，平均地投入本金，以免一开头把他们吓跑。总体上来说，我赚了钱，他们就告诉我希望我做更大的交易，他们不欢迎胆小鬼。他们肯定是这样想的，我做得越多，赔得就越多，就会更快地倾家荡产，而他们则赚得越多。就金融方面讲，这帮人的理解确实有些道理——如此对付客户，那么客户将是极其"短命"的，这是一套相当完善的理论。毕竟破产了，顾客就不能交易了。而受到严重打击的顾客，却能满腹牢骚，指桑骂槐，甚至时不时地给他们找点对生意不利的小麻烦。

我还和一家当地的公司取得了联系，他们可以直接通过电报和身在纽约的代理人交流，该代理人是纽约证券交易所的会员。我安装了一台自动收报机，开始小心翼翼地操作起来。正如我之前说过的，我的操作极像普通对赌行的情况，只是节奏略慢一点。

这是我擅长的游戏，我也确实赢了。以前我还没有达到这种地步，投入多少赚多少，而这回我考虑周密，一周又一周地逐渐赢利。我又开始过得相当舒适起来，同时攒了一部分钱，以备回到华尔街一展身手。我又选了另外两家同类经纪商，这样一共是5家——当然，都是我赚钱的对象。

有时候，我的计划也会出错。选中的股票没有按我预计的走向发展，而是反其道而行，或者是原地踏步。但这对我来说，尚未构成真正的威胁，我还有些小赚，此外，和经纪人的关系也还算协调。他们的记录和账册并不总和我的一致，出现偏差的时候毫不意外地全都对我不利。多么惊人的人为巧合！每逢这种情况，我据理力争，为自己利益不依不饶，通常也都是我获胜。他们呢？虽然尽力想拿回我从他们那儿拿走的东西，然而心存侥幸，大概以为我的赢利只是一笔临时贷款吧。

他们毫无公平交易的精神，只顾不择手段地挣钱，从不在意别的。因为满脑子做着发财梦的人从不认真思考，下注时总是输钱。你可能认为这些家伙干的一行，虽然不合法但或许还算合情理。事实却并非如此。"照顾好你的顾客才能致富"是一句古老而经得起检验的生意真经，可他们似乎从未听说过，一门心思只图骗取钱财。

第4章 避免做亏钱的事

有好几次，他们都想用那些老花招引我上钩。稍不留意，他们就做一些小动作欺骗我。每回我挣得较少时，都是他们暗中做了文章。我指责他们有欺诈行为，他们一口否认，然后一切又照旧进行。

与骗子打交道也有好处，那就是只要你不停止和他来往，他总能原谅你对他的愚弄。与他希望赢利的目的相比，其他一切都没什么大不了的，所以他乐意屈从让步。真是一群"慷慨"的家伙！

后来，因为受不了他们那套鬼把戏，我决定还以颜色。我先选了一些已经炒过了头的冷门股票。这做起来似乎有点棘手，但要是直接选那些垃圾股，他们可能会怀疑我的动机。然后，我给5位投机经纪人发出了5条买入指令。当他们收到买单，等待纸带传来下轮行情时，我立刻通过熟悉的一家交易所抛售100股同种股票的卖单，并要求该交易所立即执行。你能想象得出，当卖单出现的时候，交易所的人会如何猜测——居然有人迫切地从外地要求抛售一种冷门股票，一定是有人买到了便宜货。但是，纸带上打出的是我的五张买单的价格。我耐心地等待低价吃进400股该种股票。和交易所连线的几家公司疑心地问我听到了什么消息，我只说有点儿内幕消息。就在闭市前，我又给那家正规的交易所发出了立即买回那100股的指令。无论如何，我不愿做这100股的空头，我不在乎付多高的价位，这立即抬高了股价，我自然同时下卖单将那400股卖掉，于是他们致电纽约立即执行。就这样，我不露痕迹地教训了那帮跟着炒500卖单的投机经纪人。整个过程相当令人满意。

但是他们还是执迷不悟要花招，因此我后来又惩治了他们几次，当然，他们并未受到应有的惩罚，因为100股很少推动股价超过一个点，却能使我赚更多的钱以备下一次去华尔街投资。有时候，我变变花样，卖空某些股票来改变策略，但从未做得过火，每次赚个600～700美元，就很满足了。

有一次，我的计策真是妙极了，怎么也没有料到，竟然引起十几个点的波动，我没想到会有这种事。事实上，当时我碰巧有200股在一个经纪人手上，而其余四个经纪人手里，都只有100股，这对那些人来说，就已经够受了，于是，他们跟小学生一样很痛苦，开始向我抱怨有人操纵股市。我去找经理，那个总是急于报复我的家伙。当然，每次我发觉他想整我时，他都做出一副宽宏大量的神态。在他那个位置的人总是爱说大话，他生气地说："那只股票的行情是假的，我绝不会付你一分钱！"

"你接受我的股票订单买进时,不是假行情。既然你让我买进,那么现在你就必须让我卖出,为了公正起见,你不能拒绝,明白了吗?"

他咆哮:"不行!我能证明有人故意捣乱。"

"谁在捣乱?"

"你心里有数!"

"他们到底是谁?"我质问。

"确定无疑,"他说,"肯定有你的朋友参与。"

我正色告诉他:"你知道,我从来都是单枪匹马地干,而且我一开始就是如此,这儿每个人都知道。我现在客气地告诉你,赶快去把钱给我拿回来,我不想把事情弄大,赶紧照我说的做。"

他号叫:"我一分不给,这笔交易有人操纵!"

我烦透了他的话,干脆对他说:"你必须马上付给我。"

这下他更凶了,骂骂咧咧地指责我是不要脸的捣乱鬼,但最后还是付了钱给我。其他几家公司可没有这么凶。有一家经理研究过我的不太活跃的股票把戏,他收下我的订单时,在小登记簿上登记为我买股票之后,他自己也买了些,实际上也赚了钱。这些家伙并不在乎投机者们控告他们的欺诈行为,因为他们总有一套现成的辩护词。但他们的确害怕我起诉,申请冻结他们放在银行的资金,因此处处小心,不肯承受一丁点的风险。如果说,世人了解他们的欺诈不会给他们带来致命损失,那么,赖账的丑名对他们来说,简直糟透了。对投机者来说,在经纪人手里赔钱,不是什么稀罕事儿,但赚了钱却拿不到,是投机行道最不可饶恕的罪行。

我从所有的经纪商那儿都拿到了我所赚的钱,但10个点的上涨结束了我从骗子手里骗钱的愉快时光。他们自己常用这些小伎俩欺诈数以百计的可怜客户,现在他们严加防范、十分警惕。我又像以往一样投机,市场状况对我并不总是有利——也就是说,我受订单数额限制,赚不到大钱。

这样的交易生活我干了一年多,其间用尽了各种赚钱方法。日子倒也过得不错,我买了一辆车,放开手脚花钱。我必须赌,同时也要生活,如果在股市上顺利,我也不能把赚的钱花光;如果在股市上不顺利,当然无钱可花。我已经存了一大笔钱,我也清楚地看到,在这五家交易所里没有赚大钱的机会,于是我便决定去纽约。

第4章 避免做亏钱的事

我开着车，和一位朋友一起去纽约，他也是交易员。我们停在纽黑文（New Haven）吃饭，见到一位生意场上的老相识，大家聊起来，他还告诉我们城里有一家对赌行，生意相当不错。

我们离开旅店继续向纽约驶去。车子路过了那家对赌行，开始我只是想看看它的外观，可经不住诱惑，下了车又去看看里面，不算豪华，但有个大黑板，而且正在营业。

经理是个小伙子，看上去像是曾经当过演员，对人很热情，他向每个人说"早上好"——活像是他送给大家多么珍贵的礼物。他看见我们从跑车款的汽车上下来，而且我们俩人都很年轻、大大咧咧的，我感觉自己看起来不到20岁——他自然推断我们是两位耶鲁大学的学生。我没有告诉他我们的来历，他也没有给我们说话的机会，就开始独自演讲起来。他说见到我们很高兴，问我们是否能找个舒适的位置待会儿，说这天上午的股票市场是带慈善性质的，目的在于增加大学生的零用钱，因为聪明的大学生总缺钱。他还说，此时此地，仁慈的报价机将会告诉你小小的投资就会有很大的回报，这笔零花钱谁都花不完。

既然对赌行的经理那么急于叫我们赌，不赌真让我感到可惜。于是，我就告诉他我要赌，因为听说很多人在股市上赚了不少钱。

我开始交易，最初只下小本钱，但赢了之后，就增加一些，我的朋友也跟着一起做。

我们在纽黑文过了一夜，第二天上午10点差5分的时候，我又来到这家好客的交易所，演说家经理高兴地会见了我们，说我们今天定会交上好运。嗯，确实没错，当天我卖掉大约1 500美元的股票。第三天上午，我们又去拜访这位了不起的演说家，同时递给他一张订单，要卖500股，他犹豫了一阵，还是默默地收下了。当时股票突然跃了一个点，我抛售出去，正好赚500美元，还有我的保证金，也是500美元！他从保险柜中取出20张50美元面额的钞票，慢慢地数了3遍，然后又在我面前一张一张点数，好像他的手指流出的汗把钱粘住了一样，不过最终，还是把钱给了我。他双臂交叉着抱在胸前，咬着下唇，眼睛直直地看着我身后的窗户上方。

我告诉他，我打算卖出200股钢铁，但他毫无反应，充耳不闻，我又改说300股，他才转过头来。我等着他的长篇大论，但他只是看着我，然后哑哑嘴，咽了一下口水，似乎准备开始抨击那些早已腐化的政权。最后，他冲我手上的黄色钞票摇摇手，说："把那玩意儿拿走！"

我说："把什么拿走？"我不明白他要赶走什么。

他很生气地说："你到哪里去，大学生？"

我告诉他："去纽约。"

"那好，"他不停地说，"那很不错，你们就要离开这里，现在我认识两个家伙——两个学生！我明白你们不是……我知道你们是什么人，唉！唉！唉！"

我很客气地说："你说完了吗？"

他停了一下又说："完了，你俩……"然后他撕掉一本正经的面具，在大厅旁停下来暴跳如雷，号叫起来："你们两个家伙是全美最大的骗子！学生？还是一年级学生呢！扯淡！啊！"

我们留下他继续发疯，他可能并不在乎这点钱，任何职业赌徒都不在乎，因为输赢是难免的。但是，他被我们愚弄了，伤了他的自尊心，这才是最重要的一点。

就这样，我第三次重返华尔街想要卷土重来，当然，我一直在不断研究，企图找出我投机方法上的毛病，正是它导致了我在A.R.富勒顿营业部的败绩。

20岁那年，我首次投入1万美元，结果输了，但我知道失败的原因——因为我不顾市场状况总在不停地交易，或是没有根据从研究和经验得来的方法来投机，而是靠赌。我希望赢，但不知道应该靠技巧取胜。22岁时，我曾把本金累积到5万美元，但仅仅5月9日那一天，我就把它输掉了。不过，我也知道原因，因为纸带报价机滞后于市场，而且股市行情的波动很异常。但是从圣路易斯回来和5月9日大恐慌之后，我仍不明白为何输了钱。我认为，我已经在自己的做法中发现了缺陷，我有一套能纠正我投机把戏中犯错误的理论。不过，需要不断地通过实践来检验。

失去你拥有的一切，教会你什么是不该做的——世上没有什么能比得上这种教育效果了。当你学会了不做某些事来避免亏钱，就是你开始学习应该做什么才能赚钱的时候。明白了吗？

第5章
顺市而行

一般水平的凭报价来预测行情的投机者，在我看来，就像人们常常称呼他们的那样——纸带虫。因为偏执走入了误区，这就像过于专业化往往导致钻牛角尖一样，缺乏灵活性就会付出沉重代价。投资是一门艺术，遵循一些主要的法则，但绝不是仅仅依赖数学或定理就能获胜的。即使我在阅读纸带、研读行情的时候，我所做的也不仅仅是计算，我更关心股票的行为习性。换句话说，我关注的是那些能使你判断市场是否与先例表现一致的证据，如果股票行为不对路，就不要碰它。因为你找不出股票行为不对路的原因，当然你无法预知市场的方向。无法诊断，何以预测；不能预测，自然赚不到钱。

关注股票行为和研究以往行情变化其实是老生常谈了。初到纽约，在一家经纪行的营业厅里，我就常常听见一个法国人大谈他的图表。当初我还以为他是经纪行豢养的怪人，但是后来，我发觉他的话很有说服力，很能感染人。他说图表是唯一不会说谎的东西，借助图表可以预测股市走势，同样也能加以分析。比如说，为什么基恩在其操纵出名的艾

> ◢ 我身在波浪之前，我密切注意趋势可能衰竭的迹象；如果我认为趋势走过了头，我可能尝试违反趋势。大部分情况下，我们如果违反趋势，通常都会遭到惩罚，只有在转折点时才会得到补偿。
> ★ 索罗斯

奇逊优先股（Atchison Preferred）牛市行情时做法是正确的，为什么后来他在合伙操纵南太平洋铁路①（Southern Pacific Railroad）行情时出了问题。有些职业交易商偶尔尝试了

法国人的方法，但后来又回到原来的老路上去。他们说，打游击的方法风险不大。那位法国人声称，基恩承认他的图表虽然百分之百正确，但在活跃的股市上，这个方法实际操作起来太慢。

后来，有一家经纪行绘制了每天价格变化的股价走势图，乍一看它仅显示出几个月来每种股票的涨落情况。但顾客通过将个别股票变化曲线与总的股市变化曲线比较，并记住某些规则，就能判断他们凭借不科学的内部消息而买的股票是否要涨价，人们把这张图作为内部消息的补充。今天在很多经纪行都能找到这种走势图，它们是统计专家绘出来的，其中不仅包括股票行情，也包括商品行情。

我应该说，图表只能帮助那些能读懂它的人，更准确地说，只能帮助能领会其内涵的人。普通的读图人只不过关心股票的涨跌和走势，在他们眼里这就是炒股要了解的一切。要是你让他对股市做进一步分析，他就没信心了。有一位极出色的人才，他是一名数学家，他曾经是一家有名的证券商行所的合伙人。他精心研究了许多市场的价格行为——

▲一个钟情于计算，沉迷于资产负债表而不能自拔的投资者，多半不能成功。

★彼得·林奇

---

① 南太平洋铁路是美国曾存在的铁路线之一，1865年该铁路线以地产控股公司的名义成立，是中太平洋铁路的一部分。铁路营运者为"南太平洋公司"（Southern Pacific Company），在并购多间小型铁路公司后，于1900年晋身为一间大型铁路公司。1959年，南太平洋铁路公司收购了中太平洋公司。1988年8月9日，美国ICC批准营运丹佛—里奥格兰德西方铁路的母公司"里奥格兰德工业"收购南太平洋铁路公司，同年10月13日接管铁路。由于财政问题，南太平洋铁路于1996年由联合太平洋铁路所收购。——译者注

包括股票、债券、谷物、棉花、货币等市场，以此为基础绘制图表，还倒退几年追溯它们的相互关系和季节性变化——几乎所有的方面都研究到了。他根据他的图表从事股票交易多年了。他确实胜了许多人，有人说他常常获胜，直到世界大战推翻了他总结的市场规则。我听说，他本人和追随他的大客户在退出之前损失了几百万元。然而，只要条件具备，股市该是牛市就是牛市，该是熊市就是熊市，即使是一场世界大战也无法阻挡空头市场来临。想要赢利，辨别大势便是你所需要了解的一切。

我也并非一帆风顺，那时不懂的现在清楚了，想想那些因我无知而犯的错正是普通的股票投资者年复一年所犯的。回想起在华尔街头几年的经历，就忍不住要强调这一点。

我重返纽约且交易活跃，第三次想为自己在证券交易所里杀出一条路来。我并不指望能干得像在对赌行里那样出色，不过，我认为在经过这样一段时间后，我应该干得更好，因为我现在有能力支付更多的头寸。我也清楚我的问题在于搞不清楚股票赌博与股票投机的根本区别，然而凭借我七年来读行情变化表的宝贵经验，以及对这个行当拥有的一些天赋，我开始赢利了，虽然不是赚大钱，但回报率很高。和以前一样，我赢得多，花得也多，多数人都会这样。不，不只是挣钱容易的人会如此大手大脚，所有不愿做守财奴的人其实都差不多。就像老罗素·塞奇（Russell Sage），他既会赚钱又吝于花钱，自然，他死的时候很富有，不过这样的人生有什么意思呢？

每一天，从上午10点到下午3点，我都全身心地投入股市；3点后，同样全心全意地开始享受生活。请别误会，我不是那种会耽于享乐而忽略交易事业

> ◢ 认错的好处，是可以刺激并增进批判力，让你进一步重新检视决定，然后修正错误。我以承认错误为荣，甚至我骄傲的根源来自于认错。
> ★ 索罗斯

的人。我敢说，当我输了的时候，只是因为在股市中做错了，而不是因为生活放荡、疲倦不堪才坏事。我从来不会让任何事影响我的身心健康，甚至直到现在，我也常常在10点以前睡觉。我年轻时从不熬夜，因为睡眠不足不利于把事情做好，因此我身体一直很好。在我看来，人应该好好享受生活，没有必要省吃俭用地苛待自己，因为市场总能提供我享受生活的金钱。从职业的角度来讲，股票交易是为了谋生，因此我态度非常认真，也有这样的自信心。

在股票交易方式上，我的第一个变化和时间因素有关。不像在对赌行时等到行情已定才动手，仅赢一两个点，现在要在富勒顿的证券公司里抓住行情，我就必须及早动手。换句话说，我不得不研究股市行情，预测其走势。这话听起来没什么特别，但我想你明白我的意思，这标志着我对这一行当态度的转变，它对我至关重要。我渐渐地知道，在市场中股价波动时赌博股票和预测股票价格的区别。

当我在研究市场时，不得不回溯超过一个小时以上的历史行情——这样的研究方式，是我在世界上最大的对赌行也不可能学会的。我对交易报表、铁路收支及各种金融和商业统计很感兴趣，因为我喜欢大的投机，难怪人家叫我"投机小子"。我同时也热衷于研究股市行情，凡是有助于我投机的事，我都喜欢做。在解决问题之前，我得好好地分析它。如果我认为找到了解决问题的办法，就要验证它。当然了，验证的唯一办法是用钱交易。

看起来，我进步的过程似乎很慢，但是我觉得自己已经学得够快了，因为总的说来，我赚钱了。如果常常赔本，大概会激励我更加努力地研究行情。当然，我还有很多错误没被发现。但如果赔多了，我就没有足够的钱来检验我对交易方法的改进了。

通过研究我在富勒顿公司赢利的交易记录，我发现，尽管我经常百分之百正确地判断股市行情和走势，却并未因此赚到足够多的钱，为什么呢？不完全的胜利与失败一样需要进一步研究。

从部分赢利的案例可以学到和亏损的案例一样多的经验和教训。举例来说，股价一开始涨，我就买进股票，并且股价按我预测继续上涨，这验证了我的看法，一切顺利。但接下来我是怎么做的呢？唉，我听从了老行家的话，抑制了年少的冲劲，决心小心谨慎地投机。我正是这样做的，更正确地说，我尽可能地谨慎保守。每个人都知道"逢低买进，逢高出货"的道理，

第5章 顺市而行

我所做的也正是这样,或者说这是我力图做到的,因为我常常在获利了结之后,再等待永远不会来临的回档。我保守的口袋里安全地躺着四点的利润,却眼睁睁地看着卖掉的股票再飞涨十点。人们说,获利了结者,才能得财。但在牛市行情下,赚上4个点就套现,你也不会发大财。

在我本该赚上2万美元时,仅赚了2千美元,这就是保守策略带给我的后果。大约就在这个时期,我发觉自己仅赚了应该赚的一小部分钱。于是我发现:经验深浅决定着交易方式的差异,经历不同的投机者之间是有区别的。

股市的新手,或者说"肥羊"差不多一无所知,所有人包括他们自己在内都知道这一点。他们中多数是同一类人,差不多所有人都一副华尔街欠他们钱的样子,在富勒顿,往往也是这样一群人,各种级别都有!

但是,下一个层次的投机者,或者说第二阶段的投机者就不同了,他们自以为对股市知道很多,而且也摆出一副股市熟手的样子。他是有经验,他可是做了功课的——不是研究市场本身,而是打听更高阶段的某些"肥羊"传出来的小道消息,所以他们还是给股市当免费投资的"肥羊"。不过这第二阶段的"肥羊"至少懂得一些避免损失金钱的方法,而这些方法是第一阶段的新手所不知道的。正是这些半瓶子醋的"肥羊",而不是那些新手,一年365天真正为佣金经纪行提供了收入来源。一般来说,这类"肥羊"能挺上三年半的时间;相比之下,初到华尔街一试身手的"羊羔",通常只能挨过一个赛季,比如3个星期到30个星期不等。

你会看到,这些半吊子张嘴就是金光闪闪的交易格言和本行业各种金科玉律。从投机前辈嘴里说出

◢ 自己进行研究来选股的客户越来越少,加上用闲钱玩玩股票、像赌博一样投机的气氛越来越浓,再加上财经传媒对基金经理人投资水平的大肆吹捧,难怪投资大众们会觉得,想要依靠自己独立研究选股来战胜市场,那是根本不可能的。
★彼得·林奇

◢ 把你的投资策略建立在一些普遍流传的陈词滥调上绝对是非常愚蠢的,这些陈词滥调包括:"当你的投资翻番时就卖出股票""持有期满两年后就卖出股票",或者"当股价下跌10%时马上卖掉股票止损"等。你绝对不可能找到一个普遍适用于各种类型股票的投资法则。
★彼得·林奇

的所有禁忌戒条，他都背得滚瓜烂熟——除了最主要的一条：绝不当"肥羊"。

这些半吊子总喜欢在股价下跌时买进。因此他们就在不断地等待市场下跌。市场从顶部下跌的点数通常会被他们当成自己占到的便宜。在大牛市行情里，新手对清规戒律和市场规则一无所知，因为期望上涨而盲目买进。这类人也会赚到一些钱，但当股市出现某个正常回调，行情剧烈下跌时，他们千辛万苦赚来的利润就会一扫而光。然而，这些半成手小心翼翼的做法与我自以为明智的那种做法其实都差不多，同样是根据其他人的老经验来行动。我知道自己必须改变在对赌行养成的习惯，我以为自己正在通过改变来纠正自己的问题，特别是借助了一条客户群熟手口中的金科玉律。

绝大多数交易者——当然我们称之为"客户"——都是相似的。你会发现，其中极少有人能够老实承认华尔街不欠他们分文的。

在富勒顿公司，各种阶段层次客户群中有一个老伙计与众不同。第一，他年龄较大；第二，他从不主动给人出主意，也从不吹嘘自己赚到了钱。然而，他最善于倾听别人打听到的小道消息，也就是说，他并不热衷于打听内幕消息。但是，如果有人主动告诉他小道消息，他也会很客气地表示感谢。若小道消息确实有效，有时他会再次表示感谢。但是，如果它不灵，他也不抱怨，因此，谁也不知道他是否采纳了它。他是交易厅里的一个传奇，这家伙很富有，交易量巨大，但从不频繁进出，从佣金上说，他并没有给这家公司贡献多少，因此别人很难注意到。他名叫帕特·里奇，因为他胸肌很厚，下巴搭在胸口，大摇大摆地在各个房间窜来窜去，人们背地里叫他"火鸡"。

那些急不可待的投资者总是习惯性地把失败归于别人，他们常去请教帕特·里奇，告诉他某位圈内的朋友建议他们买卖某只股票，在采取行动前，他们都希望他指点迷津。但是无论内部消息是要他们买进，还是要他们卖出，帕特·里奇的回答总是相同的。

在投机者倾吐了他们的困惑之后，往往接着问道："你认为我应该怎样做？"

于是带着慈父般的微笑，帕特·里奇把头一偏，打量着他，语重心长地说："你知道，这是个牛市。"

一次又一次，我听见他说："你知道，这是个牛市。"就好像他在讲述一句智者箴言。但那时我没有领会他的意思。

有一天，一个名叫埃尔默·哈伍德（Elmer Harwood）的家伙急急忙忙地跑进办公室，写了一张委托单交给店员，然后又匆忙地要见帕特·里奇。帕特·里奇那时正在倾听约翰·法里（John Fannings）絮叨他的老故事：说他听说基恩给了经纪人一张订单，于是跟风买进，但是约翰只买了100股，而且赚了微不足道的3个点。当然了，他卖出之后，那股票3天就上涨了24个点。这至少是第四次约翰·法里向帕特·里奇诉苦了，然而那只老火鸡好像是第一次听到，仍一直同情地笑着。

　　埃尔默找到了帕特·里奇。他没有向约翰表示歉意，就直接向老火鸡走去，并且说："帕特·里奇先生，我刚才卖了所有的克莱曼汽车公司的股票，有人告诉我，市场会有一个回调，然后我再以低价买入。你最好也跟着做吧，不会吃亏的。"

　　埃尔默盯着老火鸡，当初就是他把第一手买进消息传递给这个人的。像其他提供内幕消息的人一样，尽管情报还未得到证实，埃尔默就认为是完全可靠的，因此觉得别人欠了他们天大的人情。这时，就见老火鸡感激地说："是呀，哈伍德先生，我还拿着呢。当然啦！"他还说，"埃尔默是个好人，还记着他呢。"

　　埃尔默说："现在可是高抛低吸的好机会。"他好像在为老火鸡指点迷津。看不到老火鸡脸上的感激之情，埃尔默又说："我已清仓了。"从他的声音和神态上看，保守估计至少有1万股。

　　然而，帕特·里奇先生面带难色地摇摇头说："不！不！我不能那样做！"

　　埃尔默叫道："为什么？"

　　"我就是不能！"帕特·里奇说。他看上去非常苦恼。

　　"是我给你情报叫你买的呀？"埃尔默不解。

　　"是的，埃尔默先生，非常感谢你，真的，我打心底感谢……但是……"

　　"打住！你听我说！难道这种股票在10天内没有上升7个点吗？不是么？"

　　"的确是，很感谢你，好朋友，但我不考虑卖掉它。"

　　"你不考虑？"埃尔默脸上带着明显的疑惑，这是提供消息的人对接受情报的人的不接受的大概反应。

　　"是的，我不能。"

　　埃尔默又靠近点儿："为什么不能？"

　　"为什么，因为这是个牛市啊！"老火鸡说这话的样子，好像刚刚作了详尽的解释。

　　埃尔默失望而气恼，垂头丧气地说："是的，我也知道是牛市，但你最好高抛低吸，这不就能降低成本吗？"

◢ 一定要买股票！不管是大盘股、小盘股，还是中盘股，只要是买股票，都行。当然，前提是你能够用理性明智的态度来选择股票或股票基金，而且在股市调整时不会惊慌失措地全部抛空。

★ 彼得·林奇

"我亲爱的兄弟，"帕特·里奇很痛苦地说，"如果我现在卖了股票，就会丢掉仓位，以后该怎么办呢？"

埃尔默甩着两只手，摇摇头，向我走来，寻求我的同情。他的动作夸张得犹如在演戏，说："你听明白了吗？我问你。"

我什么也没说。于是，他又说："我告诉他有关克莱美斯公司的内幕消息，他买了500股，赢了7个点的利润。现在我建议他先卖出，然后在股价回调时买回，现在还来得及。可是他怎么说呢？他说如果卖了就会丢饭碗，你能理解吗？"

老火鸡插嘴说："请您原谅，哈伍德先生，我并没说丢饭碗！我是说失去仓位。等你到了我这年龄，经历了许多兴衰之后，就会明白没人承受得了失去自己头寸的后果，那是谁都付不起的代价，甚至是约翰·D.洛克菲勒（John D.Rockefller）。先生，我希望股价反弹，你能以较低的价格买回你的筹码。但我只能凭自己多年的投机经验来交易。为了这些经验，我曾付出了很高的代价，我不想再次交学费。不管说什么，我仍然很感谢你。这是牛市，你知道。"老火鸡走了，留下困惑不解的埃尔默。

帕特·里奇的话当时对我没有多大的影响。回想过去，当股市对我有利，而我却没有赚到该赚的钱时，我才如梦方醒，意识到帕特·里奇话语中的智慧。我对这个问题研究得越多，就越觉得他是那么老练。显然，他年轻时也吃了不少亏，因此知道自身的人性弱点。痛苦的经历已教会了他拒绝各种难以抵挡的诱惑，因为它的代价太昂贵，我也如此。

帕特·里奇之所以反复告诉其他投机者"你知道这是个牛市。"本意在于告诉他们，赚大钱不能靠个别股价波动，而要靠股市的主要趋势——换句

第5章 顺市而行

话说,赚大钱不能靠读个别股价波动,而在于评估整个股市行情及其走势。意识到这一点,我认为我的交易水平已有了足够的进步。

在这儿,请让我强调一点。在华尔街打拼了多年,输赢了几百万美元之后,我要给你的忠告是:我之所以赚了大钱,跟我的作为毫无关系,有关的是我的无为,就是稳如泰山的功夫,明白吗?我稳坐不动。看对走势的人没什么了不起。你总能遇到很多在牛市早期就能看涨,在熊市早期就能看跌的人。我认识许多看盘高手,他们有能力在最佳价位买卖股票,而且他们的经验总是跟我不谋而合。但是,他们却没真正赚到钱。看对市场且稳握头寸不动的人难得一见,我发现这也是最难学的内容之一。但是,股票交易者只有牢牢把握了这一本领,才能赚大钱。对一名交易者来说,当你对股票一无所知时赚几百块钱都困难,可一旦知道如何正确交易赚取百万轻而易举。

原因就在于,也许股市按照预料的那样发展,他把一切都看得一清二楚,因此变得没有耐心或焦虑不安。正是这样,华尔街的很多投资者,他们虽不都是傻瓜,却都赔了本,并不是股市打败了他们,而是他们自己打败了自己,他们虽然有头脑,却不能持之以恒。老火鸡恰恰在这方面做得很好,他说的就是他所做的。他不仅有勇气把自己确信的判断付诸行动,更有机智的耐心坚持到底。

不理会市场大幅波动,一门心思抢进抢出是我失败的主要原因。没有谁能抓住所有的股价波动,在牛市中,你的游戏就是买进股票,一直等到牛市行情快要结束——要做到这一点,你必须研究整体状况,而不是靠一点内部情报和影响个别股票的个别因素。然后全部抛出你的股票,统统抛出!一直

1 作为投资家,我愿意看到暴涨暴跌现象发生,但在任何时候,我都表现得异常的冷静,哪怕金额很高也是如此。
★ 索罗斯

2 决定股票投资者命运的,不是分析判断的智力,而是坚韧的勇气。那些神经脆弱、过于敏感的投资人,不管头脑多么聪明,股市一跌就会怀疑世界末日来临,吓得匆忙抛出,这种人总是再好的股票也拿不住,再牛的股票也赚不到钱。
★ 彼得·林奇

等到股市行情倒转，新一轮的牛市行情出现。你必须施展自己的才智和眼光才能做到这一点，否则我的建议犹如告诉你"低价买进，高价卖出"一样愚蠢和无意义。最有益的一件事，每个人都能学会的，就是不要试图最后一刻（卖出）或第一时间（买进），它们太昂贵了。股票交易者付出的代价加起来何止千百万美元，这些钱足以建一条横跨美洲大陆的高速公路。

通过研究自己在富勒顿经纪行里的交易记录后，我有另一个发现，在我有一点儿懂得交易之后，由于我的操作最初很少出现亏损，使得我自然而然地加大头寸量。这也使得我更加认为要相信自己的判断，不受别人的影响，不骄不躁。在这个行当，要是不相信自己的判断，没人能够有多大的作为。这就是我的体会：研究整体状况，建立仓位，并坚持到底。我不急不躁地等待，遭受挫折不惊慌，知道这是暂时现象。我曾卖空10万股股票，眼看着股价迅速反弹，我已预料到这必定会出现，然而我仍按兵不动，眼睁睁地看着50万元浮动利润消失，完全没有想过回补卖空的股票，等股价反弹时再卖出去。因为如果那样做，我就失去了仓位，而只有我的仓位才会给我带来真正的利润。唯有大行情，才能为你赚大钱。

我了解这一切的过程之所以太慢，是因为我是从失败中一点点学会的。从失败到认识，再到失败和再认识需要时间，认识失败和找出失败原因更需要时间。不过同时，我也干得相当不错，因为还年轻，所以还有亡羊补牢的机会。我的大部分赢利在某种程度上还是源自我研读行情的技巧，因为当时所处的股市环境很适合这种方法。我不再像早期那样经常输，也不像那时因输了而恼火。想想我在不到两年的时间就倾家荡产三次，这可不是什么值得自豪的事情。当然，我曾经说过，失败是很有效的学习手段。

我的资本增长得很快，并不是因为我善于节省。事实上，我始终未克制自己，我拥有我这个年龄和口味的年轻人都想享受的所有东西。我有自己的汽车，既然我的钱都是从股市上赚来的，那生活上太吝啬毫无意义。股市只有星期天和公共假日不开盘。每当找到失败或失误的原因时，在我的资产清单中，就增添了一条新的"禁令"。那么，如何把我日益增长的资产变现呢？最好方法就是不削减生活开销。自然，我享受过好时光，也有过不如意的时候，真是一言难尽。事实上，能够在我脑子里立刻浮现出来的那些事情，都是那些在投机方面最有价值的教训，它们增长了我在这个行当的才干，并帮助我更进一步地认识我自己。

第6章
坚持自己的判断

1906年的春天,我在亚特兰大度过了一个短暂的假期。当时我手上没有股票,满脑子都是换个环境好好休息一下。顺便说一句,我那时已经回到我在纽约的第一个经纪行——哈丁兄弟公司,我交易活跃,能买卖3 000~4 000股,虽然比不上我20岁时在大都会公司里的交易量大,但你知道,在纽约股票交易所里买卖股票和在对赌行里做按金交易是不可同日而语的。

也许你还记得我讲过的那个小故事,就是我在大都会公司抛空3 500股糖业股份公司的股票,那时我直觉有什么不对劲并决定立即平仓。怎么说呢,我经常会有那种奇怪的感觉,它使我受益匪浅。但有时候,我也会对这种感觉不屑一顾,对自己说只凭一时的盲目冲动就反转头寸是愚蠢的。我把我的这种感觉归结为抽多了雪茄,或是睡眠不足、肝脏不好等原因,当我说服自己克服冲动、坚持初衷时,我又总是有后悔的理由。有十多次,我克制住预感并没有脱手,第二天市场强势,甚至还有所上涨,可到了第三天,市场急跌,让人大跌眼镜。磕磕碰碰中,我懂得了赚钱并不一定要执着于理智和逻辑。看来产生这种感觉的原因显然不是生理的,而是心理上的。

我只想给你说说其中一件小事,让你看看它对我起了什么作用。那事发生于1906年春天,我在亚特兰大的短假期间。与我同行的朋友也是哈丁兄弟公司的客户。那时我对市场一点兴趣也没有,干脆完全放手好好轻松一下。要知道,除非市场异常活跃,而我又有很大的头寸,否则我总能停止交易,跑去娱乐。我记得当时正是牛市,虽然股市有所下跌,但所有迹象都表明还会上涨，因而大家也很有信心。

这天早晨，我们吃过早饭，读完了纽约所有的早报，对观赏海鸥将蛤蜊叼起、飞到20英尺高左右又把它扔在坚硬的湿沙地上美餐一顿的过程也看到烦腻了，就出发去海边小路上散步。在白天，这算是我们最有意思的事了。

那时还不到中午，我们慢慢走着打发时间，呼吸着略带咸味的空气。哈丁兄弟公司在海边小路上有个营业厅，我们每天早上都会顺路去看一看，了解开盘的情况。这其实只是习惯而已，因为当时我没有别的事可做。

我们发现，市场坚挺且交投活跃。我的朋友对市场非常乐观，他持着半仓且已经有了几个点的赢利。他开始向我发表高论，诸如继续持仓显然是一件非常明智的事，等等。我没有太集中注意力听他讲话，也懒得与他争论。我浏览着报价板，看看有何变更，这时我注意到一些变化：除了联合太平洋铁路（Union Pacific）以外，其余的股票都上涨了。我当时的感觉便是我应该做空它。我说不出为什么，只是有这种感觉。我问自己怎么会有这种感觉，但我找不到答案。是啊，我找不到任何一条做空联合太平洋集团的理由。

我盯着板上的最新价位，直到眼前一片模糊。脑子里只剩下一个念头，就是要抛空联合太平洋铁路，即便找不到这么做的理由。

我看上去一定很古怪，因为站在旁边的朋友突然忽然撞了我一下说："嗨，你怎么了？"

"不知道。"我只能这么回答。

"要去睡一会儿吗？"他问。

"不，"我说，"不想睡觉，我只想抛空那只股票。"我听从预感时总能赚钱。

我径直走向一张桌子，那儿有空白的指令单，我的朋友紧跟着我。我拿了张指令单，填上按市价抛出1 000股联合太平洋铁路，然后交给了经理。经理本来一直保持着微笑，可他读完订单后笑容一下子消失了。他盯着我问："没写错吧？"

我一言不发，也盯着他。于是，他立刻把单子塞给了操作员。

"你要做什么？"我的朋友问。

"我卖空它。"我回答说。

"卖什么？"他大叫起来。如果他是多头，我怎么能做空头呢？这其中

第6章 坚持自己的判断

一定有什么不对劲。

"1 000股联合太平洋铁路。"我说。

"为什么?"他追问,显得非常激动。

我摇摇头,表示我说不出来原因。不过,他肯定以为我得到了什么内幕消息,因为他抓着我的胳膊把我拖到大厅外,在那儿没人注意我们,股民们也听不到我们说些什么。

"你听到什么风声啦?"他问我。

他十分激动,联合太平洋铁路是他最偏爱的股票之一,他手上有一些,他对其盈余和前景很有信心。但是,他愿意接受看空的二手的内幕消息。

"什么也没有!"我说。

"没有?"他显然很怀疑。

"我什么也没听说。"

"那你为什么在这时做空?"

"我不知道。"我告诉他。我说的是实话。

"哦,得了,拉里。"他说。

他知道,我的习惯是盘算清楚才做交易,而现在我抛了1 000股联合太平洋铁路,肯定是有很好的理由才会卖空这么多股,特别是在当下的行情很坚挺的情况下。

"我不知道,"我回答说,"我只是觉得要出事。"

"出什么事?"

"我不知道,我没法跟你解释,我只知道我必须做空,而且我还要再卖1 000股。"

我回到营业部,又抛出了1 000股。我知道,如果抛空第一个1 000股是正确的,我就应该再抛一些。

"到底会出什么事?"我的朋友坚持不懈地问,他开始犹豫是不是要跟我一起干了。如果我告诉他我听说联合太平洋铁路要下跌,他就不会问是谁说的,以及为什么之类的傻问题,而将其立即脱手。这时,他却接着问:"会出什么事?"

"什么事都可能发生,但我可不敢保证到底会发生什么,我无法告诉你为什么,我又不是预言家。"我这样告诉他。

"那你就是疯了,"他说,"疯得还挺厉害,一点理由都没有就抛出。你真不知道你为什么要抛吗?"

"我不知道,我只知道我想抛。"我说,"我就是想,同渴望得到想要的其他东西时一样。"形势很紧急,我又抛了1 000股。我的朋友这下可受不了了,他抓住我的胳膊说:"行了,走吧,别再抛了。"

我已经如愿以偿,感觉满意了,因而也就没等最后2 000股的成交报告,就跟着他走了。那时我觉得,再好的理由也不会改变我的看法,抛出那只股票让我浑身畅快。虽然这种选择的确找不到什么好理由,尤其是整个股市行情看好,没人看到熊市的迹象时,就更为如此,然而我记得,每次我有抛空的冲动却没抛时,后来总会追悔莫及。

经纪行里忙碌的行情抄写员。在证券行业早期,每个经纪行里都有这样的一群抄写员,每当报价行情条传进办公室的时候,他们就把最新的股价写在黑板上。

我曾把类似的故事讲给一些朋友听,他们中的有些人告诉我,这并非预感,而是潜意识,也就是工作中的所谓创造性思维。这种思维是艺术家创作灵感的源泉,他们自己也没能意识到灵感是怎么来的。对于我,大概是受了一些微不足道的零散事件的强烈合力作用。大概是我朋友那种不明智的信心反而激起我的逆向心理,并选择了联合太平洋来发泄,只因为它太受吹捧了。我无法告诉你那种预感的原因或动机到底是什么,我只知道,当我走出哈丁兄弟的亚特兰大营业厅时,我抛出了3 000股联合太平洋铁路,而且是在上扬的股市中抛出的,但对此我一点都不担心。

我想知道最后两笔1 000股的成交价,因而吃过午饭,我们又去了那家营业厅,我很高兴地看到整个股票行情很好,联合太平洋上涨了。

"我看你完了。"我朋友说。不难想象,由于没有跟着卖,他高兴成什么样。

第二天,整个股市还在继续上涨,除了我朋友愉快的言论之外,我一无所获。不过,我始终认为我抛得对,而且当我觉得自己做对时,总是很有耐心。凭什么失去耐心呢？那天下午，联合太平洋铁路不再上涨，接近收盘前开始下跌，很快跌至我抛出的3 000股的平均线以下。我更加觉得我站在了正确的一方，自然要卖出更多的股票。于是，到收市前，我又抛出了2 000股。

就这样，我凭着直觉，抛空了5 000股联合太平洋铁路，用光了我在哈丁兄弟营业厅的所有保证金。由于在度假中，我无法承受这么多头寸，只好放弃度假，当晚就回到了纽约。究竟发生了什么，谁也说不准。不过我觉得对于纽约，我熟悉得多，行动也会快些。

> 我当时做事情有点凭直觉，我看着数字就能有所感觉。我从来没有学会如何分析一家公司，我的意思是我没有正常分析师拥有的分析技巧。
>
> ★ 索罗斯

又过了一天，我们听到了旧金山地震的新闻。这是一场很严重的灾难，但股市开盘时，仅仅跌了几个点。多头的力量仍很强大，而公众从来不会独立地对新闻做出反应，这点你随时可见。举例来说，如果有牢固的牛市基础，这些消息不一定会起到相应的作用，这时取决于市场当时所处的心理状态。在这种情况下，华尔街没有评估地震对市场的影响，因为它并不希望跌。就在那天股市结束前，价格又有所上涨。

我抛出了5 000股。当时股市升势有所减弱，我相信预感，但我的财富却没增加，连浮动利润都没有。那个和我同去亚特兰大、看着我卖空联合太平洋铁路的朋友为自己高兴、为我担忧。

他告诉我："那是个了不起的直觉，伙计。但是，当高手们与资本都在牛市那边时，抗衡是没用的，他们赢定了。"

"再给它一点时间，我不会现在平仓的。"我说。我的意思是指行情，我不想掩饰，因为我知道地震引起的损失极为惨重，而联合太平洋铁路将是首当其冲的受损者之一。但看到华尔街为此视而不见，这实在让人气愤。

"哼，给它时间？那你的皮将和其他熊的皮一样，撑起来在阳光下曝晒，直到干透。"他断然说道。

"那你说怎么办？"我问他，"联合太平洋铁路和其他铁路线损失了成千上万美元，现在是买进的时候吗？等他们开支了所有的损失之后，分红从哪儿挣呢？你能指望的最好结果，不过是希望事态没有像描述的那么严重。但这是买进主要受灾铁路的理由吗？回答我！"

我朋友只说了这么一句："是的，听来还不错，但我告诉你，市场不同意你的看法，行情记录可不会说谎，不是吗？"

"它并不总能即时反映真相。"我说。

"听着，在黑色星期五之前，有人曾经和吉姆·菲斯克（Jim Fisk）谈了一会儿，说了不下10条黄金将要下跌的理由。他被自己的话所鼓舞，最后告诉菲斯克，他要卖空几百万，吉姆·菲斯克瞧着他说：'只管去卖吧，去呀！马上卖掉，然后别忘了请我参加你的葬礼。'"

"说得对，"我说，"如果那家伙真的做了空头，看看他能通吃多少利润！你最好也抛出一些联合太平洋铁路。"

"我才不呢！我只会见风使舵，这样才能把生意做好。"

接下来的第二天，更详尽的灾情报道出现了，股市开始下跌，但即使这时候，下跌过程还不像预计的那样厉害。我觉得世界上没什么东西可以阻挡即将到来的暴跌，因而我又抛出了5 000股。到那个时候，多数人都明白了事态发展，而我的经纪人也反应过来了。这既不是他们的错，也不是我的错。再往后的一天，股市开始暴跌，当然了，我把自己的运气发挥到了相称的地步，抓住机会又抛了10 000多股，这是唯一的选择。

我当时没有其他任何念头，只觉得自己是正确的，而且百分之百正确。这可是天赐良机，就看我能否好好利用了。我继续抛出，抛出这么多，万一股市反弹，我的利润会被吞噬，甚至可能连老本也全丢掉，我有没有想过这些呢？天知道我当时想过没有，不过，就算我想了也不会造成什么负担。我并非鲁莽的赌徒，其实我很谨慎。没人能挽回地震造成的损失，对不对？谁也不会无偿地将倒塌的大厦一夜之间修复，是不是？在地震后的最初几小时，即使拿世界上所有的钱来也帮不上什么忙，对不对？

第6章 坚持自己的判断

我不是盲目赌博，也不是一头疯狂的熊。我没被一时的成功冲昏头脑，也不认为旧金山已从地图上完全消失，整个国家将变为废墟。我没有处心积虑地等待恐慌。第二天，我平仓了，赚了25万美元，这是我有史以来赚得最多的一次。赚这么多钱，不过数日之间。华尔街在刚开始的那两天对地震置若罔闻。也许他们还会告诉你，这是因为首批报道把地震说得并不太严重的结果，但我认为，这是因为必须花费如此长的时间才能改变公众对股市的看法。甚至很多职业交易商的反应都很迟钝，而且目光短浅。

我没法给你解释清楚，无论是科学的还是幼稚的解释都没有。我只是告诉你我做了什么，为什么做，以及结果是什么。我关心的倒不是那种神奇的预感，而是我赚了25万美元这个事实。这意味着，一旦时机成熟，我就可以做更大的头寸了。

那年夏天，我去了萨拉托加温泉（Saratoga Springs）。我本来是想度假的，但我又总是留心股市。首先，我也不太累，想想它也不觉得烦。其次，我在那儿认识的人都对股市有着浓厚的兴趣，我们自然而然地就会讨论起来。我已经注意到，纸上谈兵和实际操作之间其实有着天壤之别。有些家伙喜欢班门弄斧。

哈丁兄弟公司在萨拉托加开了一间营业部。在那儿有不少顾客，看来是广告效应，其实在偏远的旅游胜地开营业部本身就是一个很好的广告。我总是顺路去逛逛，挤在人群里，坐在边上看着。这里的经理来自纽约营业部，是个和蔼可亲的人，无论对朋友还是对陌生人，都会伸出友谊之手——当然，他也一有机会就拉客户。那儿是小道消息的云

▲ 即使是未来两年、3年，甚至5年是大熊市，股市跌得让你后悔根本不应该买股票，你仍然应该把大部分资产投资到股票上。只要你看看20世纪股市的回报水平，你就会明白为什么应该如此。整个20世纪期间，几乎都是熊市，更不用说还有经济衰退，但结果仍然无可争议地表明：最终股票都是大赢家。

★ 彼得·林奇

集之处——赌马、股票等，各种消息应有尽有，是服务生捞小费的好地方。营业部的人都知道我没有头寸，因而经理也就从不走到我面前对我耳语，嘀咕他刚从纽约得到的最新消息。他一般只是径直递给我电报，说"这是他们发出的"。诸如此类。

当然，我仍然密切关注着股市。对我来说，看看报价板，是一种程序，我注意到我的老友——联合太平洋铁路，看起来又上涨了，而且价钱还挺高。我观察了两天，推测有人在吸货。我持续观察了好几天，但始终没有买，我确认有人在吸货，那人并非小角色，一定有背景，而且挺懂行，我认为他做得相当聪明。

一旦看准了，确认了这一点，我便立即开始买进，买进价位是160美元左右。它保持横向波动，于是我也继续买进，每笔500股。我买得越多，市场越强，虽然没跳升，但我还是很满意。根据我从报价纸带上读到的信息，我找不到任何这只股票不大幅度上涨的理由。

突然，那位经理走到我面前，说他们从纽约得到口信——当然是指电报，问我此刻是不是在营业厅，当得到肯定回答后，对方立刻发来第二封电报，让我在那儿等着，告诉我哈丁先生要和我通话。

我回答说我愿意等，然后又买了500多股联合太平洋铁路。我想不出哈丁会对我说什么，我觉得可能不是生意上的事，因为我的保证金足够买进我想买的这些。很快，经理走来告诉我，埃德·哈丁（Ed Harding）先生让我接电话。

"你好，埃德？"我说。

他立刻回道："你到底在捣什么鬼？你疯了吗？"

"你才疯了呢。"我说。

"你在干什么？"他问道。

"你什么意思？"

"就是买那些股票。"

"怎么啦，我的保证金有问题吗？"

"不关保证金的事，你上当了。"

"我不明白你的意思。"

"你为什么买进联合太平洋铁路？"

第6章 坚持自己的判断

"因为它在涨啊。"我说。

"涨，涨个鬼！你知不知道这是局内人想倒货给你？你是那儿最容易被人盯上的靶子。要是这么玩儿，你还不如去赌马，输钱输得还有意思些。别让他们耍了你。"

"没人在耍我，"我告诉他，"我跟谁也没说起过。"

但他反驳道："你别指望每次陷进股票，都会有奇迹救你，一有机会就赶快撤！"他说，"趁着现在还有机会，赶紧罢手吧。当大户都拼命抛出的时候还这样做多头，真是罪过。"

"行情记录上说他们还在买进！"我坚持着。

"拉里，你的订单过来时，我差点犯心脏病。看在老天的分上，别当傻瓜了，赶快撤吧！立刻！你现在随时都有可能破产的！言尽于此，我反正尽职了。再见！"然后他挂了电话。

埃德·哈丁是个聪明人，消息十分灵通，无私而善良，是靠得住的朋友。更重要的是，他的职业可以让他耳听八方、眼观六路。我之所以买进联合太平洋铁路，能依循的不过是多年来对股票走势的研究，经验告诉我某种迹象总是伴随着大幅度上涨的。我不知道自己到底是怎么回事，但我推断出行情记录之所以显示股票正在被人吸纳，是由于局内人的操纵。大概我是被埃德·哈丁的一片好心打动了，他想阻止我犯一个毁灭性的错误，他的话留给我太深的印象。无论他的智慧，还是他的动机，都没什么可怀疑的，因此我照他说的做了。我自己也不知道为什么会听他的意见，但我确实听从了。

我卖掉了所有的联合太平洋铁路股票。当然了，不适合做多头的时候，就得做空头，否则就太不明智了。于是，我卖掉了持股后，又抛空了4 000股。我卖出的绝大部分股票以162美元成交。

第二天，联合太平洋铁路的董事宣布派发10%的红利。起先，华尔街没人相信。红利过于丰厚，简直就像绝望的赌徒在孤注一掷。所有的报纸都对董事会议论纷纷，然而，当华尔街的天才们犹豫着要不要追进时，市场却已经炸开了锅。联合太平洋铁路成了领头羊，以巨大的成交量创了历史新高。一些场内交易商一个小时就赚了大钱，我后来还听说，有一个相当迟钝的场内专家当时歪打正着，竟然糊里糊涂赚了35万美元。第二个星期，他就卖了会员席位，当农场主去了。

我一看到联合太平洋铁路创下的新纪录，就对自己说"我不该抛的"。当我听说那个空前的10%红利的消息时，就意识到这是我的报应。我没有相信自己的经验，却听信小道消息，仅仅由于某个朋友一贯的无私和智慧，就相信了他的疑虑，放弃自己的原则。

至此，我在这个世界上就只剩下在哈丁兄弟公司的保证金了，对于这个事实，我既不高兴也不沮丧。很明显，我曾经正确地解读了行情记录，却像个傻子似的让埃德·哈丁动摇了自己的决定。责怪别人是没有意义的，再说我也不能浪费时间，反正已经覆水难收了。于是，我下单平仓空头。当时我从股市上买入4 000股联合太平洋铁路，股票大约是165美元左右，我因而损失了3个点。我的经纪人替我买进的部分股票执行价格达到了172美元至174美元。拿到账单后，我发现，埃德·哈丁用心良苦的善意扰乱，使我损失了4万美元。这一课上得还算便宜，对于一个没有勇气坚持自己初衷的人来说，这样的代价不算大。

我没有患得患失，因为行情记录表明价格还会再创新高。这种行情走势非比寻常，而且董事会的行为也没什么先例，但这次，我决定按自己的想法做事了。我平掉了4 000股空头，按照行情记录的提示赚一笔，接着勇往直前，买进4 000股，直至第二天清晨抛出。就这样，我不仅补偿了我损失的4万美元，还赚了1.5万美元。要是埃德·哈丁不曾想替我省钱的话，我早赚了一大笔了！不过，他也算做了一件大好事，我一直坚信，正是这个教训使我成为一个真正的交易商。我相信，正是这一课，完成了我做交易的教育。

我的意思并不是说，我需要学的是不听小道消息而是按自己的想法办事。通过这一课，我找到了自信，终于有能力摆脱老一套的交易方法。这次萨拉托加的经历，是我最后一次靠冒险、凭运气的经历。从那以后，我开始通盘考虑基本条件，而不只是单个股票上。我的努力使自己在艰难的投机学习中升高了一级。这实在是漫长而艰辛的一步。

第7章
在正确的时机买进卖出

我从不介意告诉别人我对市场的看法，无论是看好还是看坏。但也仅仅于此，我从不会告诉别人是买进还是抛出具体的某种股票。在熊市里，所有的股票都跌，而在牛市里，所有的股票都涨。当然，我的意思是指由于战争引起的熊市除外，因为军火股票在那时会上涨，我说的是通常的情况。说句实在话，人们一般并不想知道是牛市还是熊市，他们只希望确切地知道到底该买入什么，抛出什么。这些人不想自己动脑，就算让他们从地上把钱捡起来数一数都嫌太麻烦。

哦，我倒没有那么懒。不过，我确实发现考虑个股比通盘考虑方便多了。同样，考虑某种股票的涨落要比考虑全局的动态简单。我觉得我得改变原来的那一套方法，否则没有前途，因此我做出了改变。

要掌握股票交易的基本要领并不容易，我以前总是说，买入时最好选择在上涨的股票，而现在，关键不在于能否买到最便宜的股票或在最高价上做空头，而在于是否能在恰当的时机买入或抛出。当我身处熊市，抛出时每一手一定比前一手卖得低，

1 如果你和市场打交道，你就应该默默无闻，一声不响。否则，你会招来很多非议还有提防，这对你的投资没有好处。

★ 索罗斯

2 买入小盘成长型股票的最佳时机，就是市盈率下降到相对水平以下的时候。当然，要利用这个投资策略来赚钱，你必须有足够的耐心，因为小盘股大跌之后，需要好几年的时间才能重新积蓄能量，然后还需要几年的时间才会再次全面大涨。

★ 彼得·林奇

当我买入时则刚好相反。我一定会在上涨时买进，我从不在下跌时做多头，而是按照步步上涨的方式买入做多。

举例来说，让我们假设一下，我正在买进一些股票，以110美元的价格买入了2 000股。如果在我买之后，该股票上涨至111美元，那么我就处于有利的位置，因为价位上涨了1点，表明有赢利。好，因为我买对了，所以就会再买2 000股。如果股市继续上扬，我还会再买2 000股。假设这时价格上涨到了114美元，那时机就算成熟了，我现在手上有了交易的基础，可以做文章了。我以平均111.75美元的价格持6 000股多头，而现在涨到了114美元，我就不会再买入了。接下来的时间里，我会耐心地等待和观察。我估计涨到一定程度就会有调整，而我想观察股市在调整时如何反应，我判断这次很有可能调整到我第三次买的2 000股的价位。假设市场走高之后又回跌至112.25美元，然后又继续上涨。就在它刚回升至113.75美元的时候，我立即下指令买入4 000股——当然得用市价方式。如果我得到这4 000股的成交价为113.75美元，那我就知道是什么地方不对劲了。我会下单测试市场，也就是说，我抛出1 000股看看市场的反应。但是，如果我在113.75美元价格时下单买入的4 000股中，有2 000股的成交价为114美元，500股的成交价为114.5美元，余下的股票越买价格越高，最后500股成交于115.5美元，那么这时，我就知道我做对了。正是这4 000股的买卖过程让我知道，在这个时点买入这个股票是否正确——当然，上述做法的前提是，我已将整体状况通盘考虑清楚，并且市场处于牛市。我从不希望买进的股票价格太便宜，或得手太容易。

我记得别人跟我讲过一个迪肯·怀特（Deacon.S.White）的故事，他曾是华尔街最大的股票操作手之一。他是一位很好的老绅士，练达睿智、行动果敢。我听说在他的时代，他有过一番很了不起的作为。

那是原来的事了。过去有一段时光，糖业股份公司最爱惹起争端。H.O.哈夫迈耶（H.O.Havemeyer）时任公司董事长，当时的权力也处于鼎盛时期。我从前辈们零散的聊天中拼出的情况是，哈夫迈耶和他的下属们坐拥大把资金，再加上他们诡计多端，足以应付任何针对他们股票的投机行为。前辈们说，曾经通过这只股票被H.O.哈夫迈耶鱼肉的中小职业交易商的人数，可能超过任何一位内幕交易者的记录，以及发生在任何一只股票上的记录。通常，场内交易商更可能扰乱内幕人士的圈套，而不会帮他们推波

第7章　在正确的时机买进卖出

助澜。

据说有一天，有位认识迪肯·怀特的人万分激动地冲进他的营业厅说："迪肯，你叫我一听到什么货真价实的消息就立刻告诉你，要是你真的用上了，你会提携我也做上几百股。"他停顿一下，喘了口气，等着对方的答案。

迪肯·怀特以他惯有的冷静姿态看着他说："我不记得我是不是真的这么跟你说过，但如果真有信息对我有用，我绝不会亏待你。"

"好极了，我的确有好消息，现在就告诉你。"

"哦，那太好了。"迪肯非常和蔼地说道，那个人站起来说："是的，先生。"然后又凑近了些免得别人听见，他说："哈夫迈耶在买糖业股份公司的股票。"

"是吗？"迪肯非常平静。

这可惹恼了情报员，他强调说："是的，迪肯，他能买多少就买多少。"

"你肯定吗，伙计？"老迪肯问。

"迪肯，我可有确凿的证据，那些老家伙可正在竭尽全力地买入呢，可能跟关税有关，总之可以大赚一笔。我想有30点的利润。"

"你真的这么认为吗？"老人透过旧式的银丝眼镜镜片看着他，戴上它本来是想看行情记录的。

"我这样认为！我知道的确是这样的，绝对！迪肯，哈夫迈耶和他的朋友们都在买糖业股份公司，不赚到四十点他们是不会满意的，就算是看到股市在他们满仓之前暴涨，我也不会惊讶。"

"他在买糖业股份公司，对吗？"迪肯心不在焉地问。

"买？他简直是在吞，能吞多快吞多快，只要不把价位抬高。"

"是吗？"迪肯只这么说了这么一句。

但这已足以激怒这个情报员，他说："是的，先生！我把这称为一个很好的情报，这可一点不掺假。"

"是吗？"

"是的！而且应该值不少钱，你打算用吗？"

"哦，是的，打算用。"

"什么时候？"情报员怀疑地问。

"现在，马上，"迪肯叫道，"弗兰克！"弗兰克是他最精明的经纪人，他那会儿就在隔壁。

"是，先生。"弗兰克说。

"我想让你去交易所抛出10 000股糖业股份公司。"

"抛出？"情报员叫了起来，他的声音是那么痛苦，以致已经跑出去的弗兰克都停下了脚步。

"怎么了？是抛出！"迪肯温和地说。

"但我告诉你哈夫迈耶在买！"

"伙计，我知道，"迪肯平静地说，他转问弗兰克，"弗兰克，要快！"

弗兰克冲出去执行命令了，而情报员气红了脸。

"我到这儿来，"他愤怒地说，"带来了最好的信息，我之所以告诉你是把你当朋友，觉得你挺正直，我是想让你采取行动——"

"我正在按你的消息行动。"迪肯平静地打断他。

"但我告诉过你哈夫迈耶那一帮人在买入。"

"对呀，我听清了。"

"买入！买入！我说的是买入！"情报员尖叫起来。

"是买入！我确实听到你这么说。"迪肯保证道，当时他正站在自动收报机前，看着行情记录。然后他就不再说话，专注地看着。情报员也走近了一些，想看看他在看什么，他知道这个老人老谋深算。就在他正越过迪肯的肩膀想看看时，一个办事员拿着一张纸条走了进来，显然是弗兰克的报告。

迪肯瞟都没瞟一眼，他已经从行情记录上看出了命令的执行情况。

于是他对那个办事员说："告诉他再抛出10 000股。"

"迪肯，我向你发誓，他们真的是在买进那股票！"

"是哈夫迈耶亲口告诉你的吗？"迪肯轻声问，他还是很平静。

"当然不是！他从不对任何人说透露一个字，但我知道这消息是真的。"

"别太激动，我的朋友。"迪肯举起一只手，他还在看行情记录。

情报员苦涩地说："早知道你跟我所盼望的反其道而行之，我就不会来浪费你的时间了，也免得浪费我的时间。但等到你因为买回那些股票亏大了的时候，我也不会开心的。真替你难过，真的。迪肯，请原谅，我得去别处

第7章 在正确的时机买进卖出

把我的信息付诸行动。"

"我正是在按你的信息行动,我知道我对股市了解不多,至少不像你和你的朋友哈夫迈耶了解得那么多,但我的确了解一些,我正在做的,只不过是根据经验和你所提供的信息的一种英明之举罢了,一个人要是像我一样在华尔街混了这么久,他会很感激为他难过的人,冷静点,我的朋友。"

那个人两眼紧紧地盯住了迪肯,对他的判断力和勇气佩服得五体投地。

很快,那个职员回来了,递给迪肯一份报告,迪肯看过以后说:"现在让弗兰克买入30 000股糖业,30 000股!"

那个职员匆匆地走了,而情报员嘀咕了几声,看着这只白头的老狐狸。

"我的朋友,"迪肯和蔼地解释道,"我并不是怀疑你是否如实地告诉了我你所见的情况,但即便我听说是哈夫迈耶本人告诉你的,我也会按照我刚才的做法办事,因为只有一种办法可以看出是不是真的有人在买入——正如你所说的哈夫迈耶和他的朋友们在买入——就是照我刚才做的那样去试试。第一个10 000股卖得相当容易,还不足以说明问题,但第二个10 000股也被市场吸走了,而且价位仍然上扬。市场吃进这20 000股的形势向我证明,的确有人想把能买到的统统买走。从这一点来讲,到底是谁在买就不重要了。所以,我平掉了空头,而且再买进了10 000股。我认为你的信息,到目前为止,绝对货真价实。"

"货真价实到什么程度?"情报员问。

"你将得到500股,以那10 000股的平均价格。"迪肯说,"再见,我的朋友,下次平静点。"

"嗯,迪肯,"情报员有点不好意思,"你抛出的时候,可不可以帮我一起抛出?我明白,我那三脚猫功夫远比你懂得少多了。"

故事讲完了。这就是为什么我从不会低价买入股票的缘故。当然,我总是尽量有效地买入以便对我的操作方向有所帮助,而抛出时,很明显除非有人愿意买,否则没人能够全部抛掉。

如果你在操纵一个大数目,就得时时刻刻想着点,应该先研究条件,再认真地做出计划,然后才付诸实践。如果你手上有大量的头寸且有巨额浮动利润,那你就不能随意抛出,不能指望股市吸收5万股时像吸收100股那么容易,你只有等,等一个能够接受的市场。机会一来,就必须牢牢抓住,在这

1 当有机会获利时，千万不要畏缩不前。当你对一笔交易充满把握时，必须给对方致命的一击！即做对还不够，还要尽可能多地获取利润。

★ 彼得·林奇

2 从一开始就决定承担多大的风险，这是艰难的判断，但不要一下子就承担太大的风险。不要第一次就入市太深，从小开始，如果进展顺利，再加码。

★ 索罗斯

之前你得一直等待，这是规则，必须等到你能卖的时候，而不是你想卖的时候。想知道什么是恰当的时间，你必须观察、尝试。想知道股市何时能接受你想抛的股票可没有什么诀窍，但刚刚开始一项举动时，除非你确定局势非常好，否则直接全线入市是不明智的。要记住，股票永远不会价高而不能买入，也永远不会价低而不能抛出。但是，第一笔入市以后，除非真的有利润，否则不要采取第二步，你所需要做的就是等待、观察。你的行情记录会让你判断是否到了可以开始的时间，在恰当的时机开始行动万分重要。我花了几年的时间才认识到这一点，当然还花了成千上万美元的学费。

我并不希望大家认为我在建议持续的缓慢积累，当然，一个人的确可以通过点滴积累攒一大笔钱。我真正想说的是，假如一个人的最大能力是买500股，如果他是在投机，就不该一次性买入，如果他只想赌一把，我只能给他一个建议，别这么干！假设他买了100股，结果立即亏了，他就不应该继续买入更多股，他应该马上看出来他错了，至少暂时错了。

第8章
牛市看多熊市看空

　　1906年夏天，我在萨拉托加遭遇的联合太平洋铁路交易，让我更加不再依靠小道消息和劝告。这就是说，无论别人多么友好，多么为我着想，我也不去听他的观点、猜测或怀疑。事实上，我这么说并非自负，许多事情已经证明了我能比周围大多数人更准确地理解行情记录，而且我的条件也比哈丁兄弟的一般客户好一些，因为我可以完全避免有色眼镜的盘算和偏见。我对熊市并没有特别的偏好，我唯一坚持固执的一点是，绝不允许自己站在错误的一边。

　　甚至当我还是个孩子的时候，我就能从观察到的事实中得出自己的看法。用自己的眼睛看，是真正认清事物本质的唯一途径。我无法从别人告诉我的事实中得到什么，除非是我自己看到的事实。如果我相信了你所确信的事，那只是因为我自己也判断应该这样做。如果我做多头，那是因为我对形势的分析使我看涨。你可能发现了，许多公认的聪明人之所以看涨，是因为他们已经持有股票。我不允许手上已有的头寸或先入为主的观念，来代替我做任何思考。这就是我之所以反复强调我永远不和行情记录争论的原因。如果因为股市意外地或不合逻辑地对你不利，你就对它火冒三丈，那就如同得了肺炎的时候跟自己的肺怄气一样荒唐。

　　对于股票投机，我已逐渐认识到除了分析行情走势外还需要什么。帕特·里奇坚持认为，在牛市保持头寸是至关重要的。毫无疑问，正是这一点使我将主要精力放在了判断市场的性质上面。我开始认识到，只有抓住大幅度波动才能赚大钱。无论看上去可能是什么原因最初刺激了市场，大幅度波动之所以持续，不是由操纵基金和玩诡计的金融家炒作的，而是由基本环境条件所决定的。

在萨拉托加的经历之后，我开始看得更清楚，或许我该说是更成熟地看到，既然整个市场的股票都按大潮流的方向走，也就没什么必要像我以前想的那样，研究某一只股票的动向或个别的交易。而且，由于没有交易量的限制，也可以全仓买入或抛出。就单独某种股票而言，如果抛出量超出了总股本的一定比例，做空头是很危险的，具体数量取决于该股票的持有情况，比如在什么地方、被何人持有、成本价格等。但对于通盘来说，即使抛出100万股，也不可能出现被轧空①的危险。过去，内幕人士经常利用空头们杯弓蛇影的心理，通过轧空头周期性地赚大钱。

在牛市里做多头，熊市里做空头，是众所周知的道理。强调这一点听起来挺傻的，不是吗？然而，必须紧紧抓住这条基本原则。就我的经历来说，我花了很长时间才学会如何有原则地交易。不过，为自己说句公道话，我得提醒你，直到那时我还没有足够资金按照这样的方式投机。如果你有足够的资本，就能建立大量的头寸，然后在大波动中，你就能赚大钱。

我总是不得不，或者说我觉得自己不得不，每天从股票市场挣出生活费。这干扰了我积累本金的努力。要是本金多，就可以采用获利更丰的长线方法。不过现在，不仅我的自信心增强了，我的经纪人也不再把我当成一个偶然好运的投机小子了，他们在我身上赚了不少钱，于是我以正当的方法成为他们的明星客户。一个能赚钱的客户对于任何一个经纪商来说，都是一笔财富。

从我不再满足于仅仅研究行情记录时起，我也不再把自己置身于某些股票的日常波动之中。如果真有这种情况发生，我需要从不同的角度研究一下。我会从具体事件考虑到基本原则，再从价格波动考虑到基本条件。

当然了，很长一段时间以来，我还是照例每天都会阅读内幕信息——所有交易商都是这样做的。然而在这些信息中，大部分都是流言，有的是故意散布的错误背景状况信息，有的只是那些作者的个人观点。我对评价较高的每周评述也不甚满意，怎么说呢？金融编辑的观点一般跟我的观点不一致。

---

① 轧空（Corners），股市用语。它是指证券市场上的某一操纵集团，将证券市场流通股票吸纳集中，致使证券交易市场上的卖空者，除此集团之外，已经没有其他来源补回股票，轧空集团乘机操纵证券价格的一种方式。比如，投资者普遍认为当天股价将下跌，于是都抢空头帽子，然而股价并未大幅度下跌，投资者无法低价买进，收盘前只好竞相补进，反而使收盘价大幅度升高，形成一种空头倾轧空头的现象。——译者注

第8章 牛市看多熊市看空

对于他们来说，整理实际情况得出结论并没有什么，但对于我来说却至关重要，而且，我们对时间因素的估计也有极大的差异。因此，对于我来说，每周末对过去一周情况的分析，远远不如对下一周情况的预见来得重要。

这么多年来，我一直都是经验不足、年少无知、资金短缺三方面不幸的混合体。但是现在我终于茅塞顿开，兴高采烈地寻找新发现。我对市场的态度有所改变，也明白了我在纽约想赚大钱却屡次失败的原因。现在，我有了资金、经验和自信，但是我太急于去尝试这把新钥匙，以致忽略了门上还有另外一把锁——那是时机之锁！这种疏忽也是正常的。我不得不照例支付学费——每向前迈进一步，都要受一次挫折和锤炼。

我研究了1906年的形势，认为资金市场的前景十分严峻。许多真正的财富都被毁掉了，所有的人迟早都会感到拮据，因而没有人能够帮得了别人。这一次的旧金山地震，使房屋遭遇到火灾，完全摧毁了；使火车失事，一车皮的赛马全部死亡了；使布尔战争①（Boer War）中的炮灰，及派兵去南非花的几百万老百姓的血汗钱都化成了灰烬。这一次旧

◢ 关注官方的有关言论和报道是十分重要的，但投资者也不能盲从官方的言论，要防止其中有诈。

★ 彼得·林奇

---

① 历史上一共有两次布尔战争，第一次布尔战争发生在1880年至1881年，第二次布尔战争发生在1899年至1902年，本处所指的即是第二次布尔战争。布尔战争是英国人和布尔人之间为了争夺南非殖民地而展开的战争。荷兰殖民者于17世纪来到南非。他们和葡萄牙、法国殖民者的后裔被称为布尔人。19世纪晚期，德兰士瓦共和国和奥兰士自由国相继发现世界上最大的钻石矿和金矿。英国殖民者为了夺取这些宝藏，于1899年8月与布尔人爆发战争。战争初期，英军在人数上处于劣势，在轻捷灵便的布尔人面前多次遭到失败，随着援军的抵达，英军逐渐掌握主动权。当年秋，英国宣布取得战争的胜利，但布尔人继续反抗英军。英军把布尔人强制关进集中营，两万妇孺致死。布尔战争中的英军总司令基契纳成为英国的民族英雄，但直到他凯旋时，英国仍然没有完全控制南非。英布战争称得上英国复兴史上最长的战争。——译者注

金山的大地震和随后的火灾，以及其他各种自然灾害，影响席卷着每个人——制造商、农民、商人、劳工和百万富翁们。铁路必然受到了极大的破坏。我思量着，所有一切都在劫难逃。在这种情况下，只有一件事可做，那就是——卖股票！

我曾经告诉过你，我已经决定了用什么方式做交易，而现在我决定做空，毫无疑问地，我们正在进入一个真正的熊市。既然对此不抱怀疑，我确信应该能赚到我的交易生涯中最大的一笔。

股市涨了又跌，交易冷淡一阵又稳步上扬，我账面上的浮动利润少了，而浮动亏损多了。终于有一天，我胆怯了，也平了空头头寸。这正是时候，如果不这样做，最后剩的钱恐怕连一张明信片也买不起了。我损伤了元气，但为下次的战斗留下了一条性命。留得青山在，不怕没柴烧。

我犯了错误。但是，到底错在哪儿呢？在熊市遵循熊市的做法，这是英明之举。我做了空头，这是正确的。但是，我抛得太早了，因此我付出了巨大的代价。我的头寸是正确的，但时机却选错了。不管怎么说，市场日益接近不可避免的崩盘。于是，我等待着，当价格止跌停顿下来时，我把很少的一点保证金全用来卖空股票。这次我做对了，因为只有那一天有这样一个机会。第二天又开始回稳，我又上了一次当。因而我观察行情记录，平仓并等待。在适当的情况下，我再一次卖出——再一次，市场如往常一样下跌，而后又突然上扬。

看来股市似乎存心和我过不去，努力想使我回到在对赌行交易的那种古老而简单的方法中。这是我第一次制订了一个精确计划，以总体市场为依据，不再只关注一两种股票。我觉得如果我继续坚持这样做下去就一定会赢利。当然，那时候我还没有一个系统的交易方法，否则我就会在下跌的股市抛出空头了，也就不至于失去那份保证金，之前我曾经给你解释过这种方法。我也许会犯同样的错误，但不会损失得太惨重。你瞧，我已经观察到了某些事实，但还没学会如何利用。怎么说呢，我这种不完全的观察，非但没起到什么作用，反而阻碍了我。

我发现，研究自己的错误总会给我带来好处。就这样，我最终发现在熊市保持住空头也是很好的。但无论如何，行情记录还是要研究的，这样才能判断出行动的适当时机。如果有一个良好的开端，那么你所处的有利情况就不会受到威胁，然后你会发现抱牢手上的头寸也就不再困难。

第8章 牛市看多熊市看空

当然，如今我对自己观察市场的精确性更有信心，其中既不掺杂个人感情，也不掺杂个人癖好，我也有更多不同的方法来检验我观点的正确性。但1906年那次价位成功的回稳，对我的保证金还是产生了严重的威胁。

那年我应该是27岁，但是已经做了差不多12年的交易。这是我第一次遇到如此危机四伏的交易。我通过望远镜看到了这次危机，但是从危机开始到股市大幅下挫，这期间与我当初的预计差距太大了，所以我开始怀疑自己的观点。其实征兆已经出现了，关于贷款利率我们都曾听说过很多警告。但有一些经济学家还在满怀希望地进行评述，至少他们对媒体记者们一直是以这样的口吻说的，而股市也用持续性的回稳对那些灾难性的错误进行掩饰。难道从一开始身处熊市我就错了吗？抑或是因为我抛得过早而犯了暂时性的错误？可能是我抛得太早了，但行情的确不在我的掌控范围之内。不久之后股市又开始下跌了，这对我来说是个绝好的机会。我索性就来了个满仓做空，但很快股票价格再次上扬，而且创了新高。

结果无须多言——我被清理出局。

换句话说，我破产了！

即使对我来说，这也是很不寻常的一件事，但它就是发生了：向前看，有一大堆美元，旁边立着一块牌子，牌子上用大的字体写着"请随意取用"，旁边一辆马车，车身的一侧写着"拉里·利温斯顿马车公司"。我手里拿着一把崭新的铁铲，但周围一个人也没有，我想挖金子也没有人能帮忙，毫无疑问，挖金子又可以创造一种先于别人拥有美元堆的美好未来。其实好多人都从此地路过，如果他们愿意停下来看一下，也可以看到这个良机，可惜他们那时却只关注篮球赛，或正准备用我看到的那堆钱买汽车豪宅。这是我第一

图为1899年10月莱迪史密斯（Ladysmith）包围战中正开火的布尔士兵。这是布尔人战争计划的一部分：在英国援军到达南非之前，集中优势兵力，分为两路，一路向东进攻纳塔尔，分割并包围两个主要的英军据点——莱迪史密斯和邓迪（Dundee），并占领德班港，获得出海口。

次看到前面有大堆美元，我迫不及待地向它飞奔过去，但还没等我跑到，风就倒着吹了回来，我跌倒了。美元堆还在老地方，更不幸的是我的铲子——我的武器丢了。这就是过早起跑造成的恶果！我太想证明我看到是真正的美元而不是幻景。我看到了，我非常确定自己看到了。我只想着这绝妙的发现会带来什么，却忘了考虑一下双方的距离。我应该走过去，而不是飞奔过去。

这就是当时所发生的一切，我根本没有认真考虑，再决定投入熊市的时机是否已经成熟。在那种情况下，我本应该借助行情记录的帮助来做明智的判断，可是我没有。就这样，我得到了一个教训——熊市刚开始，你看空后市，除非能确定没有反复的危险，否则最好不要立刻大量地抛出。

这么多年以来，我在哈丁兄弟公司买卖了大量的股票，公司很信任我，我们双方的合作很愉快。我想他们认为我肯定会在很短的时间内东山再起。他们知道以我的好运，我所需要的只是一个机会重新起跑，我不但可以恢复元气，还会赚很多。他们已经从我身上赚了不少，而且未来还将赚得更多，因而只要我的信誉还保持得很高，我想在那儿继续做生意还是没问题的。

接二连三的打击使我不再那么趾高气扬，或许我应该说我变得谨慎起来了，因为我知道我濒临破产。我所能做的只是安静、慎重地等待。其实在交易以前就应该这样做了，这并非亡羊补牢。只不过我下次尝试交易时，一定要先弄清楚。如果一个人丝毫无错，那他一个月之内就能拥有整个世界；但如果他不从错误中吸取经验教训，那就连上帝白白赏赐的东西都得不到一件。

就像我说的这样，在一个晴朗的早晨我去了市中心，又一次觉得信心百倍。这次没有什么可怀疑的，我所期待的一切正在成为事实。我发现所有报纸的经济版上都刊登了一条广告，这就是我在投资前没有理智地去等待的交易信号。这是北太平洋及大北方铁路（Great Northern）的增发新股告示，分期付款的预付款是为了股民方便。这种方式在华尔街是很罕见的，这对我来讲不仅是个恶兆，更是个打击。

多年以来大北方铁路十分坚挺，一直保持不跌破面值，现在宣布又将有一股红利。其中包括持股人有权平价买入北方铁路新发行的股票等优惠。由于股票市场价格总是高于票面面值，因而这一权利是很有价值的。但现在金融市场情况不景气，连最有实力的银行也不能保证以现金支付发股人，而北

第8章 牛市看多熊市看空

方铁路价位在330美元左右！

我一走进营业厅就对埃德·哈丁说："现在时机成熟了，抛吧，我们应该有点大动作，看看那个广告吧。"

他已经看过了这则广告，我以我的观点指出这则广告到底意味着什么，但遗憾的是，他们仍不太明白我们随时面临着破产的危险。他认为在大量抛空之前最好还是等待，如果我等一下，说不定价格会低一些。

"埃德，"我耐着性子说，"跌势总是越来越猛。那则广告是站在银行家立场上的安抚告示，他们所怕的正是我所希望的。这对我们来讲预示着市场要走入熊市了，而这正是我们所需要的。说实话，如果我有一千万美元，我会立刻全部投进去。"

我必须不断地劝说，不断地与他争论，他对我这样一个明智的人面对那个令人瞠目结舌的广告所能做出的唯一推论并不满意。这对我来说是足够了，但对于营业厅里大多数人却不够，因为我能抛得太少、太少了。

过了几天圣·保罗手拿一张关于发行股票的告示非常和蔼地走了出来。让我想想，大概是股票，或者是通知，我记不清了。但是这并不重要，重要的是我注意到，付款日期被安排到了早就宣告过的北方铁路和北太平洋铁路缴款日的前面。这个信号太明显了。就好像他们拿着扩音器宣布了不起的圣·保罗正在力挫其他两条铁路。争夺在华尔街所剩不多的现金，圣·保罗的银行家们显然很害怕钱不够三家用，而他们绝不会说："您先请吧，我亲爱的兄弟。"如果钱真的那么吃紧，而银行家们确实又知道这一点，那么接着会发生什么呢？换句话说，铁路上需要钱，但银行里却没有钱，答案会是什么呢？

当然应该抛出！在那一个星期里，公众的眼睛都在盯着股市，对于其未来的走势却几乎什么也看不出来，而嗅觉敏锐的股票操作者们在那一年却看出了不少问题，这就是区别所在。

而对于我来说，这种情况却意味着疑虑和犹豫的结束，我当时就下定决心。就在那天早上，我开始了第一次真正行动。我告诉哈丁我的想法和立场，对于我想以大约330美元抛出北方铁路，以及以再高一些的价格抛出其他股票他都没有什么异议。我从自己早先付出过代价的错误中受益匪浅，因而这一次抛得很有策略。

偶然或是必然，我在很短的时间内就又恢复了声誉和信用，在经纪人那里判断正确实在是人生一大快事。不过这次我完全正确,倒不是因为分析行情技巧熟练,而是凭着对影响股市的总体条件分析的结果。我并非全凭猜测,我是对不可避免的事做事前准备。想抛出股票并不需要太大勇气,对我来说,我看见的只有日益下跌的价格,所以我必须采取行动,不是吗?我还有别的选择吗?

整个报价表上的股票都疲软得像煮过头的玉米糊一样。不久,市场有一个反弹,许多人都跑来告诫我说股票已经跌到底部了。那些大户知道现在做空的人很多,决定要轧空大赚一笔,这是一件很容易而又稳妥的事,那些大户是不会心存怜悯之情的。一般来讲,我会感谢一下这些顾问,我甚至不愿去和他们争论,因为那样他们会认为我对这些告诫不知感激。

那个在亚特兰大和我待在一起的朋友目前正在痛苦中沉浮,从那次地震开始,他变得相信预感了。由于我凭借莫名的感觉抛出了联合太平洋铁路而赚了25万美元,因而他不能不相信这种奇妙预感的存在。他甚至说是上帝用了什么神奇的方法让我抛出了股票。而且他也能够理解我在萨拉托加所做的第二次联合太平洋铁路的交易,因为他可以理解与股票有关的任何买卖。一个小道消息就可以决定股票的趋势是上涨还是下跌,但这种预言所有的股票都必跌无疑的事又往往会激怒他,这种情报对人们究竟有何好处?你该如何告诉别人要怎么做呢?

这使我想起了帕特·里奇常说的一句话"行了,你知道我们正在牛市中"。好像因为这是事实,所以对所有明智的人来讲,这条信息就已经足够了似的。但是对于刚刚蒙受损了15或20点损失,又仍然坚持不放的人来讲,看到3个点的回升,就确信已经到了底线,要恢复上涨了。

一天我的朋友来拜访我,问:"你平仓了吗?"

"我干嘛要平仓?"我回问。

"为这个世界上最棒的理由。"

"什么理由?"

"赚钱呗,股市已经到底了,下跌的肯定会回升,难道不是这样吗?"

"是的,"我回答说,"第一步要先到底了,然后才是回升,而且不会马上回升,还会反反复复好多天呢。但现在还不是它们回升的时候,因为它们还没真正死透呢!"

一位老朋友听到我这么说,立刻想起以前的事情来,他说有一次威廉·特瑞沃斯(William Travers)在看跌的时候遇了一个看涨的朋友,两人交

第8章 牛市看多熊市看空

换了一下对股市的看法，那位朋友说："特瑞沃斯先生，市场这么强你怎么会看跌呢？"特瑞沃斯反唇相讥道："市场死得很彻底了。"这时特瑞沃斯去了一家公司的办公室要求看一下报表，出纳员问他："你对本公司感兴趣吗？"特瑞沃斯回答说："我应该说我有兴趣！因为我抛空了两万股你们的股票。"

股市的回升变得越来越弱了，我的运气一点点好转，每次我抛出几千股北方铁路时，价格总会又跌几点。我把我觉得较弱的股票都抛空了一些，它们也都下跌了，但只有雷丁公司（Reading）一家除外，因而令我印象深刻。

其他股票都在不停地下滑，而雷丁公司却依然像直布罗陀海峡的礁石一样屹立不动。所有的人都说该股票被庄家垄断了，事实好像也的确如此，他们总是告诉我抛出雷丁的空头简直无异于自寻死路。交易厅里还有别人和我一样全部做空，但要是有人暗示他们抛出雷丁股票，他们又会马上缩回来要求帮助。我自己已经抛了些空头。同时我自然而然地想找些容易得手的股票出击，避开那些异常坚固的股票。我观察行情，发现了几种容易赚钱的股票。

一直以来，我听说过许多关于雷丁背后基金的传说，那是个非常强大的基金，首先他们有许多低价买进的存货，因而按我朋友的说法，他们的平均价实际上较低，这是一个了不起的优势。而且，那笔基金的主要成员与一些银行保持着非常密切的关系，他们正是用这些银行的钱来持有大量的雷丁股。只要股票价格不下降，他们与银行间的友谊就牢靠而坚固。每个成员的浮动利润均不少于300万美元。这就使得价格的下降不至于致命，因而他们的股票足以对抗熊市也就不足为奇了。时不时地，这些场内交易商看了看价格咂咂嘴唇，用一两千股试探一下。这一点股份并不能压低价位，因而他们将其平仓再去赚点好赚的钱。无论何时，只要我看到了，我就会多抛一些，只要自己满意就行了，我对自己的交易原则很有信心，并不偏向于自己喜爱的股票。

过去的日子里，雷丁看似坚不可摧的力量可能愚弄了我，行情记录总是说："离它远点！"但我却认为事实并非如此，我预料将有一次暴风雨般的打击，无论有资金的还是无资金的，对谁都不例外。

我喜欢单打独斗，在对赌行里是这样，以后也一直会这样。我的思维就是这样的，我必须自己看，自己思考。但我可以告诉你，当我开始从股市获利时，我第一次感觉到我有了这个世界上最好最真的合伙人，那就是基本形势。它们尽其所能地帮助我。尽管有时它们反应速度很慢，但只要我耐心，它们的确很可靠。在很大程度上，我并非用我的行情分析技巧及预感与投资机会抗衡，对市场的逻辑分析反而使我赚了不少钱。

了解它并根据它的行为来作判断，正确率是非常高的，我的真心伙伴，基本形势说"下跌"，而雷丁却不肯听它的。这对我可是个侮辱，看着雷丁的股票依然一动不动，一切风平浪静好像什么都没发生，我开始愤怒起来，它本应该是整个报价板中最好的空头，因为它还没有下跌记录。基金持有太多的股票，如果一旦宣布更严格的货币管制，他们就彻底完蛋。总有一天，高贵的银行朋友们并不会比普通大众好过，股票必须跟他们一起不断下跌。如果雷丁不下跌，那么我的理论就错了，而如果我错了，就说明事实错了，逻辑错了。

根据我的判断，正是由于大家都不敢抛出才造成了雷丁价格不变的现况，因而有一天我同时让两个经纪人分别抛出了4 000股。

你应该看看那个了不起的被垄断的股票！之前都说如果谁卖空它就等于自杀，但我这种竞争性的卖单沉重地打击了它，于是它开始不断下跌。我又让他们抛了几千股，我开始抛的时候价格是111美元，不一会儿我就以92美元平仓这只股票的空头头寸。

从那以后，我的好日子就到来了，在1907年2月我清盘了。当时北方铁路已经下跌了60~70点，其他股票也有一定幅度的下跌。我赚了大钱，但我清盘的原因是推算出这次已经从下跌变成了超跌，这时我的信心也不是特别足，我不想因为判断失误而完全失去我的有利地位。换句话说，那时的股市并不适合我立刻交易。我在对赌行的第一笔1万美元之所以付诸东流，就是因为我不管条件适合与否就每天快速进出。相同的错误我不会再犯第二次，而且别忘了以前我因为过早投入交易、时机还未成熟又抛出股票而蒙受过损失，让自己在一段时间内破产。现在，当我赢利时，我总想将账面收益换成现金，这样我才能感觉到自己是对的。回升行情曾使我破产，我可不想再一次被回升行情挤出股市。这次我没有老老实实地在家待着，而是去了佛罗里达。我喜欢钓鱼，而且我需要休息一段时间。在那儿我就又能钓鱼，又能休息了。对于我的投资事业也毫无妨碍——华尔街和棕榈海滩之间可以直接发电报。

第9章
真正的股市之王

我在佛罗里达的海滩上过得自由自在，在那儿钓鱼很不错。我的脑子很放松，无须考虑股票，过得确实挺开心的。有一天，一些朋友一起乘着摩托艇从棕榈海滩来这边玩耍，其中一个带了张报纸。这对我来说是一件新鲜事，因为那些天里我一直没看过一张报纸，也不想看，我对它刊登的任何新闻都不感兴趣。但是那天我扫了一眼朋友带上艇的报纸，发现了一个重大消息，那就是股市已大幅度回升，大概有十多点。市场里到底发生了什么？当然股市时不时地来一次适度的回升行情也是有道理的。但现在熊市还没结束，情形并不乐观，而华尔街及绝望的股民却忽略了资金面条件，仍为短暂的回升行情振奋不已。我真是受不了。我必须关注股市了，我也许会做点什么，或者什么都不做，但我知道我最迫切的需要是看一下报价牌。

我的经纪人哈丁兄弟公司在棕榈海滩也有一个营业厅，当我进去的时候看见了不少熟悉的面孔。他们大多数都在兴奋地讨论牛市，他们都属于那种凭行情报价机做交易的人，总希望快进快出。这样的交易商并不需要深思熟虑或高瞻远瞩，而他们的这种经营方式也的确用不着他们这么做。我告诉过你当我还是个"投机小子"的时候是如何在纽约一举成名的。当然，一般来讲，人们总是爱把别人的赢利与交易量夸大其词，营业厅里的人听说过我在纽约做空大赚了一笔的事迹，现在他们希望我再一次地把注压在空头上。他们自己也认为回升还会继续很长时间，但他们却认为打击多头是我的责任。

来到佛罗里达时，我的目的是钓鱼，前段日子我承受了不少压力，我需要一段时间的休假，但当我看到价格已经回升到何等程度的那一刻，我立刻把休假之类的事情通通抛诸脑后了。我完全忘记了我当初来到这片海滩的初衷，我只知道我必须抛出股票。我相信自己是正确的，我必须用我用过的唯一的方法来证明我的正确性，我会用现金来说明的。通盘抛出将会是一种正确的、谨慎的、有益的，甚至可以说是种爱国的举动。

我在报价牌上看到的第一件事就是安纳康达（Anaconda）正上涨超越300点，它涨幅惊人，简直是跳跃性上升。很显然里面有个闯劲十足的多头团体。我一直遵循一条古老的交易原则，那就是当股票第一次上穿100美元、200美元或300美元时，上涨的趋势是不会就此止步的，只会升高更多。因而只要它一上穿关键点你就买，肯定能赚上一笔，胆小的人不喜欢在股价创新高时买入股票，但我却有类似的"史实"来指引我在这个时候大胆买入。

安纳康达是小面额股票，其票面面值只有25美元，算起来400股安纳康达等于100股普通面额的股票，我认为这只股票大有前途，预计它300点后还会再上涨，转眼就会到340美元。

别忘了，我坚持看空，但我同样是一个会看行情走势做交易的人。我了解安纳康达，如果它按照我的预计发展，就会涨得非常快，这只股票对我来说很有吸引力。我已经学会了要有耐心，学会了如何坚持自己的意见，但我个人更喜欢股价快速变动带来的刺激。而安纳康达显然并不迟钝，而强烈的欲望驱使我终于在它上穿300美元时买入。

当时的情况是买方比卖方多，因而大盘回升行情可能会持续更久。因此等一段时间再做空头比较谨慎一些。对于我来讲，等待也会带来好处，而

> ◢ 当投资机会来临时，不要畏首畏尾、裹足不前。如果有利可图，而风险又在可承受的范围内，就应果断地采取行动。
> ★ 索罗斯

第9章　真正的股市之王

且，安纳康达很快涨了30点，我对整个市场看跌而唯独对这只股票看涨！因而我买入了32 000股安纳康达，这样做似乎是有点太冒险了，但我相信自己的判断，而且据我预计，这次的赢利可以扩充我的保证金，以备后市做空用。

第二天，由于北上的一场暴风雨或是别的什么事情，电报网被中断了，我在哈丁的办公室等消息，人们闲聊调侃着，猜测着各种情况，后来我们终于等来了一个报价，那也是当天唯一的一个，安纳康达，292美元。当时有一个朋友和我坐在一起，他是我在纽约认识的。他知道我手上有整整8 000股多头，我怀疑他可能也有一些，因为当我们听到报价的时候，他显然大吃一惊，也不能断定这只股票是不是又跌了10多点。本来以安纳康达的涨势，再涨个20多点应该没问题的，于是我告诉他："约翰，别担心，明天会涨回去的。"我的确是这样认为的，但他看着我摇了摇头，他就是那种人，觉得自己更明白到底发生了什么事。因此我笑了起来，还是继续在营业厅等其他报价，但却再也没有其他消息了。我们只知道安纳康达，报价292美元，对于我来讲，这个报价意味着我损失了10万美元。我喜欢股价变动带来的刺激，显然这个刺激让我心惊胆战。

第二天电报线路修好了，我们像往常一样得到了新报价，安纳康达开盘为298美元，一度涨至302.75美元，但很快就又下跌了。

而且，其他股票也没有进一步的回升，我打定主意，如果安纳康达跌至301美元，我就把整个事件都看作一种假象。如果是正常进行的上涨行情，价格应该不停顿地涨至310美元，如果不是这样，那就是我的经验失效了，我自己犯了错误，而一个犯了错误的人唯一能做的事就是立即纠正错误。我买入了整整8 000股，期待能涨30或40点，这不是我第一次犯错，当然也不会是最后一次。

安纳康达又跌回到了301美元，它刚一跌，我就偷偷地跑到电报员那儿，他们能直接给纽约发报。我对他说："把我所有的安纳康达全都抛了，整整8 000股都抛掉。"我把声音压得很低，以免别人知道我在干什么。

他抬起头，用几乎是惊恐的表情看着我，但我点了点头："全部的。"

"利文斯顿先生，您肯定不是指按市价成交吧？"他担心的表情看起来就好像是成交价不好会给他造成巨额损失似的，但我只是对他说："抛！别争了！"

当时布莱克（Black）家族的两个兄弟，吉姆和奥利夫正在交易厅闲聊，他们听不见我和发报员的对话，他们本是芝加哥著名的小麦期货商，现在又成了纽约举足轻重的股票交易商,他们家资丰厚,也是股票大玩家。

在我离开发报员想回到我在报价牌前的座位时,奥利夫·布莱克笑着向我点头打了个招呼。

"你会后悔的,拉里。"他说。

我停住脚步问他:"你这话是什么意思?"

"明天你还得把它买回来。"

"把什么买回来?"我说,因为除了那个发报员以外,我对谁也没有提过什么。

"安纳康达,"他说,"你会花320美元把它买回来,你这次做的可不怎么样,拉里。"他又微笑起来。

"什么举动不怎么样?"我让自己看起来很无辜。

"在股市上抛出你的8 000股安纳康达,而且是坚持抛掉。"奥利夫·布莱克说。

我知道别人都认为他很聪明,因为他常常根据内幕消息做交易。但他怎么知道我的事我就不清楚了,我确信营业厅不会出卖我。

"奥利,你怎么知道的?"我有点惊疑不定。

他大笑起来,告诉我说:"是查理·克里特兹告诉我的。"查理就是那个电报发报员。

我说:"但他并没有离开位子呀!"

"我听不清你们俩在小声说什么,"他轻笑着,"但他向纽约发报的时候,我可听清了每一句话。几年前,我遇到过一桩倒霉事,电报员把我的口信发错了一行话,从那以后,我就自己学会了电报密码。我像你刚才一样用嘴去告诉发报员命令时,我必须弄清楚他到底是不是按我的意思发出去的,要知道他发的东西可是以我的名义发。言归正传,你一定会后悔抛出了安纳康达,它会涨到500美元呢。"

"我相信这次不会,奥利。"我说。

他盯着我说:"你倒是很自以为是嘛。"

"不是我自以为是,我是根据行情记录判断的。"我说,其实那儿没有自动收报机,所以没有行情记录,但他明白我的意思。

"我听说有些人,"他说,"眼睛盯着行情记录却看不到价格,只像看

第9章 真正的股市之王

火车时刻表一样看到股票的涨跌,但好在他们住在病院的小病房里,墙四周都有软垫,他们伤不着自己。"

我没理他,因为那时发报员给我送来了一份通知单,他们已经以299.75美元的价格替我抛出了5 000股,我知道我们这儿的报价不是很及时,我通知发报员的时候,棕榈海滩的报价牌上的价格还是301美元。我可以确定在纽约股票交易所正在抛出的股票实际价格还要低一些,因而要是那时候有人想以296美元买走我手上的股票,我会开心死,并且马上接受。这件事充分证明我交易时从不用限价指令是正确的。假如我将抛出的价格限制在300美元以上,那我就脱不了手了。如果你想平仓,就要动作快,别犹豫。

现在,我的股票买进成本价在300美元左右,他们以299.75美元的价格又抛出了500股,当然是整500股,以299.625美元抛出了1 000股,接着以299.5美元抛出了100股、299.375美元抛出200股、299.25美元抛出200股,最后一部分是以298.75美元抛出的。抛最后100股的时候,哈丁最聪明能干的经纪人也是花了15分钟才脱手的。他们也不想价格落差太大撕破了口子。

在我接到最后一部分多头头寸卖出成交报告的那一刻,我开始着手办理我上岸来真正想做的事,那就是卖空股票。我只是顺势而为,市场在经过一段时间的回升后,正在等待你卖空。可人们又开始谈论牛市了,然而我没有动摇,股市的发展轨迹告诉我回升已经结束了,做空是安全的,无须再考虑了。

第二天安纳康达开盘价低于296美元,奥利夫·布莱克满心期待着进一步回升,早早地就来观望。我并不知道他做了多少多头,或者是否是多头。但他看到开盘价的时候却再也笑不出来了。时间一点点过去,那只股票仍继续下跌,最后我们又得到报告说在交易所已经找不到买家了,他更笑不出来了。

当然,那就是让任何人都能够明白的卖空信号了。我账面上不断增长的浮动赢利不停地提醒我,我是正确的。自然而然的,我又抛出了更多的股票,各种股票!那时是熊市,几乎各种股票都在下跌。第二天是星期五,华盛顿的生日[①],我没有心思再待在佛罗里达钓鱼了,因为已经建立了巨大的空头头寸。在纽约有人需要我,是谁呢?我自己!棕榈海滩太远,太偏僻了,每天光电报往返就花费了许多宝贵的时间。

我迅速离开棕榈海滩来到纽约,星期一我得在圣奥古斯丁(Saint

---

① 即华盛顿生辰纪念日2月22日。——译者注

Augustine）逗留三个小时等火车，那儿有一个经纪人的营业厅，等火车的这段时间我特意去看看股市动向。安纳康达在我最后抛空那天以后又跌了好几点。事实上，它已经进入了下跌趋势，直到那年秋天一次大的崩溃。

我到了纽约后，大约持续做了四个月的空头交易。股市像往常一样时不时地回升再下跌。我也不停地平仓，再抛出，严格地说，我并没有持股不放。别忘了，我曾经把在旧金山地震中赚的约30万美元全赔进去了，我本来方向没有错，但还是差点破产。所以，现在我的操作比较安全，一个人在度过低潮期以后，会享受顺境的。对我来说，赚钱的方法就是行动起来，而赚大钱的方法却是要在机会来临的时候做出正确的选择。在这一行业你要理论结合实际，绝不能只做书面研究，而是既要做一个研究者，又要做一个投机者。

现在在我看来，那时候的行动在战略战术方面其实还不是很完善，但在当时来说干得还是相当不错的。夏天来临时股市变得更加萧条了。看来要想有大行情就得等到秋天了。几乎我认识的所有人不是去休假，就是打算去欧洲。我也觉得这是个不错的选择，因此我平仓了。当我乘船去欧洲时，在卖空交易中总共赚了75万美元，这个成绩对我来说还过得去。

我在埃克斯温泉镇（Aix-les Bains）尽情地玩乐着，我赚的钱足够让我过一个休闲的假期。能待在那样一个地方，有用不完的钱，许多意气相投的朋友，而且每个人都打定主意要尽情享乐一番，实在是太棒了，这一切想在埃克斯温泉镇实现都不会是什么难事。这里离华尔街那么远，我根本就想不起它了。我不必再去听股市报价或谈论股市，我不必再去交易。我的钱足够我维持很长一段时间的悠闲生活。当我回去时，我知道怎样赚到钱，而且一定比我在欧洲花费掉的多得多。

一天，我在《巴黎导报》上读到一条纽约快讯，说斯梅尔特冶炼公司（Smelters）已公布额外增发红利。有人炒热了这只股票，而且整个股市都已强劲地回升了。当然，这改变了我在埃克斯温泉镇的一切。这条消息表明多头阵营正努力拉高出货，因为他们知道接下来将要发生什么，他们想借助这个涨势，在风暴袭击到他们之前，将手中的股票出手。当然也有可能他们真的不相信局面像我所估计的那样严重，熊市像我想象的那样迫近，华尔街的那些大佬们往往就像政客一样凭空行事，一厢情愿。而我却不能以这样的思维行事，老实说，对于一个投机商来讲，这种傲慢的态度是致命的。

第9章 真正的股市之王

我心里很清楚,在熊市中,所有向上拉抬的操纵交易都注定是要失败的,所以我一读到那条快讯就明确了目前要做的事情,那就是做斯梅尔特的空头。上帝啊,当那些内幕人士在濒临资金危机的时候提高了股息时,他们就等于是跪在地上求我抛出空头呢。这种行为就同少年时代常用的激将法一样刺激人,他们简直是在激我抛出空头。

我立刻发电报,发出了一些抛出斯梅尔特的卖单,又建议我在纽约的朋友也做这个股票的空头交易。当我从经纪人手中拿到成交报告时,我发现他们得到的价格比我在巴黎快讯上读到的要低6点,这样一来形势是如何发展的就很清楚了。

我本来计划在月底前返回巴黎,大约三个星期后再乘船回纽约。但我一拿到经纪人的报告,就立刻返回了巴黎。当天抵达后,我立即给船务公司打了电话,得知第二天有一班快轮去纽约,于是我就订下了。

就这样,我回到了纽约,大约比我原定计划早了一个月,因为纽约是我做空的主战场。此时,我的保证金有50多万美元。这些丰厚的回报并不是来自我看空后市,而是来自我的行动服从推断。

我继续做空。银根越紧张,短期利率越高,股价就越低。这一点我早就预见到了。最开始,我的预见曾经令我破产,但现在,我终于成功了。但是,真正的快乐还在于我意识到,作为一个股票交易商,我终于走上了正确的轨道,再也不会跌跌撞撞地前进,再也没有拿不准的方法了。要注意的是,分析行情走势是这场游戏中很重要的一部分。在适当的时机入市,坚持持有自己的头寸也同样重要。但我的伟大发现在于,人必须研究总体形势,衡量各个方面问题的影响大小,再由此预测市场未来的发展可能性。一句话,我已经学会了我必须通过艰辛的努力才能获得丰厚的回报的道理。我已经不再盲目地赌博,也不再想着要掌握游戏的独门技巧,我通过艰苦的研究和有条理的思考来赢得成功。我还发现没人能避免充当受骗者的危险,当然在上当受骗后你必然会付出一笔"受骗费"。

我在营业厅赚了一大笔钱,而我的操作非常成功,于是人们开始谈论起我来,当然,夸大了的事实使我成了一个传奇。他们把我视为许多股票暴跌行情的始作俑者,甚至是一些我不知道名字的人也跑来祝贺我。他们都认为最了不起的东西,就是我所赚取的巨额财富,但他们对我还在牛市时率先警告熊市即将到来的事只字不提。对于他们来讲，我所预见的资金危机不算什么，而我经纪人的会计曾三次同意借保证金给我倒是个了不起的奇迹。

朋友们曾经告诉我，在很多不同的证券公司里，大家都在传说哈丁兄弟公司的"投机小子"狙击了想拉抬股价的多头阵营，说他宣称自己要采取一切可能的手段来对付那些多头。因为事情很清楚了，市场注定要下行，而那些顽固不化的多头却试图继续推高股价。一直到今天，还有人对我做的一波波卖空交易津津乐道。

从九月下旬起，货币市场就在向整个世界发出警告。但人们仍一厢情愿地等待奇迹，不肯抛出手上的投机股。一个经纪人曾经在十月份的第一个星期给我讲了一个故事，而这个故事几乎让我对自己的不紧不慢感到羞耻。

我们知道，货币短期贷款过去是由在交易所大厅里的资金席位达成的。那些经纪人从银行收到通知经纪人的头寸需要用钱，这些经纪人知道通常需要重新借多少钱，当然，银行也知道经纪人的头寸需要多少钱。而能提供贷款的银行家就会把钱送到交易所，通常情况下，这种银行贷款是由几个经纪人处理的，他们的主要生意就是贷款。每天中午左右，那一天的新利率开始发布，这个新利率通常代表着那个时候贷款利率的平均值。贷款也通常可以通过投标公开执行，这样大家就都可以知道货币交易进展如何。从中午到下午两点，通常没有多少货币交易，但过了交割时间也就是下午两点一刻，经纪人就可以知道那一天他们确切的现金头寸了。他们还可以去资金席位借尽所需的款目。这也是公开完成的。

结果，在十月上旬的某一天，我跟你提到的这个经纪人来见我，说经纪人都在发火呢，有了闲钱也不愿去资金席位交易。原因是几个大证券商的成员们在那儿盯着，谁拿出钱来，他们就会扑上去。想想也知道，谁如果公开拿出钱来，是不可能拒绝把钱借给这些机构的。如果他们有偿还能力，或者抵押品倒也好说，但麻烦的是一旦这些机构打电话来借钱，那这钱可就要不回来了。他们轻描淡写地说一声还不了钱，债主不管愿不愿意，为了收回之前的贷款就还得续借，因而要是哪个股票交易所想借钱给熟人，通常会派人私下对朋友说："要一百吗？"这是个巧妙的暗示，意思是"你想借10万美元吗？"代表银行的货币经纪人也采取了这种办法。所以资金席位上一派惨淡景象，你可以想象当时的情景。

第9章 真正的股市之王

天啊,他还说这些天股票交易所定下规定让借款人自己定利率,这实在闹得不像话。你瞧,年利率竟然在100%~150%之间波动不定。我认为让借款人自己定利息率,是因为放贷款人觉得可以让自己看上去不太像是一个放高利贷的,但他拿到的钱可绝对一分不少。借款人自然也不会想要高利息,但他们也不敢比别人少付一分钱。因为他需要的是现金,不管多高的利息,能到手就已经不错了。

就这样,情况变得越来越糟,最后可怕的一天终于到来了:无论悲观者还是乐观者,刚开始都因为害怕损失一点小钱而不愿意止损,到了后来局面终于失去控制。尽管他们仍然害怕遭受一点小损失,但可以肯定的是,他们大部分人都会毫无例外地遭受倾家荡产的痛苦。那一天我永远也不会忘记,1907年10月24日。

J.P.摩根。人们通常把J.P.摩根这头金融大鲨鱼比作华尔街的朱庇特,摩根的举手投足无不在华尔街引起波澜。J.P.摩根控制的金融帝国曾一度覆盖了横跨全美的铁路、航运、电气等多个领域的上百家企业,总资产超过220亿美元(相当于今天的22 000亿美元)!无所不能的摩根甚至曾两次把美国政府从财务危机中解救出来。摩根直到晚年仍保持着睿智的头脑。曾有人请教股市的未来走势,摩根的回答说"股市会波动",意思是股市的涨跌非他个人所能左右得了。

贷款到期时,借债的人就必须还款。但这时资金池里的钱根本不够周转了。那一天营业厅里的人比平常多多了。那天下午的交割时间一到,有上百个经纪人在资金席位里,每一个都想借钱以解其公司的燃眉之急。如果没有钱,他们就必须不计代价地抛出股票,市场上能出多少价就得卖什么价,因为这时候在股市上的买主跟钱一样是稀缺品,看不到任何资金。

我朋友的合伙人和我一样是空头,因而公司也用不着借钱,但我的朋友,就是我跟你说的那个经纪人就陷入了困境中。他一脸憔悴地从资金席位中脱身,立刻到我这儿来了。他知道我做了大量的空头头寸。

91

他说:"天啊,拉里!太可怕了,我不知道会发生什么,事实上我从没遇见这种事。不能再继续了,会出事的,我觉得现在就已经有人破产了。你不能抛出股票了。因为现在根本就没钱。"

"你什么意思?"我问。

他回答说:"你听说过那个残忍的试验吧?将老鼠放进玻璃盅里,然后将盅里的空气抽空,在这个过程中你可以看到可怜的老鼠呼吸得越来越快,它就像工作过度的风箱一样拼命喘息着,努力想从玻璃盅里越来越稀薄的空气中得到足够的氧气生存下去。你看着它窒息,直到它的眼睛几乎迸出眼眶。无论在哪都找不到钱,你也交割不了股票,因为没人肯买,如果你问我,我可以告诉你此时此刻整个华尔街都已经崩溃了。"

这番话使我沉思起来,我以前见过市场崩溃的情形,但我不得不承认,这是我所听过和见过的历史上最严重的一次恐慌,如果再继续下去可能对每个人都很不利。

事情很清楚了,再等钱也是没用的,因为不会有钱的,然后地狱来临了。

我后来听说这样一件事:股票交易所的总裁,R.H.托马斯(R.H.Thomas)先生知道华尔街的每家经纪商都面临灭顶之灾,于是他跑出去寻求援助。他去拜访国家城市银行行长詹姆斯·斯蒂尔曼(James Stillman),这位先生是全美最富的银行家,曾夸口说自己从未以高于6%的利率贷款。

斯蒂尔曼听完了纽约股票交易所总裁的请求后,说道:"托马斯先生,关于这个问题,我们必须去见J.P.摩根[①](J.P.Morgan)先生。"

这两个人,都希望能够化解这场金融史上最具毁灭性的恐慌,就一起到J.P.摩根的办公室见了摩根先生。托马斯先生将问题摆在他面前,他刚说完,摩根先生就果断地说:"回交易所去,告诉他们会有钱的。"

"钱在哪里?"

"银行里!"

在那种危急时刻,摩根先生成了唯一的救命稻草,所有的人都非常信任

---

① 约翰·皮尔庞特·摩根(J.P.Morgan Sr.,1837年4月17日—1913年3月31日),是美国银行家,也是一位艺术收藏家。1892年,他撮合了爱迪生通用电力公司与汤姆逊—休斯敦电力公司合并成为通用电气公司。在出资成立了联邦钢铁公司后,他又陆续合并了卡内基钢铁公司及几家钢铁公司,并在1901年组成美国钢铁公司。J.P.摩根一生做了太多影响巨大的事情。但最辉煌也最能体现其实力的是,在他半退休时,几乎以个人之力救市,拯救了1907年的美国金融危机。——译者注

第9章 真正的股市之王

他,因而托马斯连具体怎么做也没问一下就冲回了交易所的大厅,向他那些如同被判了"死刑"一样的同伴们宣布了"死缓"的好消息。

然后,那天下午两点半以前,范·恩伯里及阿特伯里家族的约翰·阿特伯里代表J.P.摩根来到交易所,大家都知道约翰是一位资深经纪人,而且和J.P.摩根是近亲。我的朋友说,这个老经纪人快步走进资金席位,就像复兴道会上的告诫者一样举起了手。听到托马斯理事宣布救援即将来临的人群本来已经差不多平静了下来,但现在又开始担心解救计划流产。于是他们盯着阿特伯里的脸,看着他举起手来,一下就都僵硬了。

死一般的沉寂中,阿特伯里说:"我有权贷给你们1 000万美元,放心吧,每个人都有足够的钱。"

然后他就开始了救援行动,他并没有给每个贷款人借款人的名字。他只是简单地记下贷款人的名字和需要的贷款金额,他告诉贷款人说:"会有人通知你到哪去拿这笔钱。"他的意思是指稍后贷款人就会拿到贷款的银行名称。

我听说大概一两天后,摩根先生对那些心惊胆战的银行家们说他们必须提供股票交易所需要的款项,否则一切全完了。

"但我们没钱啊,我们已经到了放款极限了!"这些银行家们提出反对意见。

"但你们有储备金。"J.P.摩根厉声说。

"但我们的储备金已经在法定限额以下了。"他们哀求着。

"用掉!储备金就是干这个用的!"银行屈从了摩根的意志,他们动用了大约2 000万储备款。市场暂时稳定下来了,而银行家的恐慌到下一个星期才出现,当然他们的恐慌并不比股市更大。了不起的J.P.摩根,没人比得上他。

这是我股票作手的生涯中最刻骨铭心的一天,就在那一天,我的赢利第一次超出了100万美元。这标志着我第一次精心策划的交易战略有了一个成功的结局。我原来预见到的一切,都按照我的想象发生了。但比这些更重要的是:我终于圆了我一个狂热的梦——在这一天里,我成了股市之王!

当然,我会给出解释的。我在纽约已经待了几年了,这期间我常绞尽脑汁地想为什么我十五岁那年在波士顿对赌行可以从容地取胜,而在纽约股票交易所却常常遭遇失败?我知道总有一天我会找出导致错误的准确原因,然后我就可以再也不出错了。那时我不仅有赢得成功的意志,也有保证自己持

> 一位真正优秀的投资者,不在于他是否永远是市场中的大赢家,而在于他是否有勇气从每一次的失败中站起来,并且变得更加强大。
> ★ 彼得·林奇

续正确的知识,那就意味着强大的力量。

请别误会我,这并非一个过于傲慢狂妄的梦想,也不是一种源于虚荣的白日梦。这只是一种感觉,我觉得总有一天那个曾在富勒顿营业厅和哈丁兄弟公司挫败我的股市会对我俯首帖耳。我觉得那一天一定会到来的,而它确实到来了,那就是1907年10月24日。

我这么说当然是有原因的。那天早上,一个跟我合作过且知道我一直做空的经纪人和一位华尔街最有名的银行合伙人同行,我的朋友告诉那个银行家说我这些年来交易手笔有多么大,这次一定会继续下注。道理很简单,如果你做的是对的,那么就应该把胜利果实都摘尽,否则不是白白浪费正确的判断吗?

为了使他的话更有分量,大概那个经纪人也有一点夸大其词,当然也有可能是在我后面跟风操作的人多得超过了我的预料。我猜想银行家可能比我更清楚情况有多严峻,反正我的朋友告诉我:"我告诉他你认为市场再被推动一两次,真正的抛售行情就会开始,到时候市场的局面可能会变得不可想象。他听得聚精会神呢。我说完后,他告诉我晚些时候有事要我去办。"

当证券商们发现以任何价格在资金市场上都找不出一分钱时,我知道是时候了。我把经纪人派到了不同的人群中去探听情况。天哪,联合太平洋铁路竟然没有一个肯投标的,无论什么价!想想看吧,而其他股票的处境也不会比它更好。市场上找不到钱来持股,也没人愿意买进股票。

此时,我有数量惊人的账面利润,而且我确信我想让股票进一步暴跌,那么所需做的仍然是继续

第9章 真正的股市之王

做空头，比如卖出太平洋联盟及其他六个股息较好的公司的股票，每家一万股，那么接下来的股市绝对好不了。在我看来，这样下去即将发生的恐慌将会非常猛烈，甚至会使政府考虑关闭交易所，就像1914年8月世界大战爆发那次一样。

这意味着我的浮动利润会剧增，但是在现在的情况下想将利润兑换成现金也是不可能的。而且还得考虑其他事情。其中一件就是持续的下跌会阻碍刚刚开始的复苏，毫无疑问复苏是会到来的，另外持续下跌的恐慌对国家也有很大损伤。

我下定了决心，既然再继续做空是不明智也是不愉快的，那我再坚持做也就不合逻辑了，于是我转过头来开始买入股票。

我的经纪人刚为我买入不久（顺便说一句，买入价格非常低），上面提到的那位银行家派人叫去了我的朋友。

"我派人叫你，"他说，"因为我希望你马上去见你的那位朋友利文斯顿，告诉他，我们希望他今天别再继续抛售任何股票，因为银行不能承担更大的压力了。要改变一次毁灭性的恐慌是非常困难的，请唤醒你朋友的爱国心吧，在这种危急的情况下，一个人应该为所有人的利益着想，他说什么请立刻通知我们。"

我的朋友马上赶过来告诉我，当然他说得非常委婉。我想他可能认为我已计划要摧毁市场，要求我放弃做空就等于是要求我放弃赚1000万美元的机会。他也知道我对华尔街的某些人深恶痛绝，因为他们和我一样清楚会发生什么，却还拼命给公众塞股票，这种行为简直就是持枪抢劫。

事实上，那些大人物是最大的受害人，而我在底部买入的许多股票其实就是那些有名的大人物名下的。但我那时并不知道，不过这也无关紧要，实际上我已经差不多将全部空头都平掉了，而且在我看来有机会便宜地买入股票，同时又帮助市场恢复行情也不错，如果没其他人打压股市的话。

因此，我对朋友说："回去告诉布莱克先生，我答应他们，事实上我早在他找你之前就完全意识到了情况的严重性。今天我不但不会再抛出股票，相反还会尽力买入。"我遵守了我的诺言，当天就买入了10万股，站在了多头一边。而在以后的九个月里，我也没有再抛任何股票。

这就是我为什么告诉朋友们我的梦想成真，当了一天股市之王的原因。

> 我的特别之处就是我没有特别的投资风格。更加准确地说,我在不断地改变自己的风格来适应不同的条件。我不是根据现有的规律出牌,而是在游戏规则中寻求改变。
> ★ 索罗斯

那一天的那一刻,股市是被握在想打压它的人手心里的。这并非是我的狂妄幻觉,当人们不断指责我攻击市场致其几乎崩溃的时候,当人们对我的操作手法越传越神的时候,你可以想象我会有怎样的感受。

就这样,我毫发无损地出来了,报纸上说,拉里·利文斯顿,那个年轻的投机小子赚了几百万了。天哪,我在那天收市之前大概赚了100多万美元。但我最大的收获并不在于钱,而是无形的方面:我做对了,我成功预测了未来,做了精密的筹算,我学会了为了赚大钱而应掌握的准则。我彻底摆脱了赌博游戏,最终在很大程度上学会了如何理智地交易,对于我来讲,这是生命中最有意义的一天。

第10章
别让希望和恐惧伤害你

如果我们学会反思自己犯的错误，这会比我们分析成功的原因更有益处。但所有的人都会自然而然地选择遗忘不够光鲜的历史。当你有过一次失败的经历后，你不会想被同一块石头绊倒第二次，所有在股市上犯的错误至少会在两方面带给你伤害：财产和自尊。但我想告诉你一些奇怪的事：交易商有时会在心里很清楚的情况下做傻事，犯了错以后他又会问自己为什么，痛定思痛之后，他可能会弄清楚自己是在何时、何地、用怎样的方式进行了愚蠢的交易，但他还是没有弄懂自己想要的答案——为什么？他最多骂自己一句然后就置之不理了。

当然了，如果一个人既有理智又有好运，他也许不会犯两次同样的错误，但难保不在其他的地方栽跟头。我们要面对的陷阱实在太多了，如果你停下来思考一下，你可能会发觉自己正在干着一份很没有前途的工作——做傻事。

我第一次损失上百万美元的交易是在1907年10月，那时我有一个令人羡慕的称谓——百万富翁。就我的交易来说，100万元只不过意味着多了点积

◢ 我在13年的时间里，曾经历了9次股市大跌，因此我常会回顾我是如何管理麦哲伦基金的。这种回顾，使我得以重新反思过去的投资经历，帮我弄清楚到底是什么原因导致我取得了少数几次成功和很多次失败。尽管我亲身经历，但有些结论连我本人也非常吃惊。

★ 彼得·林奇

蓄，金钱不会给生意人带来更多的舒适感。因为无论贫富，谁都有可能在交易中遭遇失败，这就如同噩梦一般缠绕在每个参与交易者的心头。而当我行事正确时，金钱不过是我的工具罢了。亏钱从来没对我产生过什么困扰，也许一觉醒来我就把它们抛到九霄云外去了。

但是犯错误而不立即承认，采取补救措施就不仅仅是财产上的损失了，那将对你的灵魂造成打击。还记得迪克逊·G.沃特（Dickson G.Watts）讲的一个小故事吗？一个人非常紧张，他朋友问他到底出什么事了。

"我睡不着觉。"那人说。

"为什么睡不着？"朋友问。

"我手上的棉花期货头寸太大了，一想起来我就睡不着，弄得我筋疲力尽，我该怎么办呢？"

"卖了吧，把头寸减小到你能睡个安稳觉为止。"他朋友如是回答。

通常来说，人能够很快适应环境，以致他会忘了前景。他感觉不到太大的变化，也就是说，他早就忘了自己不是百万富翁时的感觉了，他只记得当初的美梦现在成真了。每一个正常的人可以长久地记住自己享过的福却想不起自己曾经吃过的苦。我认为这是金钱带来了更多的欲望，人们渴望得到更多的钱。当一个人从股市上赚到钱以后，他很快就会忘掉节俭的习惯。但当他没钱时，想改掉乱花钱的习惯却需要很长一段时间。

1907年10月当我结束了空头开始做多之后，我买了一艘游艇，打算去南部海域享受一段悠闲的时光。我对钓鱼非常着迷，总计划着要去大钓一场。我总是盼着能去，也想随时出发，但这一天我一直没有等到，市场并不觉得我该去休假了。

我一直同时买卖股票和商品期货。当我还未成年时，就开始在对赌行做期货交易了。这么多年以来，我一直在研究期货市场，但对股市关注更多一些，事实上，我本人更倾向于做期货，这与期货更具正统性无关，尽管期货的确要正统一些。期货比股票更具冒险性，用虚构的理由来对抗期货市场的价格趋势，成功只会是短暂的。因为最终获胜的只会是事实。因而，就像做平常的生意一样，交易商总会在研究、观察中得到回报。他可以观察并权衡形势，他同别人知道的一样多，他用不着防备内幕集团。在棉花期货市场或是小麦、玉米市场，没有分配红利这回事，长期以来，期货价格并没有被

第10章 别让希望和恐惧伤害你

垄断，而是由供求法则决定的。所以做期货的人只需要了解供求情况、现况与前景就可以作出准确判断。他用不着像做股票那样要对许多事进行猜测，因而期货总是更吸引我。

当然，所有的投机市场都有相同之处。行情走势的分析技巧是相同的。对任何乐于思考的人来讲，其实是相当明确的。如果他多问自己几个问题，考虑一下条件，答案自己就出来了。但人们总是懒得问问题，更别说主动去找了，他们只想要现成的答案。在所有游戏中，唯一真正需要在行动前做好准备的恰恰是准备本身，有些人在用他一半的财产冒险时，用来准备的时间还没有买一辆平价汽车考虑的时间久。

分析行情，并没有想象的那么难。当然交易经验的积累比只存在于头脑中的理论更重要。分析行情并不在于得知运气好坏。行情走势可不会告诉你下星期四下午1点35分你肯定会赚多少。分析行情的目的在于探知，首先行情会是怎样，其次是在什么时候交易，也就是说，分析出何时是买入还是抛出，这对股票、棉花、小麦、玉米、燕麦同样奏效。

你观察着市场，当然是价格走势，只有一个目的：确定方向，也就是价格趋势。我们知道，价格会根据遇到的阻力上升或下跌。简单地解释一下，我们可以说价格，像其他所有的东西一样，沿最小阻力线运动。它们总会选择向阻力最小的方向发展，因而如果上升的阻力比下跌的阻力小，价格就上涨；反之亦然。

如果股市可以平稳地开市，无论未来的发展方向是牛市还是熊市都无须多虑。对一个头脑敏捷、见多识广的人来说，趋势是显而易见的。寄希望于

▲ 在沃顿商学院所学的课程本来应该能帮助你投资成功，但在我看来却只能导致你投资失败。我学习了统计学、高级微积分学和数量分析等课程，但是根据我在课堂上所学的数量分析理论，我在富达基金公司所亲眼看到的事情在现实世界里根本不会发生。

★ 彼得·林奇

用理论去指导事实的交易商是极其愚蠢的。正确的做法是依据市场是牛市还是熊市，进行相应的买入或者抛出的举措。在市场起行之初，操盘手就应该推测出其未来的方向。

打个比方说，如果市场的上下起伏与往日并无不同，波动范围没有超过上下十点，阻力点为130，支撑点为120。市场有可能在跌到支撑位附近时显示出疲软状态；而在上升阶段，上涨了8~10点后，可能看起来非常强势。单凭某种迹象就被吸引去交易是错误的，只有行情记录给出的成熟时机才是可靠的。实际上，人们看到股票价格低就去买，看到股票价格高就出手，经常会造成很大的经济损失。投机者不是投资者，他所追求的也不是稳定的回报，而是从价格的起落中快速获利。因而对他来说，最重要的是寻找在交易时阻力最小的位置，他先要等待市场明确自身的支撑和阻力位，好让这成为自己的交易指南。

阅读行情走势还是大有裨益的，它可以让你看出在130美元时抛出强过买入，因为市场随后开始调整。那些对行情分析粗略简单的人认为价格会一直涨到150美元，所以继续买入。但当价格回调时，他们还在继续观望，或者认赔又反手做空。价格降至120美元时，如果有较强的支撑，买入还是比抛出明智，等到价格上扬，空头又只能认赔。股价的起伏涨落让身处其中的人们备受折磨，他们却不能够吸取教训，这实在让人无法理解。

最终总会有一些因素使得上涨或下跌的力量强大起来，进而阻力的最高点也随着上升或上降。换言之，在股价首次达到130美元的位置买入要好于卖出，或者说在120美元的位置首次卖出要强过买入，价格会冲破波动区间继续发生变化，市场上总会有一些人在120美元时做空头，因为此时的市场显露出疲软的态势；也会有人在130美元时做多头，因为此时的市场看起来很强劲。当市场逆势而行时，他们只能认栽，但不管怎样，正是这些人让支撑位和阻力位变得更为明确。而那些老谋深算的交易商则在耐心地等待着趋势成立，他们会受益于对基本条件的分析，当然那些斩仓客对市场发展也起到了推波助澜的作用。

斩仓客的买卖指令有能力推动市价沿最小阻力点波动。虽然我所言并非是精准的定理或投机的公理，但我的经验正源于那些突发事件，或者说源于那些出人预料的事件，无论我对头寸的判定是否与我所认为的最小阻力线有关，突发事件总是会助我一臂之力。我曾经讲述过发生在萨拉托加的联合太平洋铁

第10章 别让希望和恐惧伤害你

路的交易,看到最小阻力线正在上升,我毫不犹豫地做了多头。我应该坚持自己的做法,而不该听信经纪人所谓的内幕消息,从而急于出手。对于董事们心知肚明的事情我却全然不知,但我可以判断出行情的走势正在上涨!果不其然,随即就是提高红利,股票也涨了30美元。价格如果涨到了164美元,看起来的确挺高,但我曾经说过,永远不要因为价格过高而不敢买进,也永远不要因为价格太低而不愿出手,追根溯源,价位高低与确立最小阻力线根本无关。

在实际操作中,收盘后所发布的重大消息与最小阻力线相一致的情况屡屡出现。但在消息未经公布的时候,趋势已经是定局了。在牛市中,空淡消息容易被人们忽略,而利好的消息总是被放大;在熊市中,情况则与此相反。战争即将爆发的时候,股市形势很不乐观,德国宣布了潜水艇政治。我做了50万股空头,这种做法与我所听到的各种消息无关,而是我一直沿最小阻力线交易的习惯使然。当然我也利用了境况,当天就将空头平仓了。

听起来易如反掌,只需观察行情走势,确定压力位,一旦认为最小阻力线出现了就立刻顺着它做交易。但在实际操作的过程中,却有很多事情需要加以注意,而且大部分都是对交易者不利的,也就是说,是在挑战人性的弱点。实际上人们在牛市中会忽略空淡的因素就是人性的一种表现,但人们并没有意识到这一点。如果有人只是因为一两个季节的天气比较恶劣,就认为小麦期货会暴涨,最后一定会大跌眼镜的,他们会发现自己不过是帮了空头的忙而已。

做期货交易的人一定要学会顺势改变自己的观念,思维要开放且灵活。无论认为谷物的价格会发生怎样的变化,都一定要重视行情记录传达的

▲ 在学校经常得到优秀成绩的人在股市中却很容易业绩不及格。那些买卖期货和期权及想预测未来走势、判断最佳买卖时机的人,就更亏得一塌糊涂。
★ 彼得·林奇

▲ 错过时机,胜于搞错对象。
★ 索罗斯

信息。我曾经就因为太过冲动，结果错失了良机。我对于形势的发展非常肯定，甚至没有等到最小阻力线成立，就自以为是地认为自己有能力帮它一把。

我认为棉花的价格会上扬，而当时棉花期货一直就在0.12美元左右波动，这个波动范围实际上非常小。我自知应该再耐心等一等，但我又天真地以为如果我稍稍给它加把劲儿，就可以助其突破阻力位了。

我买了5万包棉花，价格果然涨上去了。但毫无悬念的，我买进的动作一停止，价格的上涨也就随之结束，并且一路下跌，直到跌回我开始买入时的价格。我平仓之后，下跌也随之停止了。我觉得行情的确要启动了，我需要再次出手助其一臂之力，历史又一次上演了，开始我抬高了价位，但我一停下来，下跌的局面就开始了。我如此反复做了四五次，最后我终于放弃了，这次操作给我造成了20万美元的损失。在我彻底放弃的时候，它竟然开始上涨了，一路飙升到让我恨不得去死的地步，我对自己的操之过急悔恨不已！

这样的经历对许多交易商来说都不陌生，我从而总结出以下规则：在窄幅波动的市场上，如果价格的波动范围很小，想据此预测价格会上涨还是下跌是没有意义的，耐心观望才是明智之举。分析走势以确定上下阻力及支持位，坚定信念，除非价格向任何方突破界限，否则绝不轻易出手。

交易商的目的是要从市场上赚钱，至于走势与他的判断是否一致并无意义。永远别与行情争执，追问缘由或寻求解释也是徒劳的，"马后炮"带不来任何的利润。

前不久，我和一些朋友小聚，大家对小麦的价格走势各持己见，有人比较看涨，另一些人认为会下跌，最后他们询问我的看法。我已经对小麦市场研究了一段时间，我知道他们对统计数字和形势的分析都不感兴趣，所以我说："如果你们想在小麦市场上赚钱，我可以为你们指点一二。"

他们都点头称是，于是我说："如果你们真的想从中赚钱，只要留意观察就行了，一定要耐心等待！在其价格达到1.2美元的时候立即买进，一定稳赚不赔。"

"为什么不是现在出手呢？目前的价格是1.14美元啊。"一个朋友问。

"因为我现在还无法判断价格是不是真的会涨。"

"为什么定为1.2美元呢？那要比现在高啊。"

第10章 别让希望和恐惧伤害你

"你是想盲目下注大赚一笔呢，还是想理性的投资，赚得稳妥点，虽然后者的利润无疑会低于前者？"

大家一致赞同后者。所以我说："照我说的办，到了1.2美元就买。"

与我的判断完全一致，我已经观察好久了，近几个月来，价格一直就在1.1美元至1.2美元之间波动，从未出过什么意外的情况。终于，某天它的收盘价涨到了1.19美元。我知道，我行动的时候到了。第二天一开盘果然就是1.205的价格，于是我立即买进，接着又涨到1.21美元、1.22美元、1.23美元……一直涨到1.25美元，我自然紧握头寸。

现在我无法说清楚当时发生了什么，对于它在小范围内的波动情况我也无从解释。我也判断不出它究竟会突破1.2美元，还是会跌破1.1美元，甚至会更低，虽然我觉得上涨才是必然趋势，因为当时小麦的货源紧张。

实际上不难看出，欧洲一直在悄无声息地买入，而许多交易商在1.19美元左右做空头。由于欧洲的买进和其他的因素，许多小麦都被运走了，最终大行情毫无疑问地开始了。价格突破了1.2美元，正符合我的判断，这也恰恰是我所需要的。我知道由于上涨的趋势最终积蓄了足够的推动力，价格一碰到1.2美元就会冲破压力，换言之，只要能够突破1.2美元这个关键位置，小麦价格的最小阻力线就可以建立起来了。接下来就是另外一个故事了。

那一天是假期，所有的市场都停止了交易，还有一点我有必要先说一下，威尼裴格的小麦每蒲式耳①跳高5美分开盘，市场第二天的开盘价格也跳高了6美分，价格就是沿着最小阻力线上扬的。

以上种种充分证明交易体系的精髓就在于研究行情走势。我只不过推断出了价格最有可能出现的运动方式，我会通过多次实验来检测我的判断，一开始交易就观察价格对我交易指令的反映。

我愿意以较高的价格买入股票，但我坚持必须低价抛出，许多有经验的交易商都对此表示怀疑，我只是笑而不语。如果一个交易商坚持投机之道，赚钱其实很简单，也就是说，只需等待最小阻力线的确定，一定等到行情走势表明了上涨趋势时再买，行情走势一有下跌的兆头立即就抛出。他可以在上涨的过程中积累自己的头寸，先买入总量的20%，如果没有利润，就不要

---

① 蒲式耳（英文BUSHEL，缩写BU）是一个计量单位。蒲式耳是一种定量容器，1蒲式耳在英国等于36.268升（公制）。在美国，1蒲式耳相当于35.238升（公制）。——译者注

继续买进了，因为很明显之前的做法已经错了，至少暂时看来是无利可图的，而错误永远不可能带来利润。

我做棉花期货一直只赚不赔。我有一套行之有效的理论，交易中我以它为准则。如果我决定做4万到5万包，那么，我就会像提示你要做的那样去研究行情走势，据此来判断应该买进还是抛出。假如最小阻力线显示出上升趋势，我会尝试着先买入1万包，如果市场继续显示出上升，我会再买进1万包，依此类推，如果我能得到20点的利润，或者1包可以赚1美元，我会一次性再买进2万包，做到满仓，这就是我的交易手法。反之，如果我买了1万或2万包以后出现浮动亏损，那么就毫不犹豫地平仓，因为我判断有误，虽然错误可能只是暂时的，但我说过无论什么样的错误，都是无利可图的。

我一直坚持自己的交易原则，并且屡试不爽，从未出错，在建仓的过程中，总会先亏掉5万或6万美元去测试市场。看起来这种测试的代价确实不小，但事实并非如此，当真正的行情开始时，这点亏损很快就会赚回来，只有把握住正确的机会才能赚到钱。

我对自己的交易方法已经说得很清楚了，只在稳操胜券的时候才下大注，而犯错的时候只亏损一点探测性的赌注，这种做法相当英明。如果按我说的方法去交易，就可以始终持有有利润的头寸，回报也总是最为丰厚。

职业的交易商总是会从自己的经验中总结出各式各样的交易理论，这些理论以他们对投机的态度为基础。我曾经在棕榈海滩邂逅了一位老绅士，他的名字我已经忘记了。我知道他在内战期间回来，

> 我想先感受一下市场是什么样子。我想试试作为一个卖出者的感觉。如果卖出很轻松，如果我很容易就卖出这些债券，我就更愿意转而当一名买入者。但是如果这些债券很难脱手，我就无法肯定是不是该买进。
>
> ★ 索罗斯

第10章 别让希望和恐惧伤害你

在华尔街的时间也不短了,我听说他是个非常聪明的人,可谓身经百战,总是说世上不存在他未曾经历的东西,至少股市上没有。

老绅士问了我许多问题,当我描述了自己通常的操作情况后,他点头称赞:"是的,是的!你做得非常正确,你创造的这种交易方法和思维方式使你的理论体系相当成功。我忽然想起了帕特·赫尔尼(Pat Hearne),他对你们来说不陌生吧?他可是个出名的运动员,他在我们那儿开过户,是个聪明伶俐的小伙子,但是容易冲动,凭借股票赚了不少钱,因而总有人向他讨教。他对此从不理会,如果有人直截了当地向他求教,他会将自己喜欢的运动场上的箴言告诉对方:'你不赌就永远不知道结果。'他就在我们的营业厅进行交易,他会先买100股某种势头正猛的股票,如果股价上涨了1%,他就再买100股,再涨再买。他常说自己玩这种游戏目的不是为了让别人挣钱,因此他的止损单总是放在最后一笔买单以下1点处。价格如果继续上涨他就跟着再买,即使有1%的回调,他就平仓。他认为亏损1点以上简直愚蠢至极,无论亏损的是他原来的保证金还是他的浮动利润。"

"如你所知,职业赌家对长线毫无兴趣,只想尽快赚钱,当然如果长线做对了收益将非常好。帕特在股市上从不听信小道消息,也从不指望可以遇到突然暴涨的股票,他只要有利可图即可。华尔街上的外行人不计其数,只有帕特·赫尔尼把投机看成是和轮盘赌博一样的概率游戏,但他下注的方法却很绝妙。"

"帕特过世之后,一个过去常和帕特一起做交易的顾客,借鉴他的方法在兰卡万公司(Lackawanna)赚了10多万元,然后转去做其他股票。因为已经拥有了较为雄厚的资金,他觉得帕特的方法可以弃之不用了。因此当价位回调时,他不但没有停损,反而让损失不断扩大,最后亏得身无一物,还倒欠了我们几千美元。"

"他四处闲荡了两三年,尽管钱都赔光了,他还是那么狂热。只要他自制,我们仍旧欢迎他继续在公司交易。我记得他经常公开承认,没有按照帕特·赫尔尼的方式交易简直是自寻死路。终于,某日他十分激动地跑来找我,哀求我让他抛些股票。他曾经是个好客户,为人也不错,所以我愿意以个人名义给他作保100股。"

"他抛了100股雷克·索尔(Lake Shore),那时正是1875年,比尔·特瑞威尔斯（Bill Travers）正在打压股市，我的朋友罗伯特在最佳点位开始抛出，股价一路下跌，他也在一直抛出，继续按照帕特·赫尔尼的系统指示行事，效果非常之好。后来他又放弃了帕特的方法，改为让希望做主导。"

"罗伯特以金字塔式加码，成功地连续抛了4天，获利达1.5万美元。我善意地提醒他还没有放止损单。他说暴跌还在后面，不想被一点反弹就挤出去。这时正是8月份，到了9月中旬，他的第4个孩子需要一辆童车，他竟然向我借10美元。他没有坚持按照自己已经证实的系统行事，大多数人都存在这样的问题。"老先生无奈地摇了摇头。

老先生是对的，我有时觉得投机真是门神奇的职业，因为多数投机商都趋于违背自己的本性。所有的人都有一种致命的弱点，而投机的成功与否就取决于能否战胜这种弱点，然而这种弱点让他可以深受同行的欢迎。

投机商真正的敌人往往是自己内心的想法，它与人性的希望和恐惧融为一体。在交易中，当市场对你不利时，你总是希望这一天早日结束，但你失去的总是比你预想的要多；当市场一旦按你的方向走，你就会心生恐惧，担心第二天你的利润就没有了，于是迅速终结交易。恐惧使你没有勇气赚得即将到手的钱，一个成功的交易商必须要战胜这两种根深蒂固的本能，打消本能的冲动。别人认为充满希望的时候警惕谨慎，而别人徘徊犹豫的时候大胆出手。他必须时刻警惕他的亏损会让自己无力承受，也必须希望他的利润能迅猛增长。平常人对股票所持有的赌博观念是十分错误的。

我从14岁就开始做交易，这就是我所做的一切，我很清楚自己在说些什么。30年的交易生涯中，我既做过只赚几美元的交易，也做过可以赚取几百万美元的交易，我从中总结出以下结论：有人也许可以在某个时候击败一只股票，但任何人都不要妄想击败整个股市！一个人可能从棉花、谷物的买卖中赚到钱，但谁也无法击败棉花期货市场或谷物期货市场。就像跑马比赛一样，一个人可以赢一场比赛，但他无法赢得跑马比赛本身。

如果我知道如何使这些结论更有力，取得的效果更显著，我一定乐于行事。即使有人反对也无所谓，因为我知道我所说的这些结论都是正确的。

第11章
交易者无法离开市场

现在我要回到1907年10月了，那时我买了一艘游艇，做好了所有的准备，想要离开纽约去南部海域游一圈。我实在是太喜欢钓鱼了，这次有了游艇，我想去哪儿就可以去哪儿，随时随地就可以出发，所有的工作都准备好了。我已在股票上大赚了一笔，可到了最后关头，玉米市场把我拉了回来。

我必须解释一下，在那次我赚到第一个100万美元的金融恐慌之前，我已经在芝加哥做谷物期货。我做了1 000万蒲式耳小麦和1 000万蒲式耳玉米的空头。我对谷物市场研究了很长时间，正如股票头寸一样，我在玉米、小麦上也做空了。

两种谷物都开始下跌了，而当小麦一直暴跌时，一位芝加哥最大的作手，我叫他斯特雷顿（Stratton），突然想垄断整个玉米交易，当我将股票全部清盘，准备乘着游艇去南部时，我发现在小麦交易上我有很大的浮动利润，但因为斯特雷顿抬高了玉米的价格，我承受着巨大的浮动亏损。

我知道玉米的储量很大。供求原则和往常一样奏效。但斯特雷顿是买方市场，因为交通问题玉米运不过来，供给缺乏，因而导致卖方市场根本没出现。我曾祈祷神的帮助，使农民可以将玉米送进市场，可惜却没有这么好的运气。

就这样，我正等着踏上欢乐的钓鱼旅程，玉米交易上的损失却牵制了我。市场处于这种情况下，我是不能走的。当然，斯特雷顿知道我是大空头。他知道我在他手心里，我也知道这一点。正如我所说，我寄希望于天气可以帮我。但当我发现天气也好，其他人也好，都帮不了我后，我开始研究如何通过自己的努力渡过难关。

尽管利润很高,我还是平了小麦的仓。但玉米问题却无限困难,如果我能以当时的价位将我的1 000万蒲式耳玉米平仓,我会高兴地立即行动,虽然这样损失会很大。当然了,只要我一开始买入玉米,斯特雷顿就会像个榨汁机一样用尽全力榨干我。我不愿自己拿刀划开自己的喉咙。

玉米行情虽然很强,但我钓鱼的欲望更强,所以我必须要马上想个办法。我必须进行策略性的反击,我得买回我做空头的那1 000万蒲式耳玉米,并且尽可能将我的损失降到最低。

很凑巧的是那时斯特雷顿还做了大量的燕麦,并且将市场严密地垄断。我一直在关注谷物新闻和小道消息,紧跟所有谷物市场的轨迹。我听说势力很大的阿墨尔对斯特雷顿不甚友好,我当然清楚斯特雷顿不准备让我得到玉米,除非我按他的价格买入。但我一听到有关阿墨尔阵营(Armour Interests)与斯特雷顿作对的传闻,立刻想到我可以去找他寻求帮助。他们只有一个办法能帮我,那就是卖给我斯特雷顿不肯卖的玉米,剩下的就好办了。

首先,我发出订单,每下降0.125美分,就买入50万蒲式耳玉米。当这些订单生效后,我又给4个经纪商每人发出一张卖单,让他们同时向市场上各抛出5万蒲式耳燕麦。我了解这些交易商的想法,他们一定会马上认为阿墨尔的矛头已对准了斯特雷顿。而当他们发现有人在打压燕麦的价格,马上就会意识到下一个打压的对象就是玉米了,所以他们就会抛出玉米。一旦玉米的垄断被粉碎了,我的赚头可就大了。

我对芝加哥交易商玩的心理战术的判断非常正确,当他们发现燕麦出了问题,他们就会尽可能地抛出玉米,10分钟内我就买入了600万蒲式耳的玉米。当我发现他们停止抛出玉米时,又在市场上买入了400万蒲式耳。当然这就使得价格再次上涨。而我这次行动的真正结果在于我以极好的价位将整个1 000万蒲式耳头寸平仓。而我用以引发交易商们抛玉米而抛出的20万蒲式耳燕麦,只给我带来了3 000美元的损失。这个诱饵真是便宜极了。而我在小麦上赚的钱又弥补了大部分玉米上的亏损,这样我在谷物上的交易仅仅损失了2.5万美元。随后玉米每蒲式耳涨了0.25美元。这下斯特雷顿就转而在我的手心了。假如不计价位买入1 000万蒲式耳玉米,我的代价可就难说了。

一个人从事一种职业很多年后不会再像一个初入行者一样,没有一点专

第11章 交易者无法离开市场

业的思考问题的方式，专业人士与业余人士的差别就在这里。正是看待事物的方法不同而使人们在市场上有的赚钱，有的亏损。普通大众往往对自身的努力持有一种很外行的看法。往往会自以为是因而不能深入彻底地思考。而专业人士看重的不只是赚钱，而是力求行事正确，因为他们明白只要做好每一件事，自然就会产生利润。一个投资交易者应当像一个职业大玩家那样行事，也就是说，他应该高瞻远瞩而不是鼠目寸光，只看重眼前利益。

我记得我曾听说过一个故事，是关于阿迪森·卡马克（Addison Cammack）的，这是个很好的例证。根据我所听到的，我认为卡马克是华尔街最出色的股票交易商之一，他并不像许多人以为的那样总爱做空头，尽管他确实喜欢进行空头交易。老人们都说他最大的利润都是在牛市中取得的，所以很明显，他做交易不存在偏见，只会注意环境，他是个出类拔萃的交易者。有一次牛市临近结束的时候，卡马克已经看空了，一个名为J.阿瑟·乔瑟夫（J.Arthur Joseph）的金融记者——一个爱传话的人知道了，但是当时市场不但很强劲，而且还在不停地上涨，这完全是因为多头阵营的刺激和报纸的乐观报道造成的。乔瑟夫明白，像卡马克这样的人，看空的消息具有极大的利用价值。所以有一天他带着一些消息走进了卡马克的办公室。

"卡马克先生，我有一个好朋友曾经是圣·保罗营业厅的过户部职员，他刚告诉了我一些事情，我认为你应该知道。"

"是什么事情？"卡马克有气无力地问。

"你已经转向了，对不对？你现在做空吗？"乔瑟夫想要确定这一点，如果卡马克没有兴趣，他

> ◢ 对于业余投资者来说，非常重要的一点是要用一种适当怀疑的眼光来审视专业投资人，至少这样做可以让你弄清楚在投资中你所面对的是一些什么样的人。由于主要上市公司70%的股票都掌握在机构投资者手中，因此不论你是买入还是卖出股票的时候，你所面对的投资竞争对手是专业投资者的可能性越来越大。
>
> ★ 彼得·林奇

就不用浪费宝贵的情报了。

"对啊,你到底有什么好消息?"

"我今天去了圣·保罗营业厅,每星期我都要去那采集新闻两三次,我那个朋友跟我说,老家伙在抛股票,他指的是威廉·洛克菲勒。'这是真的吗,吉米?'我问。他回答说:'是的,每隔0.375美元,他就会抛出1 500股股票。这两天他一直都在过户股票!'我听后可是一点时间也没耽误,立刻跑来告诉你。"

卡马克可不是容易激动的人,并且,对于各种各样的人冲进办公室给他带来千奇百怪的新闻、闲言闲语、谣传、小道消息、谎话,他都已经习以为常了,他也变得根本就不相信他们。他只是说:"你确定你没有听错吗,乔瑟夫先生?"

"我确定!当然确定!你以为我是聋子吗?"乔瑟夫说。

"你敢保证你的朋友也没听错吗?"

"没错!"乔瑟夫说道,"我们认识很多年了,他从不对我说谎,他不会这么做的!毫无疑问!我知道他绝对可靠,他跟我说的话我可以以性命作担保,这个世界上他是我最了解的人,可比你认识我这么多年对我的了解深多了。"

"你确定相信他?"卡马克又打量了一下乔瑟夫,然后他说,"好了,你应该知道的。"他叫来了自己的经纪人,W.B.威勒尔(W.B.Wheeler),乔瑟夫猜测他会下令抛出至少5万股圣·保罗的股票。威廉·洛克菲勒现在正在抛出在圣·保罗所持的股票,他想利用市场的力量。到底那是投资股还是投机股无关紧要,重要的一个事实是洛克菲勒想退出圣·保罗公司,一个普通的人得知这样一个具有可靠来源的消息会有什么反应呢?不用问了。

但是卡马克,那个年代最好的空头操作者,那时恰好在看空,对他的经纪人说:"比利,你去股票交易所,每涨0.375美元就买入15 000股圣·保罗股票。"当时股票价格是每股90多美元。

"你是说抛出吧?"乔瑟夫插了一句,他并不是初次来到华尔街,但他还是以新闻工作者,也就是普通大众的角度看待市场。由于内幕人士抛出股票,股票价格当然应该会下跌,没有比威廉·洛克菲勒更厉害的卖家了。标准石油也在卖出,但卡马克却买入!这怎么可能呢?

"不是,"卡马克说,"我的意思是买入。"

"你不信任我?"

第11章 交易者无法离开市场

"不,我相信。"

"你不相信我提供的信息?"

"我信。"

"你现在正看跌吧?"

"是。"

"那你在做什么?"

"这就是我要买入的原因,现在听我说:你去和你那个可靠的朋友保持联系,只要洛克菲勒一停止卖出就立刻通知我,快去!明白吗?"

"是的。"乔瑟夫说完就离开了卡马克的办公室。他不确定自己是否已经明白了卡马克买入的目的,卡马克正看跌的事实使他的行为难以解释。但是,乔瑟夫还是去见了他那个做股票过户的朋友,让他当老家伙一抛完就给他通知,乔瑟夫也一天给他那位朋友打两次电话询问情况。

有一天他的朋友告诉他:"老家伙那里没有再传来任何卖出的单子。"乔瑟夫对他表示感谢之后,就带着这条信息冲进了卡马克的办公室。

卡马克认真地听着,并转向威勒尔,问道:"咱们现在持有多少圣·保罗股票?"威勒尔查看了一下,报告说他们积聚了大约6万股。

卡马克在开始买入圣·保罗时,就已经抛出了很多种其他股票,所以他现在是整个市场上的大空头。他立即让威勒尔抛出他们买入的6万股圣·保罗股票,他用圣·保罗股票作为打压整个市场的筹码。这十分有利于他的操作。

圣·保罗一直跌到了44美元才停下来,卡马克因此赚了很大一笔钱。他以卓越

棕榈海滩(Palm Beach)。美国佛罗里达州东部的棕榈海滩是顶级富人区的代名词,这里居住的不仅仅是美国本土的超级富豪,全世界的富商巨贾都把这里当作自家的后花园。100多年前,美国铁路大亨亨利·弗拉格勒(Henry Flagler)将铁路修至棕榈海滩,棕榈海滩凭借其温暖宜人的气候和沁人心脾的海景吸引了越来越多的游客来此度假。

111

的技艺出牌，获得了相当丰厚的利润。我认为他成功的关键在于对交易的习惯性看法。出于本能，他就可以看出比单独在一只股票上获利更为重要的东西。他明白自己非常幸运地得到了一个展开全面空头操作的机会。圣·保罗的内部消息让他买入而不是抛出，其原因是他立刻看出这会给他一个积累筹码的最佳机会。

又回头来讲我的故事。我平仓小麦、玉米头寸，乘游艇去了南部。我在佛罗里达水域游玩，过得非常开心。钓鱼也很顺利，一切都那么美好，我不想追寻什么，也不用考虑世界上的任何事情。

有一天我去了棕榈海滩的岸上，碰到了很多华尔街的朋友，他们都在谈论一个十分特别的棉花交易投机商。来自纽约的消息说珀西·托马斯（Percy Thomas）亏得身无分文。这是棉花市场上的滑铁卢。

我总是很钦佩他。在谢尔顿和托马斯（Sheldon & Thomas）公司投机失败的报道上，我第一次知道他的名字。那时，托马斯试图垄断整个棉花市场，谢尔顿不如他的合伙人那么有远见和勇气，在接近成功的时候胆怯了。至少，那时整个华尔街都有类似的言论。总之，他们没赚到大钱，反而遭遇了多年以来最大的失败。我不记得他们到底损失了几百万美元。公司破产了，托马斯与谢尔顿也分开了。托马斯全身心地投入棉花交易中，没过多久就取得了成功。他连本带利还清了所有债务，其中有些欠债并不是法律规定必须偿还的，他还给自己剩下了100万美元。他在棉花市场东山再起。托马斯的勇气和头脑令我对他十分钦佩。

棕榈海滩的所有人都在谈论托马斯在3月棉花期货上遭遇的失败。你知道他们是如何越传越神的。我就曾经领教过一个关于我自己的谣言是如何扩大的，以致在一天之内，当它传回到制造者的身边时，他也分辨不出来了，它已被添加了崭新、生动的细节。

帕西·托马斯最近的噩运让我改变了主意，我不再继续钓鱼，而是回到了棉花市场。我搞来了一堆交易记录文件，想弄明白情况。回到纽约之后，我投身于市场研究，所有的人都在做空，都在抛7月棉花合约。你知道人们是怎么样的，我认为这是一种传染病。一个人会因为其周围每个人都在做某件事而跟着做那件事，也许这就是群体意识的代名词。无论情况怎样，很多人都认为卖空7月棉花合约是明智且安全的！交易商们只看到了市场的一面和巨

第11章 交易者无法离开市场

额的潜在利润，他们当然希望价格崩溃。

当然我也看到了这一切，这使我明白做空头的人没有太多的时间进行平仓操作。我越深入地研究形势，就越清楚地看到这一点，最后我决定买入7月棉花。我全力投入工作，很快就买入了10万包。这并不是困难的事情，因为卖的人非常多。

那是在5月下旬，我一直在买入，他们一直在抛出，直到所有的抛出合约都被我买入，一共是12万包棉花。我停止买入之后过了两天，价格就开始上涨了，市场发展得很好，一天之内上涨了40~50点。

大概是我开始行动10天之后的一个星期六，棉花价格开始慢慢上涨。我不知道是不是还有更多7月合约想卖出，这得靠我自己来查明，所以我一直等到最后的10分钟，那时，我知道这些人一般都在这个时间卖空，而假如当天在高位收盘，那么他们就一定被套牢了。因而我给4家经纪公司同时发出4张买入指令，每一家都按照市价买入5 000包，这样做把行情推高了30点，那些空头惊慌失措，想尽办法力求挣扎脱困。当天市场收在最高位。记住我所做的一切，就是再买入最后20 000包棉花。

第二天是星期天，到了星期一的时候，利物浦市场的开市价应当上升20点，才能和纽约的上涨持平。然而它高开了50点，这就意味着利物浦的涨幅超出我们100个百分点。市场的上扬与我毫无关系。这种情况说明我的推论是有道理的，而且我正沿着最小阻力线进行交易。同时，我并没有失去冷静的头脑，我手上有大量的多头仓位需要处置出手。不管市场是暴涨，还是慢慢上升，市场容量终究有个极限。

利物浦传来的消息使我们的市场狂飙。但是，我却注意到市场上升得越高，7月份棉花似乎成交得越少。我没有卖出一包手上存的棉花。总之，这个星期一对于做空头的投机商来讲，可以说是悲伤的一天。然而，我看不出任何卖空的人有什么惊慌失措的迹象，我手中掌握14万包棉花，需要为此寻找出路。

星期二早晨去上班的时候，我在大楼门口遇到一个朋友。他笑着说："今天早晨的《世界报》上刊登了一个惊人的消息。"

"是什么消息？"我问道。

"什么消息？那就是说你还没看过报纸？咳，说的是你呢！说你垄断了7月份的棉花市场。"

113

"我还没看报呢。"我回复了他一句就走了。我不知道他相不相信我说的话。可能他还在想,不跟他讲实话实在太不够意思了。

到了办公室,我要了一份《世界报》。没错,就在报纸的头版上用大字标题写道:

7月份棉花期货市场被拉里·利文斯顿垄断。

我立即意识到这篇文章会扰乱整个市场。即使我认真地研究如何以最周全的方法和手段抛出我那14万包棉花,也不可能找到比这更好的机会了。根本就不可能找到这样的机会。这个时候,全美国正从《世界报》上或其他转载这篇文章的报纸上谈论这则消息。而且,这则消息早已传到了欧洲,它对利物浦的价格影响是不言自明的,市场简直失去控制了,有了这则消息,形势变成这样,也不足为奇。

当然,我也清楚纽约市场会如何变化,以及我应采取怎样的措施。这里的市场10点钟开盘,到10点10分的时候我手上就不再拥有1包棉花了。我让别人拥有了我那14万包棉花。我的大部分头寸都以当天的最高价成交。交易商们为我造就了市场。事实上我所做的就是寻找到一个绝好的机会,抛出我持有的棉花。我牢牢抓住了这个机会,不能让它跑掉,不这样做,我还有别的办法可想吗?

我明白,之前费尽心机想要解决的难题就因为这样一个偶然的机会解决了。如果《世界报》不刊登这篇文章,一抛出头寸我就会损失大部分浮动利润。在卖出14万包7月棉花的同时而不压低市价,这是我能力范围之外的事情。不论如何,《世界报》上的这则消息还是恰到好处地帮了我一个忙。

我搞不明白《世界报》为什么会登出这条消息。我也想弄清楚。我猜测发这条消息的记者是从棉花市场上的几个朋友那里得到的这个消息,他认为自己抢到了一条独家新闻。我和这个记者并未见过面,也没有见过《世界报》的任何其他职员。我是那天早晨9点多钟才知道报上刊登这条消息的。而且,如果没有那位朋友提醒,我那时还蒙在鼓里呢。

要是没有这条消息,就不会有足够大的市场来抛出我的头寸。交易量太大是最令人头痛的一件事情。当你离场的时候不可能悄悄地退出,不像小额交易那样稳当。当你希望平仓的时候,或者当你认为应该平仓的时候,并不总能如愿以偿。错过了退出的良机就会损失许多钱。绝对不能犹豫不决,

第11章 交易者无法离开市场

如果不能当机立断,那就一定会输。你还不能耍花招,例如跟空头竞争报价拉高价格,因为这样可能会削弱市场的吸纳能力。我还要再强调一遍,把握机会并不是说起来那么简单。你一定要时刻保持高度的敏捷,只要机会一出现就要立即把它抓住。

当然,并不是所有人都知道我走了红运。在华尔街——在其他地方也同样——任何人突然发了大财,都会让人生疑。但偶然导致亏损的这种情况,人们也绝不会认为是出于偶然,而是被视为自私贪婪和自高自大的必然结果。但是一旦有利可图,人们就会把这种偶然看作非分之物,就会认为世道怎么这么无耻,如此杂乱无章。

那些因自己粗心大意导致失利而痛苦不堪的空头们指责我蓄谋作乱,除此之外,其他人也有同感。一两天之后,世界棉花市场的一个大交易商遇到了我,他说:"利文斯顿,这是你做的最精明的一笔交易。我当时还在猜测当你抛出头寸时你会损失多少。你知道当时的市场并不够大,市场容量是不能容纳多于6万包的。你卖出了多于这个数目的头寸而又没有损失自己的浮动利润,我一直站在你的角度思考怎样出手这些棉花而不损失一分一毫,想不到你竟有这么一手,真是不错。"

"这可与我没有一点关系。"我诚恳地说。可他只是重复说:"老兄,你可真聪明,太绝了!不要太谦虚!"

就在这笔交易做成之后,一些报纸把我封为"棉花之王",但是,在我眼里,我真的不配戴这顶桂冠。不必说你也清楚,在美国,人们不可能拥有足够的资金把纽约的《世界报》栏目买下,也没有哪个人拥有如此大的力量能使报纸刊登一则这样

> ◢ 在投资过程当中,要时刻对市场保持高度的警觉,因为一旦放松了警惕,便有可能错失一次大好的赢利机会。
> ★ 索罗斯

的消息。可在当时《世界报》的确给了我一个非分之名。但是，我讲这个故事的目的，并不是为那些不配冠以这种荣誉的交易商寻找借口，也不是为了强调抓住机会的重要性。我讲这故事的目的只是要说明那些报纸促成了7月份我在棉花市场上的那笔交易，要是没有这些报纸的消息，我也绝不可能有机会和大名鼎鼎的珀西·托马斯会面。

第12章
独立思考，不被别人左右

就在我喜出望外地成功完成了7月份的棉花交易之后不久，我就收到一封要求和我会面的信件。来信的人是珀西·托马斯。我当然立即回复说很乐意见到他，欢迎他来我的办公室，时间由他决定。第二天他就来了。

我对他的仰慕之情由来已久了，无论何处，只要与种植和买卖棉花有关的场合，他的名字都是家喻户晓。在欧洲和美国各地，人们都在和我交谈时引用过他的观点。记得在瑞士的一处度假胜地，我和一个开罗的银行家聊天，他和欧内斯特·卡塞尔公爵（Sir Ernest Cassel）合伙在埃及种植棉花。当他听说我来自纽约的时候，立刻向我打听珀西·托马斯的近况。他订阅了托马斯的市场分析报告，而且是一期都没落下过。

我一直觉得，托马斯有着科学的经营之道。他才是一位真正的投机家，是个高瞻远瞩、斗志昂扬的思想家，更是一个见多识广、消息灵通的人，在棉花交易中既有深厚的理论基础，又精于实践。他乐于倾听和表达自己的观念、理论和任何抽象的东西，同时他对棉花的交易实务和棉花商人的心理活动了如指掌，因为他做交易已经很多年了，他赚过也赔过很多钱。

在他原来的那家名叫谢尔顿和托马斯的公司倒闭之后，他就开始着手自己单干。在两年的时间内他奇迹般地卷土重来。我记得《太阳报》曾报道过他的情况。他东山再起后的第一件事就是还清了所有债务；第二件事就是雇用了一个专家来为他研究如何投资100万美元。这位专家在对市场形势和几家公司的财务报告进行了分析之后，建议他买入特拉华-赫德森（Delaware &

Hudson）铁路公司的股票。

在损失数百万美元，又在棉花市场赚回更多的钱之后，托马斯在三月份的棉花交易中输得精光，他一见到我就直入主题。他建议我们联手操作。无论他得到什么信息他都先告诉我，之后再向公众发布。我的任务就是负责实际操作，他说我在这方面有过人的天赋，而他却没有。

纵然他列出万般理由，依然对我没有什么吸引力。我坦率地告诉他，我是不会和别人合作的，也不愿意尝试这么做。但他坚持认为我们两个将是最佳组合，直到我直接表明："我不想跟任何人合作。"

我对他说："如果亏损了，我自己承担着，而且立刻偿还，既没有拖欠很久的债务，也不存在莫名的烦恼。我自由自在地单干，因为这是最明智和成本最低的交易方式。在和别的交易商进行智力较量的过程中，我感到其乐无穷。这些商人我多半从未见过，也没有交谈过，未曾给过他们如何买卖的建议，也不希望和他们见面、相识。我赚钱的时候，就以此作为观点，我不出卖我的观点，也不会利用自己的观点来赚取金钱。如果我通过其他方式来赚钱，我会认为自己并没有真正赚到钱，你的建议不能引起我的兴趣，因为我只对为了我自己和用自己的方式进行的操作感兴趣。"

他对我的这种观念表示遗憾，并试图说服我不接受他的计划是大错特错。但是，我依然坚持己见。接下来的谈话倒是很开心。我告诉他我知道他会"卷土重来"，并且表示我愿意在资金上给他帮助。可是他拒绝从我这里接受任何款项。然而，他向我问起7月份那笔交易，我毫不保留地都告诉了他：如何开始交易，一共买了多少棉花，价格怎

▲ 我们的投资有一个前提，就是拥有自己的投资理念和策略。
★ 索罗斯

第12章 独立思考,不被别人左右

样,以及其他一些细节。我们又闲聊了一会儿之后,他就告辞了。

在若干章之前,我就对你说过,一个交易商有许多来自于自身的致命弱点,我对自己曾经犯过的错误十分清楚。我已经意识到,一个人可能拥有别具一格的思想和独立思考习惯,然而却很容易被一位具有非凡说服力的人征服。我这人容易抵御常见的因冒险带来的烦恼。但是,我仍然是一个普通人,我发觉自己也非常容易犯错误。

在这个时期内,我本应该保持高度警惕性,因为就在不久之前,我曾经经历的遭遇,证明了一个人是多么容易受到花言巧语的蒙蔽,而做一些背离自己判断,甚至违背自己意愿的事情来。这件事发生在哈丁兄弟的营业厅。那里有我的一个私人办公室——我可以独自享用一个房间。在交易时间内,未经我允许,没有人可以打搅我。我不希望受到别人的干扰,因为我的交易金额十分巨大,利润相当可观,所以他们特别关照我。

有一天,市场刚刚收盘,我就听见有人向我打招呼:"下午好,利文斯顿先生。"

我转过身去,看到一个素不相识的人,他年纪在30~35岁之间,我不清楚他是如何进来的,但他现在就站在我面前。我断定他要谈些事情。但我却一言不发,只是盯着他看。很快他开口说:"我来找您是想谈谈沃尔特·斯科特(Walter Scott)的作品。"他便开说起来。

他是个图书代理商。可他的举止和谈吐真是不敢恭维,没有一点技巧可言,他的外表也说不上有什么吸引力。但是,他确实很有个性。他在那里滔滔不绝,我却听得心不在焉。他说什么,我其实一句都没听进去,也不明白他要表达什么意思。他口若悬河地说完之后,先是递给我一支钢笔,然后又递给我一张空白的表格,我就在表格上签了名。这是一张花500美元购买一套斯科特著作的合同书。

我签好字的那一刻才猛然醒悟过来,可他已经把合同收回,放到衣袋里了。我根本不需要这些书,也没地方堆放。这些书对我来说没有任何用处,也没什么人可以赠送。然而我竟然同意了花500美元买下这套书。

亏钱对我来说早已习以为常,其实就是在操作上出了问题,这就是我犯错的原因。我需要反思自己的做法,以及是什么原因导致我那样做。首先,我要了解自己的思维习惯和思维定式,其次,我不该重复犯同一个错误。一个人只有从错误中吸取教训，并在以后得益于此的时候，才可以原谅自己的错误。

唉，现在一下子亏了500美元，但似乎还有拿回来的机会，我只好先打量着他，把他稳住。他也注视着我，脸上带着一丝会心的微笑。他仿佛看穿了我的心思，我意识到用不着再对他解释什么了，我没说一句话，他也知道我想表达什么。因此我决定不去解释，并且撇开刚才发生的事情，直接问道："这500美元订单，你能从中获得多少佣金？"

他立刻摇头回答说："很抱歉，我不能那么做！"

"你能得到多少？"我坚持问。

"三分之一，但我不能那么做！"他回答说。

"500美元的三分之一是166美元66美分，如果你肯把刚才我签了字的合同还给我，我给你200美元现金。"为了表明我的诚意，我从上衣口袋里掏出200美元。

"我说过不能这么做。"他说。

"你接触的所有顾客都给你开这个价吗？"我问。

"不是。"他回答。

"那么，你怎么知道我就会遵守合约呢？"

"做你们这行的都是这种风格。你是第一流的输家，因而也成为第一流的商人。我十分感激你，但我不能接受。"

"那请告诉我，你为什么不想赚到比佣金还多的钱呢？"

"这根本就是与佣金无关的问题，"他说，"我不全是为了佣金。"

"那你为了什么呢？"

"为了佣金也为了销售纪录。"他回答。

"什么纪录？"

"我自己的。"

"那你图什么呢？"

"金钱是你工作的唯一目的吗？"他问我。

"是的。"我说。

"不是吧，"他摇了摇头，"不，你工作不仅仅是为了金钱，否则你不会从中得到足够的乐趣。你工作的目的一定不只仅仅是为自己的银行存款账

第12章 独立思考，不被别人左右

户上增加数目。你到华尔街的原因不是因为这里的钱容易到手。你一定有获得乐趣的其他方式，其实我也一样。"

我没同他争辩，只是问道："那你怎么获得你的乐趣呢？"

"唉，其实我们都有弱点。"他坦白地说道。

"那你有什么弱点？"

"虚荣。"他回答。

"对了，你成功地说服了我在合同上签了名。"我对他说，"现在，我想取消这份合同，我打算为你10分钟的工作支付200美元，这还不够补偿你的自尊吗？"

"不，"他回答，"你知道，我们中的许多人在华尔街忙忙碌碌了几个月，到了最后却分文未得。他们认为问题出在书籍本身和销售区域上，因此公司派我来是为了证明这是因为推销方法不对，而不应该怪在书籍和销售地点上。他们的报酬是大约25%的佣金。我去过克利夫兰城，两周的时间内我推销了82套书。我到这里来不仅要向那些拒绝从代理商那里购书的人进行推销，还要向一些连其他代理商面都见不着的人进行推销。这就是他们愿意支付给我三分之一佣金的缘故。"

"我到现在也不明白你当时是怎么把那套书推销给我的。"

"噢，"他安慰我说，"我也向J.P.摩根推销了一套呢。"

"真的吗？不可能。"

他并不生气，只是说："绝对属实，我卖给了他一套。"

"把一套沃尔特·斯科特的作品推销给J.P.摩根，他可是个知名的收藏家，而且还可能拥有一些小说的手稿呢！"

"看，这就是他的亲笔签名。"他迅速拿出一张J.P.摩根本人签名的合同在我面前晃了一下。也许那根本不是摩根先生的笔迹，但我当时却深信不疑。他口袋里不同样也有我签名的合同吗？我只是觉得有点不对劲。因此问他："你怎么通过门卫这一关的？"

"我并没见到门卫的影子。我看到的就是老先生本人，他就在办公室里。"

"这太夸张了！"我说，谁都知道要想进入摩根先生的私人办公室比拿着包裹进入白宫还要难上百倍。

可他却说："我就做到了。"

"你是如何进他办公室的？"

"那我又如何进你的办公室呢？"他反问我。

"我不知道，你告诉我吧。"我说。

"噢，我是以进摩根办公室的方式进你办公室的，门口那个门卫的职责就是把我拒之于门外，但我和门卫交谈了一下就进来了。我让摩根签字的方式也和我让你签字的方式一样。你当时根本不会为那套书而签订合同。你只管拿过我给你的自来水笔，做了我要你做的事。摩根也是这样，就像你一样签了名。"

"那的确是摩根的签名吗？"大约3分钟后，我抱着怀疑态度问他。

"当然是了！他从小就学会了签自己的名字。"

"那就是真的了？"

"当然，"他回答，"我知道自己在做什么。这就是奥妙所在。我非常感谢你，再见，利文斯顿先生。"说着，他朝外走去。

"等等，"我说，"我一定要让你从我这里挣到200美金。"我递给他35美元。

他摇了摇头说道："不，我不能这么做。不过，我却可以这样做。"然后，他从口袋里掏出那份合同，撕成两半，把碎片递给我。

我数出200美元递给他，可他再次摇头拒绝了我。

"难道你的意思不是这样吗？"我问。

"不是。"

"那你为什么要撕掉合同书呢？"

"因为你没有对此大发雷霆，而是坦然接受这件事，如果我处在你的位置，遇到同样的情况，也会自己去承受这件事的。"

"可我是自愿支付你200美元的。"我说。

"我明白，但钱不是万能。"

他言语里流露出的某种东西感动了我："你说得对，钱不能代表一切。但现在我希望为你做些什么！"

"你太着急了！"他说，"你真的要为我做点事情吗？"

"是啊，"我告诉他，"我要为你做点事情。但是，到底能不能做，还

第12章　独立思考，不被别人左右

要看你的意思。"

"把我带到埃德·哈丁先生的办公室去吧，跟他说我要同他谈三分钟。然后，让我和他单独谈话。"

我无奈地摇了摇头："他可是我的好朋友啊！"。

"他已经五十岁了，也是个股票经纪人。"这位书籍代理商说。

他说的倒是事实，于是我只好把他带到埃德办公室去。这以后，我就再也没从这位书籍代理商那里听到什么信息，也没有他的情况。不过，在几个星期之后的一个傍晚，我进城时，却在第六大道的火车上与他不期而遇。他十分有礼貌地摘下帽子，我也点头回敬。他走过来问候我说："利文斯顿先生，你好吗？哈丁先生好吗？"

"他很好，你为什么这么问？"我觉得他似乎在隐瞒什么。

"那天你带我去见他，我也向他推销了那套价值2 000美元的图书。"

"他可从来没跟我说过。"我说。

"是的，他们这种人从来不谈这种事。"

"哪种人不谈这种事？"

"那种从不犯错误的人，因为犯错误总是不好的事。那种人总是知道自己需要什么，没人能动摇他们。就是他们让我赚到钱付孩子的教育费用，使太太心情愉悦，利文斯顿先生，你帮了我很大的忙。当你迫不及待地要给我200美元的时候，我就估计会有好运了。"

"不过，如果哈丁先生不买你的书怎么办？"

"我认为他会的，我早就清楚他的为人了，不会出问题的。"

"你说得对，但是，要是他真的一本书都不买呢？"我坚持自己的看法。

"那我就回来找你。再见，利文斯顿先生。我要去和市长见面了。"火车停靠公园站时，他站起身来。

"预祝你卖给他10套。"我说。

"市长阁下可是个官场的老手，我也是个共和党人。"他一边说，一边不慌不忙地向车外走，确信火车会等着他，火车也确实等了他。

如此详细地给你讲这个故事，是因为它关系到一个非同寻常的人物，这个人使得我在不愿意买进的时候驱使我买进了。他是第一个对我产生如此影响的人，绝对不会再有第二个人了。你不要以为这个世界上非同寻常的推销员只有一个，也不要奢望自己能完全摆脱人为因素的影响。

我委婉而坚定地拒绝了与珀西·托马斯联手进行交易之后，当他离开办公室时，我断定我们两个人今后绝不会再有合作，也再也不会和他见面了。但是就在第二天，他寄给我一封信，对我主动提出帮助表示感谢，并且邀请我过去与他见面。我回信表示答应，他再次给我写了一封信，于是我就登门拜访了。

我对他非常了解。听他说话总能给我带来很多乐趣，他见多识广，幽默风趣。我认为他是我遇到过的最有魅力的人。

珀西·托马斯博览群书，博闻强记，对很多事情都有着非凡的见解，因此我们天南海北地聊了起来。他机智的言语给人留下了深刻的印象，他的谈吐绝对不是油腔滑调的那一套。我曾听到许多人指责过他的不是，甚至说到他不够真诚。可我有时候猜想，要是他那非凡的谈吐不是来自于这一事实——他首先得说服自己，使自己心悦诚服以便获得巨大的力量去说服别人，那他如何能成就大事呢？

我们自然还是详细谈论了市场情况。我不想做多头买进棉花，但他却持相反意见，我看不出做多头的好处，他却不同意我的看法。他还列举了大量事实和数据，看起来应该听他的，可我还是继续坚持己见。对这些事实和数据的可靠性我不能否认，但是也不能动摇我对自己理解力的信任。可他还是坚持自己的看法，直到我因为从商报和其他报纸上得到的信息开始动摇为止。这表明我不能用自己的眼睛观察市场了。一个人不可能会心甘情愿地反对自己深信不疑的事情，但是他可能被花言巧语所迷惑而变得犹豫不决，如此一来可能会更糟糕，因为这就意味着他做起交易来没有信心了。

不能说我自己已经完全糊涂，但是，我不能够泰然处之。更准确地说，我当时已经没有独立思考的能力了。我无法详细说明是如何走入这样一种境地的，但这种心态确实让我付出了巨大的代价。我认为这是因为他对数字的准确性和他信心十足的样子，而不是市场的局势导致了我的结局。他喋喋不休地强调在南方他有许多可靠的情报信息。最终，我按照他的方式仔细观察了当前的形势，因为我们看的是同一本书的同一页，他把书举在我的眼前。

第12章　独立思考，不被别人左右

他的思路很有逻辑性，只要我接受了这些事实，毋庸置疑，我由此得到的结论就和他的如出一辙了。

在他最初同我谈起棉花市场形势之前，我不仅看跌，而且已做了空头。慢慢地，我接受了他所说的事实和数字，开始担心自己当初的看法一直是建立在错误信息上。当然，我自己不会那么想，也不会轧平原来的头寸。一旦托马斯使我认为自己错了，我就必须转而做多。我就是这么个想法。你知道，我这辈子除了买卖股票和期货，别的什么都没做过。我很自然地想到，如果做空头是错误的，自然做多头就是正确的。如果做多头是正确，那就必须赶快买进了，就像我的老朋友老帕特所说的那样："直到你下了赌注，你才知道输赢！"我必须证明我对市场的判断是正确的还是错误的，而这一切的证据只有在月底时从经纪人的账单上才能得到。

我开始着手买进棉花，很快就达到了我通常的持有水平，大约是6万包。这是我的交易生涯中最愚蠢的一次举动。没有根据自己的观察和判断，仅仅是在玩别人的游戏。如果我自己做决定，肯定不会有那样的结果。我不仅在自己无意看涨的情况下买进了，而且也没有按照多年的经验积累头寸。是我的交易方式不对，所以，我亏了。

市场行情并没有按我希望的方向变化。当对自己的处境了如指掌时，我不会害怕，也不会急躁。但是，如果托马斯是正确的，市场走势就不该那样。第一步走错了，之后步步都会走错，结果自然搞得乱七八糟。我任凭自己被言语所蒙蔽，不接受损失，不去斩仓。这样的交易方式同我的天性格格不入，根本就不符合我进行交易的原则和理论。即

> 两个人是伙伴，三个人是乌合之众。在20世纪70年代早期，数百万美元曾一窝蜂地盲目追逐那些被高估的股票，结果很快就亏损得血本无归。
>
> ★ 彼得·林奇

使我当年在对赌行里工作的时候，都比现在做得要好。可我现在似乎不是自己了，我变成了另外一个人——一个托马斯的化身。

我不但在棉花市场做多，而且还买进大量的小麦。小麦表现得很漂亮，给我带来了很大的浮动利润。我愚蠢地力图支持棉花市场，把头寸增加到大约15万包。说这些并不是为自己找一个掩饰失误的借口，只是陈述事实。可以这么说，就在这时候我觉得有些不对劲。记得后来我前往海滩度假休整了一下。

在那段时间里，我对一些事进行了一番思索。在我看来，那些投机交易的头寸已经过大了。一般来说，我不是一个胆小的人，可是这样的巨额头寸已经使我稍微有点紧张，于是我要减轻自己的负担，我决定减仓。为了达到这一目的，要么抛出棉花，要么抛出小麦。

简直令人难以置信，以我对交易技巧的了如指掌，以我12~14年的股票和期货交易经验，居然把事情搞得如此糟糕。棉花期货交易给我带来了亏损，我保留着，小麦期货交易给我带来利润，我却卖掉了。真是愚蠢透顶，不过让我感到些许安慰的是，这并非我的交易方式，而是托马斯的交易方式。在投机者的所有失误中，几乎没有比这种拉均价以求减小损失更糟糕的了。后来的棉花期货交易完全证明了这一点。一定要抛出已有损失的头寸，保留获利的头寸，这再明显不过了。可是，直到现在，我都不明白为什么自己会颠倒着做事情。

我就那样抛出了小麦，卖出赢利的头寸后，小麦价格每蒲式耳上升了20点，如果是我当初选择持有，将从中获利800万美金。于是，为了继续进行原计划，我竟然又买进了更多的棉花！

直到现在我还清楚地记得，每天是如何买进棉花的，并且买得越来越多。至于买进的目的，只是为了避免价格下跌！

我不断地投入越来越多的资金——结果最终损失的也越来越多。我的经纪人和好朋友们简直难以置信，直到今天他们还感到匪夷所思。当然，要是这笔交易不是那样进行，我就能创造奇迹了。

人们提醒过我很多次，不要过分依赖珀西·托马斯那些高明的分析。可我却从来没听进去过，只是不停地买进棉花以避免棉价下跌。当时，我甚至去利物浦购买棉花。当意识到自己的所作所为时，我已经累计买入了44万

第12章 独立思考，不被别人左右

包。可是一切都已经太迟了。因此，我全部出售。

我差不多赔掉了自己在股票和期货交易中所赚的钱。但还不至于到一文不名的境地，可是在遇见这个聪明透顶的朋友珀西·托马斯之前，我拥有的资产过百万，而如今却只剩几十万了。但这一经历教会了我要想取得成功应该怎样观察和判断，使我懂得了一个人会毫无缘由地做出蠢事来，然而我却花了几百万美元的代价才知道这一点。商人的另一个最危险的敌人就是，当一个高明的人对他滔滔不绝时，他会因为这个魅力十足的人的鼓动而被打动。然而，我一直觉得如果只花100万美元就能得到教训，又何必花费那么多呢？不过命运之神并不总是让你自己决定代价。她让你享受教育的乐趣，然后把账单交给你，因为她知道无论代价多大，你都必须支付。现在终于明白自己愚蠢到什么地步了，于是我果断地给自己招致的灾祸画上了句号。珀西·托马斯从此也在我的生活圈子中消失了。

手上超过90%的本金都化为乌有，正如吉姆·菲斯克经常说的，陷入了山穷水尽的境地。我做了还不到一年时间的百万富翁，那靠头脑和幸运相助赚到的百万资产，因为操作程序的过失而丧失殆尽。我卖掉了自己的两艘游艇，决定削减开支，以一种简朴的方式来生活。

然而，时运不济，祸不单行，我开始走背运。我突然就生病了，需要紧急支付20万美元的现金。要是几个月之前，这个数目根本不算什么。可是，现在却几乎是我损失掉的那些财富的全部余额。我必须拿出这笔钱不可，但问题是：到哪里去把它弄回来呢？我不想从保存在经纪商账户的保证金中支取，因为如果那样做，就没多少进行交易的本钱了，而且要想赚回我那几百万元，还得进行投资呢。我觉得只有一条路可走，那就是从股票市场上赚取。

好好想想吧，这真难啊！如果你对交易厅的普通顾客非常了解，就会支持我的下列看法：在华尔街，寄希望于股票市场为你支付账单就是众多输家亏本的根源之一。如果你坚持这样的观念，终究会损失所有的本金。

对了，有一年的冬天，在哈丁的办公室里，有几个趾高气扬的人在一件大衣上花了3万~4万美元——但他们中没一个人有福气穿上它。碰巧有个场内的交易商，穿着一件镶着海獭皮的外套来到交易所。这人十分出名，在那个时候，裘皮价格还不昂贵，那样一件大衣也就值1万美元。哈丁办公室一个名叫鲍勃·凯奥恩（Bob Keown）的伙计，也决定要买一件俄国黑貂皮镶边的大衣。

他到城里打听好了价格，差不多1万美元。

"这也太贵了啊，花那么多钱！"有一位同事反对。

"价格还可以，还算公道！"鲍勃·凯奥恩温和地说道，"一个星期就赚回来了——除非这里有人送给我以示你们的诚意——向公司里最优秀的人致敬。有谁愿意捐献吗？没有吗？很好。就让股票市场为我埋单好了！"

"为什么要买一件黑貂皮衣呢？"埃德·哈丁问道。

"因为会显得我特别有气质，"鲍勃一边说，一边在身上比画。

"你打算如何付款？"吉姆·墨菲（Jim Murphy）问道，他是办公室里最爱打听消息的人了。

"明智地做做短线，吉姆，我就想这么做。"鲍勃回答，他知道墨菲只不过是想打探点消息。

吉姆问道："你打算买哪只股票？"

"你又错了，朋友。现在还不是买进的时机。我打算卖出5 000股美国钢铁股票。它应该至少要下降10个点。我只要得到两点半的利润就可以了。有点保守，是不是？"

"你打听到美国钢铁什么了？"墨菲急切地问道。他是个瘦高个儿，满头黑发，一副面黄肌瘦的样子。因为担心错过市场上的重要信息，他从来都不出去吃午饭。

"那件是我曾经动心要买的大衣中最合适的一件。"鲍勃转向哈丁说，"埃德，按市价卖出5 000美元钢铁股票。亲爱的，就今天吧！"

鲍勃是个真正的投机客，而且喜欢不断地开玩笑逗乐。他的行事方式就是这样，一定要让世人都知道他是一个坚定沉着的人。他卖空了5 000股美国钢铁股票，股票价格立刻开始上涨。鲍勃看起来有点傻乎乎的，但说起话来倒聪明得多，在股票跌了1.5点的时候，他认赔退出，因而控制住损失，然后向办公室里的人透露说，纽约的天气太暖和了，不适合穿裘皮大衣。皮大衣既不益于健康，又太过招摇。这话引得同事们一阵嘲笑。但是，没过多久，办公室另一个人，为了这件裘皮大衣买入了联合太平洋公司的股票，结果亏损了18 000美元，然而他却说："黑貂皮大衣穿在女士身上还不错，但是，穿

第12章 独立思考,不被别人左右

在一个温文尔雅的男士身上就不太适合了。"

在这之后,这些人前仆后继都想从市场上赚点买那种大衣的钱。有一天,我说要去买这件皮大衣,以免公司亏损得破产。但是,所有人都说做这件事不公平,如果我要买大衣,那也应该让市场为我埋单。然而,埃德·哈丁先生十分支持我的主张,就在当天下午,我来到皮衣店去买大衣,结果却发现有一个来自芝加哥的人一周前就把它买走了。

这只是众多事例中的一个。在华尔街,成千上万的人都想从股市中捞到一辆汽车、一条手镯、一艘游艇或一幅名画的钱,但没有一个是不亏损的。股票市场非常抠门,它拒绝为我支付生日礼物的费用,否则我们可以用这些钱来建造一所大医院。实际上我觉得,在华尔街经历的所有倒霉的事情当中,想让股票市场充当仙女给自己送礼的美好幻想可以说是最不切实际,也是最普遍的想法了。

正如其他那些众所周知的倒霉事情,上述情况自有它存在的道理。当一个人一心想从市场赚到他急需的东西时,他该如何是好呢?他只能期盼变成赌博者,遭遇远比平常交易时大得多的风险。一开始,他追求的是立竿见影的利润,他有点迫不及待。即使市场对他有特别的关照,那也得立刻兑现,不能耽误。他自我安慰说自己想要的并不多,这只不过是输赢机会均等的一场赌博而已。他以为自己进得快,出得也快——比如说,他希望挣够两点收手满足,下跌两点就止损罢手,但实际上他已经掉进了陷阱——他抱着这是机会对等的谬论。我已经见过许多人就是这样损失了成千上万的美金,尤其是那些在牛市中高位买进,随后就遇到中等规模回落行情的人。这种方式肯定不是取胜之道。

唉,在我作为股票作手的生涯中,那个愚蠢透顶的失误对我来说是致命一击,成为压垮骆驼的最后一根稻草。它打败了我,我赔光了棉花期货交易赚到的那点钱。这给我造成了极大的伤害,我不断进行交易,却总是赔钱。我当时执意认为,股票市场终究会为我赚到钱。然而,唯一可见的结局是我的资源全部耗尽。我又债台高筑,不仅对那几个主要的经纪人欠下债务,而且还欠别的经纪公司的债,当初这些经纪商不需要我提供保证金就同我做生意。而我此时不仅负债累累,并且从此一直处在债务的包围之中。

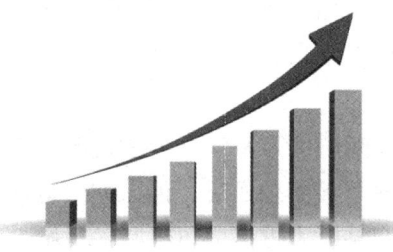

股 票 大 作 手 回 忆 录

第13章
股市人生的重要一课

看，我再一次破产了，这可太糟糕了，然而更糟的是我在交易中错到无可救药的地步了。我忧心忡忡，精神紧张，心烦意乱，无法冷静地思考问题。也就是说，我当时所处的精神状态，以一个股票交易商来说，是一个不该有的状态。

我感到一切都进行得不顺利，连喝凉水都塞牙。说实话，我开始胡思乱想起来，以为我冷静的判断力已经一去不复返，我所失去的再也赚不回来。由于我习惯长线买卖，也就是说多于10万股的交易，因此担心进行小额交易时，不能表现出良好的判断力。如果你手上的股票只有100股时，即便做出正确的判断，似乎也不会产生多大价值。在习惯于进行长线交易赚取大额利润之后让我再做小额交易，对于何时才会获利我心里没底。简直无法描述当时我是多么无能为力啊！

再次破产使我一蹶不振、负债累累，又接二连三地判断失误！

在经历了这么多年的成功，经历了为获得成功所犯下的错误的锤炼之后，我现在的处境还不如当初在对赌行里开始创业那会儿。虽然对于股票操作已经有些了解了，但是我对于人性弱点的表现还知之甚少。这个世界上根本没有哪个人的头脑可以像机器一样任何时候都保持高效运作，让人可以持续依赖。我现在意识到自己难免会受到他人或自己的影响。

令我忧心忡忡的根本不是金钱的损失。而是遇到其他麻烦。我仔细研究了一下自己遭遇的灾难，当然没费力气就搞清楚了自己错误的所在。我找到了出错具体的时间和地点。一个人要想在股票交易中脱颖而出，他就必须彻底了解自己。为了弄清楚自己在错误面前能做些什么，很是费了一番周折。

有时候我认为，股票交易商为了学会保持清醒头脑，无论付出多大的代价都不为过。无数精英人士的破产可归咎于当事人的骄傲自负，这是一种在任何地方任何人都可能染上的一种通病，而对于任何一个华尔街的股票交易商来说，尤其如此。

在纽约我其实并不快乐，至少不像以前想象的那样。我不想再进行交易了，因为状态非常不好。我决定离开一段时间，到其他的地方寻求资金。我认为改变环境有助于重新找回自己。于是，被投机游戏击败之后，我又一次离开了纽约。我的处境比破产更糟，因为在大大小小的经纪公司中，我欠下10多万美元的债务。

我来到芝加哥，在那里募集到了一笔资金，虽说数目不算大，但是这意味着只需要多给我一点时间，就能重新把失去的全部都赢回来。我从前打过交道的一家事务所对我的交易能力还算有信心，他们愿意让我在他们的事务所小规模地进行交易。

我十分小心地开始工作了。我不知道要是我一直留在那里，结果将会是怎样。因为在我的交易生涯中，一段非同寻常的经历很快结束了我在芝加哥的短暂逗留。这个经历真是令人难以置信的神话。

有一天我收到一封来自卢西亚斯·塔克尔（Lucius Tucker）发来的电报。我其实早就认识他了。当时他是纽约一家股票交易所的办公室经理，我曾经和这家公司有过生意上的往来，但后来和他失去了联系。他的电报内容是：

速来纽约。

L.塔克尔

我想他已经从我的朋友们那儿了解到我的窘境了，因此，他一定有什么事要同我商量，然而，我当时没钱浪费在一次不必要的纽约之行上，于是我没按他说的去做，只是拨通了他的长途电话。

"电报已经收到了。"我说，"有什么事吗？"

"纽约一位大银行家要见你。"他说。

第13章　股市人生的重要一课

"哪一位？"我猜不出会是谁。

"你到了纽约，我再告诉你。几句话也说不清楚。"

"你说他想见我？"

"是的。"

"为什么事？"

"如果你肯来，他会亲自告诉你。"卢西亚斯说。

"你不能写信给我吗？"

"那不行。"

"那就请简单透露几句吧。"我请求着说。

"我真不想在电话里说。"

"那好吧，卢西亚斯，"我说，"那至少告诉我这一趟会白跑吗？"

"肯定不会白跑，肯定会对你有好处。"

"你就不能给我一点暗示吗？"

"不行，"他回答，"这样对他来说不公平。而且我也不确定他打算帮你到什么程度。不过，请接受我的忠告：一定要来，赶快。"

"你确定他要见的人是我吗？"

"其他人不见，只见你。我告诉你，你最好来。给我发电报，通知我你坐哪趟火车，我到车站去接你。"

"好的。"然后我挂断了电话。

我并不喜欢把事情弄得神神秘秘。但是我知道卢西亚斯是善意的，他以那种方式和我通话，一定有恰当的理由。我在芝加哥做得并不好，因此离开此地也不会有难舍难分的感觉。按照我当时的交易速度，不知要过多久才能赚到足够的钱，以恢复我原来的交易规模。

我又回到纽约，前途未卜。事实上，在旅途中其他的事情我倒并不担心，却不止一次地焦虑会搭进去来回的车费，并且浪费掉大量时间。我怎么也不会想到，我这辈子最奇特的经历就要开始了。

卢西亚斯来车站接我，一见面就告诉我他是受名声显赫的威廉森-布朗（Williamson & Brown）证券公司的丹尼尔·威廉森（Daniel Williamson）之托。威廉森先生让卢西亚斯转告我，他为我制订了一个商业计划。他确定我会接受这一计划，因为这将会给我带来丰厚的利润。卢西亚斯表示，他对此

133

计划一点都不知情。但这家公司的声誉可以确保他们不会要求我做出任何不恰当的事情。

丹尼尔·威廉森是这家公司的资深合伙人，这家公司是19世纪70年代由埃格伯特·威廉森（Egbert Williamson）创立的。当时公司里并没有布朗这个人，他是多年之后才加盟的。公司在丹尼尔的父亲所处的时代非常有名气，后来丹尼尔继承了数目可观的财产，就基本上没有再去做其他生意了。公司拥有一位抵得上100个普通客户的大客户。这人就是阿尔文·马奎德（Alvin Marquand），威廉森的姐夫。此人除了担任十几家银行和信托公司的董事外，还是规模庞大的切萨皮克-大西洋铁路（Chesapeake and Atlantic Railroad）系统的总裁。在铁路领域内，他是继詹姆斯·J.希尔（James J.Hill）之后最具个性的人物，同时，他还是一个势力强大的银行家小团体的发言人和重要成员，这就是所谓的福特·道森帮（Ford Dawson gang）。据说他本人的资产在5 000万到5亿美元之间，具体是多少还要看如何评估。他去世的时候，人们发现他拥有2.5亿美元的身家，这都是从华尔街赚来的。由此可见，这个客户的确了不起！

卢西亚斯告诉我他刚刚在威廉森-布朗公司谋到一个职位，这职位仿佛为他量身定做，他应该成为一个交易领域的赢家。这家公司当时在扩展代理业务，卢西亚斯建议威廉森先生开设两个分支机构，一个设在城中心一家最大的饭店里，另一个设在芝加哥。我推测他们很有可能会在芝加哥的分部里给我提供一个位置，也许是分公司经理，而这样的职位我可不能接受。我没有当即对此提出异议，因为我想最好还是等他们正式提出来之后再拒绝比较妥当。

卢西亚斯把我带到威廉森的私人办公室，把我介绍给他的顶头上司，然后立刻离开了，好像在他同时熟悉双方的情况下，不愿意出庭作证一样。我准备先洗耳恭听，然后拒绝。

威廉森先生仪表堂堂，一派绅士风度，谈吐优雅，面带笑容。看得出他善于交际，朋友很多。他当然会给人留下好印象。他身体健康，自然心情也很好。他有用不完的钱，因此不会被认为居心不良。所有这一切，加上他受过的良好教育和社会阅历，使得他容易做到既礼貌又友好，不但友好，而且乐于助人。

第13章 股市人生的重要一课

我沉默不语,也没什么可说的,而且我一向习惯先让别人说个够,然后我才开口。有人曾经告诉我,已故的詹姆士·斯蒂尔曼,也就是国家城市银行的总裁——顺便说一句,他也是威廉森的密友——有个惯例:任何人向他提出建议,他总是静静地听对方说话,脸上带着无动于衷的表情。等对方说完后,斯蒂尔曼先生会继续盯着对方,好像对方还没讲完似的。于是,对方觉得一定还要再说点什么不可,就接着又说下去。就是用这种盯着别人和倾听别人说话的方式,他经常能使对方提出更多对他的银行有利的条件,比他本人打算开口提出的条件要优厚得多。

我保持沉默的目的并不是想诱使别人提出更有利于我的条件,而是喜欢了解事情的所有方面。让对方把想说的话说完,你就可以马上做出决定。这是非常节省时间的事情,既避免了争论,又杜绝了没完没了、毫无建设性的讨论。只要有我参与,几乎每一条向我提出的有关交易方面的建议,我都可以通过回答"是"或"否"来决定。但如果我本人不完全了解建议,就不可能立刻作出判断。

丹尼尔·威廉森说着话,而我只是洗耳恭听。他对我说他早就听说过许多有关我在市场上操作的情况了,对我抛开自己较强的领域而在棉花期货交易中惨败感到非常遗憾。当然,也正是因为我的坏运气,他才有幸同我谋面。他认为股票是我所擅长的,认为我天生就是干这一行的,不该在这一行中消失。

"利文斯顿先生,这就是我们希望和你做生意的缘故。"他高兴地结束了话题。

"怎么个做法呢?"我问。

"你自己当经纪人,"他说,"我的公司愿意让你做股票生意。"

"我倒愿意为你们做,"我说,"可是不行。"

"为什么?"他问道。

"我没资本。"我回答。

"这不是问题,"他脸上露出微笑,"我们提供给你。"他拿出一本现金支票来,开了一张2.5万美元的支票,然后递给我。

"这是干什么?"我问。

"存入你自己的银行账户,你可以自由支取。我希望你在我们的办公室里做生意，我不在乎你赢利还是亏本。如果这笔钱花完了，我会再给你签一张个人支票。因此，你用不着对这张支票过分在意。明白我的意思吗？"

我知道这家公司财源滚滚，事业兴旺发达，完全没有必要去抢别人的生意，更没有必要给人钱财去为它扩大影响。可是威廉森先生表现得如此热情，他给我的不是一张该公司的信用卡，而是实实在在的现金，因此只有他一人知道这笔钱从何而来。唯一的条件就是如果我进行交易，得通过他的公司来做。不仅如此，他还许诺，如果钱花光了，他还会提供更多。不管怎样，其中必有缘故。

"你这是什么意思？"我问他。

"其实很简单，我们交易所需要一个这样的客户，一个众所周知的非常活跃的大客户。大家都知道你惯于空头长线投资，这就是我对你特别感兴趣之处。大家都知道，你是什么都不在乎的赌客。"

"可我还是不明白。"我说。

"利文斯顿先生，我就对你坦诚相见吧。我们有两三个非常富有的客户，他们股票的交易额数量巨大。我不希望每当我们卖出一两万股任何股票时，华尔街就怀疑这几位客户在做空头。如果华尔街知道你在我们公司做事，他们就搞不清市场上做空头的究竟是你，还是其他客户了。"

我立刻明白是怎么回事了。他想借我的名声来掩饰他姐夫的市场操作！事情是这样的：碰巧一年半前我做空头时大有斩获，当然，从此之后，每当价格下跌时，华尔街那些爱讲闲话的人和愚蠢的谣言制造者们就习以为常地怪罪到我的头上。直到今天，每当市场不景气时，他们就说是我在捣乱。

不用再考虑，我一眼就看出丹尼尔·威廉森是在给我提供一个迅速卷土重来的机会。我接过支票，存入银行，以他公司的名义开了一个账户，马上开始做起交易。市场行情良好又活跃，波动范围很广，这样就用不着局限在一两个特别的股票。我告诉过你，原来还担心自己已失去了一击即中的技巧，然而还好我没有。在三个星期的时间内，我凭借丹尼尔·威廉森借给我的 25 000 美元赚取了 12 000 美元的利润。

我去找威廉森，并对他说："我是来还你那 25 000 美元的。"

"不，不必了！"他一边说一边摆摆手，示意让我离开，就好像我递给

第13章　股市人生的重要一课

他的是一杯掺着蓖麻油的鸡尾酒。

"不必了，小伙子，等到你赚的钱达到一定数目再说吧，不要想这件事了。这只不过是个开始罢了。"

正是在这里我曾犯下了大错，与在华尔街的交易生涯中所犯下的任何过错相比，我更感到追悔莫及。这个大错让我多年来一蹶不振、苦不堪言，我应该坚持把钱还给他。我当时所赚的钱比我失去的还要多，而且速度相当快。有大约三个星期的时间，我每周的平均利润高达150%。从此之后，我会逐渐加大交易的规模。但是，出于对威廉森的感激，我就依他，没有坚持让其收下那2.5万美元。当然，既然他没有让我退还他借给我的那2.5万美元，我自然也觉得提取所赚的利润似乎不太合适。虽然我对他十分感激，但我不想在金钱和人情方面亏欠别人。金钱，我可以用金钱去还，但是人情和善意我就只能以相同的方式来偿还了。你不难看出这些道德和良心上的债有时候是不可估价的，甚至根本没有上限。

这笔钱我一分也没动，就又重新开始进行交易了，并且进展得很顺利。我正在恢复我的状态，我确信过不了多久，就能够回到1907年的那种大踏步前进的状态了。一旦进入那种状态，我所希望的就是让市场维持得久一点，那我就可以弥补我的损失。赚钱与否我并不怎么在意。令我感到高兴的是，我已经摆脱了那种以为自己总是出错、迷失自我的感觉。这种感觉曾使我几个月来一直处在迷惘之中，不过我已经从中吸取教训了。

大概就在这个时候，我开始看空，卖出了几种铁路股票。其中包括切萨皮克-大西洋公司的股票。我认为我该短线做空这种股票，于是卖出了大约8 000股。

有一天早晨我进城去，在开市之前，丹尼尔·威廉森把我叫到他的私人办公室对我说："拉里，不要在切萨皮克-大西洋上做文章了。你做空头抛出了8 000股，这笔交易可不怎么样。今天早晨我在伦敦为你平仓了，而且帮你做了多头。"

我确信切萨皮克-大西洋股在下跌。行情记录上说得清清楚楚。而且我对整个市场都看空，虽然其程度还不能说剧烈或疯狂，但是足以让我放心地持有中等额度的空头头寸了。我对威廉森说："你为什么要那样做？我在股市空头卖出，所有股价都会下跌的。"

可是，他只是摇头说："我之所以那样做，是因为我刚好了解到一些你不知道的有关切萨皮克-大西洋的情况。我建议还是等到我告诉你这么做不危险了的时候，你再做空头吧。"

我还有什么好说的呢？这劝告可是个明智的暗示。这是董事会主席的姐夫提出的劝告。丹尼尔不但是阿利文·马奎德的好朋友，而且他对我既友好，又出手大方。他显示出对我的信心，也显示出对我说了心里话，我没法不对他心存感激。因此，我的情感又一次征服了我的理性，我屈服了。让我的判断服从他的意愿是在毁灭我，虽然感激是一个体面人不可能没有的东西，但是它应该被控制在一定的范围内，不应束缚人。于是，我所有的利润被一扫而光，而且还欠下该公司1.5万美元的债务。我感觉糟糕透顶，可丹尼尔告诉我不用担心。

"我会帮你挺过去的，"他信誓旦旦，"我会的，但是，要你配合我才行。你必须停止冒险，别自己做了。不能我在一旁为你效劳，而你却为了自己的利益完全毁了我的生意。你就暂且离开股市吧，给我一个为你赚钱的机会。你看这样行不行，拉里？"

我明白他的好意，不能做出任何会被认为自己不知感恩的事情，我已经对他产生好感了。他风度翩翩，和蔼可亲。在我的记忆中，我从他那里得到都是鼓励。他一直使我坚定地认为，一切都会好起来的。大概是6个月之后的一天，他来见我，满面都是笑容，他给了我几张支票。

"我说过我会帮你渡过难关的，"他说，"我现在做到了。"接着我发现他不仅填补了我所有的债务，还另外给了我一小笔余额。

我觉得自己本可以不费吹灰之力就能赚到那笔钱的，因为市场形势非常良好。可是他却对我说："我为你买入了1万股南大西洋铁路（Southern Atlantic）的股票。"那是由他姐夫阿尔文·马奎德控制的另一条铁路，此人同时掌握着股市的生杀大权。

如果有一个人对待你就像丹尼尔·威廉森对待我一样，除了说"谢谢"二字，你还能说些什么呢——无论你对市场持有什么样的看法。你会认为自己是正确的，可是正如老帕特的口头禅："你要下了赌注，才知道输赢。"丹尼尔·威廉森为我下了赌注——用的是他自己的钱。

唉，南大西洋股票下跌了，并维持在低位，我的1万股头寸亏本了。我不

第13章 股市人生的重要一课

记得亏了多少,在丹尼尔·威廉森为我将股票出手之后,这一切才算结束。我欠他的就更多了。可是,你这辈子都不会碰到像他一样善良的债主,也找不到比他更难缠的债主。他一声怨言也没有,相反,他总说一些鼓励的话,劝你不要担心。最后,他也是以同样慷慨大方和同样神秘的方式为我弥补了那笔损失。

他没向我透露任何细节。一切都摆在账目上面。丹尼尔·威廉森只是对我说:"我们用做其他交易的利润为你弥补了南大西洋铁路上的损失。"他还告诉我,如何替我卖掉了7 500股其他股票,而且从中取得了不错的回报。我实话实说,在我被告知所有债务都一笔勾销之前,我对挂在自己名下所做的交易事先一无所知。

这件事之后,我认真反思过几次,我必须学会换一个角度来审视我现在的情况。终于我恍然大悟了,很明显,我一直被丹尼尔·威廉森所利用。一想到这里,我就感到非常愤怒,但更让我气愤的是我明白得太迟了。我把整个经过理清头绪之后,就立刻去见丹尼尔·威廉森。我告诉他我和公司情分已尽,然后离开了威廉森-布朗公司。我和威廉森及他那些合伙人,一句话也没说。就算说点什么,对我又有什么好处呢?但是,我必须承认,我对自己的恼火程度也和对威廉森-布朗公司的恼火程度不相上下。

我并不为亏了钱而烦恼,每当我在股市赔了钱,我总是认为会从中学到点什么,在亏损的同时我获得了经验,因此这些钱就当作为此支付的学费。一个人要获得经验,就必须为此付出代价。但是,在丹尼尔·威廉森公司获得的这段经历中,有某种东西深深地伤害了我,那就是错过了一次绝好的市场机会。一个人损失了金钱没什么大不了的,可以再把它赚回来。然而,机会一旦错过,像我当时拥有的那样,绝不会每天都会出现。

你知道,当时的市场非常适合交易。我的意思是,我当时是正确的,我对市场走势看得很准,那是一个可以赚取几百万美元的机会。但是,我任凭感恩之情干扰了自己的计划,自己束手束脚。我不得不做丹尼尔·威廉森心怀好意地要求我所做的事情,总而言之,同亲戚一起做生意也没有这么令人满意,这简直是糟糕的生意。

甚至,这还不是最糟糕的!最糟糕的是,从此以后,我实际上再也没有赚大钱的机会了。市场进入了平淡期,而且形势越来越糟糕。我的遭遇更是

139

雪上加霜，不但损失了所拥有的资金，而且又债台高筑——债务比以前更重了。

那是最艰难的年月：1911年、1912年、1913年和1914年。我根本赚不到钱，市场总是没有机会，因此我的日子比以往任何时候都要艰难。

亏损也就罢了，然而，如果事前已经看准了市场走势，这样的亏损才真正让人痛彻心扉。正是这一点一直让我耿耿于怀，挥之不去，当然，这搅得我内心更加不安。我知道一个股票交易商易于暴露的弱点是数不胜数的。对于我来说，在为人处世的道理上，我在丹尼尔·威廉森公司那样运作是合乎情理的，但是作为一个股票交易商，任凭人情世故的考虑压倒自己的独立判断，既不恰当也不明智。有恩必报诚然是高贵的品格——但这不该用在股市上，因为行情记录并没有什么义气可言，而且也不褒奖为人忠诚。我也意识到，即使当时我心里清楚，也不可能换一种做法。人的本性难移，我不会仅仅因为希望能在股市上交易就下得了这份狠心。但是，生意毕竟是生意，我的生意就是作为一名股票交易商，我应该总是依靠我自己的判断。

这是一段十分奇特的经历，下面我就告诉你其中的缘故。当丹尼尔·威廉森第一次同我见面的时候，他对我说的全部是真话。每当他的公司在任何一个股票上买入或卖出了几千股时，华尔街就会武断地得出推测：阿尔文·马奎德又在吃进或卖出了。确实，他是这家公司的大主顾，而且他所有的生意都只交给这家公司做。此外，他是华尔街历史上最优秀最具有实力的交易商之一。对了，我被当烟幕弹使用了，特别用于为马奎德的空头做掩护。

我入市之后不久，阿尔文·马奎德就生病了，他早就被诊断为不治之症，当然，丹尼尔·廉森在马奎德本人知情之前很早就已经知道此事了。这就是丹尼尔为什么要吃进我所有切萨皮克-大西洋股的原因。他开始将他姐夫拥有的一些切萨皮克-大西洋股和其他股票清仓。

自然，在马奎德过世之后，遗产处置者不得不把他的股票投资和半股票投资变为现金。而到那个时候，市场已经进入了熊市行情。丹尼尔用束缚我的方式，给遗产处置者帮了一个大忙。当我说自己是个经验丰富的交易者，对股市的看法绝对正确时，我并不是夸大其词。我知道威廉森记得我在1907年的股市上做空头的成功操作，要是我能够按照自己的意愿行事，他不会主动冒这个风险。为什么呢？如果任凭我特立独行，我将能够赚到许多利润，等到他想把阿尔文·马奎德的个人资产变为现金时，我已经可以进行数十万

第13章 股市人生的重要一课

股的交易了。作为一个活跃的空头大户,我可能会对马奎德的遗产继承人造成巨大的损失,因为阿尔文留下的资产不过2亿多美元。

对他们来说,先让我负债,然后又替我还债,这样做所付出的代价比让我到其他某家公司活跃地进行空头交易要小得多。本来我是想要这么做的,如果不是我认为有碍于丹尼尔·威廉森的情面,我肯定会做出正确的决策,绝不可能受制于他。

我一直认为这段经历,是我股票交易生涯中所遇到的最耐人寻味同时也是最倒霉的一段往事。这是人生的一课,它让我付出了不该付出的高昂代价,使我东山再起的时间推迟了好几年。幸好我还足够年轻,有足够的耐心等着失去的资本再重新回到我手中。但是,五年时间对于一个穷光蛋来说可是相当难熬的漫长岁月了。年轻也好,年老也罢,谁都不喜欢贫穷。没有游艇的生活还可以忍受,但没有市场交易,就没有了卷土重来的机会,那种滋味才是最难忍受的。我丢失的钱包就在我的脚下,我却不能伸手去捡它,就这样,当一生中最好的机遇摆在我的前面时,我却将它错过了。丹尼尔·威廉森真是个厉害的人物,人们把他造就得如此老练、老奸巨猾,足智多谋,肆无忌惮。他是个思想家,很有想象力,能够看穿任何人身上的薄弱环节,然后毫不留情地算计它、利用它。他看出了我身上的弱点,然后迅速预测出该采取些什么措施对付我,使我在股市上完全丧失威慑力。实际上,他这样对付我并不是真想使我亏本。相反地,单从外表上看,他的行为是非常善良的,他爱他的姐姐——马奎德夫人。但当他觉得责无旁贷时,就尽到了应尽的责任。

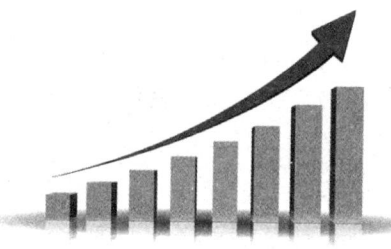

股票大作手回忆录

第14章
改变战略适应市场变化

离开威廉森-布朗事务所之后,我一直难以释怀:股票交易市场最美好的时光已然成为历史,迎接我的是一段挣钱异常艰难的漫长岁月,在完全没有收成的4个年头里,我甚至连一个便士都赚不到。正如比尔·亨利奎兹(Billy Henriquez)曾经说过的那样:那是个连臭鼬放屁都没有味道的市场——暗淡到了极点。

我觉得自己好像运气糟糕到了无以复加的程度。这可能是天意,上帝在刻意地磨炼我。但实话实说,我的内心还从未像这样充满过失败的感觉。在我过去的交易生涯中,我没有犯下任何必须对债务人予以补偿的罪过。

我不是容易上当受骗的人。我所做的一切,即使是没有做的那些事情也都是应该受到赞扬而不是责难。在华尔街,这种情况显得非常荒谬,同时也要这样做的人为此付出代价。到目前为止,关于华尔街最糟的事情就是这个市场使得人们失去人情味。

我在离开了威廉森事务所之后,又到其他经纪人事务所做起了交易。但在任何一个地方,我都没

> 对于一个训练有素的选股者来说,在一片悲观气氛中,反而为寻找赚钱机会很大的股票提供了买入良机。
> ★ 彼得·林奇

有赚到钱。这并不是我的错,因为我老是想强迫市场给我它没必要给我的东西,也就是我渴望赚钱的机会。想得到信用保证金倒不难,因为认识我的人都无一例外地信任我。如果我告诉你我停止用信用保证金交易的时候自己已经欠下了100多万美元的债务,你就能够了解他们对我是多么信任啊!

问题的关键不是我做事没有把握,而是因为在那倒霉的4年里自己根本找不到赚钱的机会。我一如既往地拼命工作,想狠狠地赚它一笔,结果却只是徒增了自己的债务。因为不想再欠朋友更多的钱,我被迫自动停止了操作。从此以后,我只能靠帮助别人管理账户维持生计,因为这些委托人知道我对市场很在行,即使市场萧条我也有应付的办法。如果有利润,他们就按利润给我提成。这就是我生活的方式。唉,也就是说,我就是这样维系自己生活的。

当然了,我也不是一直亏钱的,只不过是没有赚到足够的钱来缓解债务的危机。后来,情况每况愈下,以致我生平第一次泄气了,因为所有的事情都不顺利。从身家数百万美元,可以在豪华游艇里奢侈享乐沦落到负债累累,只能简朴度日,我都没有感到沮丧,但那一刻我真的泄气了。我并不安于自己的处境,也不能总是自怨自艾,更不能无休止地等待。因此,我开始正视自己的困境。很明显,脱离困境的唯一办法就是快速赚钱,而我只需做交易赚钱。我有过成功的先例,现在我必须再次成功。我曾不止一次凭小本资金赚到巨额利润,我深信市场迟早会给我个机会的。

我觉得千错万错都是自己的错,对市场却无须责怪。现在会遇到什么问题呢?我用自己习惯于研究种种麻烦的方式向自己提出了这个问题。在冷静地思考分析之后我终于得出了结论,问题的症结在于担心欠别人的债,这一点始终困扰着我。需要说明的是,这不仅仅是负债心理。任何生意人在做生意的过程中都要负债,我也不例外,我的债务中大多数也都是因生意而起,或者说缘于对我不利的市场形势。

当然,随着时间的逝去,我对自己身负的债务又有点沉不住气了。我得解释一下,我欠了100多万美元的外债——记住,这都是我在股市上损失的。大多数债权人都没有为难我,对此我很是感激。但不可避免的还是有两个人纠缠着我,希望我尽快还钱,我走到哪儿他们就跟到哪儿。每当我赚钱了,他们就等候在我的旁边,想知道我赚钱的数目,以便让我立刻还债。其中的

第14章 改变战略适应市场变化

一个人,我不过欠了他800美元,他竟然威胁我说要向法庭控告我,或者让我用家具偿还。他认为我很可能把财产藏起来了,这简直令人难以置信。

在我分析研究了自己做交易的症结之后,我懂得了自己需要做的不是去研读股市的行情走势,而是先要读懂自己。一番深刻的自我剖析之后,我终于得出结论,如果我不摆脱自己的忧心忡忡,就无法做出任何有意义的事情,但显而易见的,只要我欠着别人的债我就会担忧。换句话说,只要我的债权人向我催债,或者坚持在我投下资金之前必须优先偿还他们的债务,那我就注定了要走向破产。我要怎样来排解内心的烦恼呢?

这事听起来很简单,但做起来却并非易事,不是吗?或者说排解忧愁不仅仅是让别人不快那么简单的事情。我不愿意这样做,也就是说我不愿意把自己置于被人误解或曲解的境地。我个人不是很看重金钱,也不愿为了金钱而舍命奔波,但我知道这样的价值观并不适用于每个人。当然我也清楚,如果我的经济状况有所好转,就应该尽快还清每个债权人的债,因为契约就摆在那里,我不能无视它们的存在。但是,我如果不继续用过去的方法进行交易,我就绝不可能还清那100万美元。

我鼓足了勇气去见那些债权人,对我来说这是一件难于登天的事情,因为他们中大多数人是我的老朋友。我开诚布公地向他们描述了自己目前所面临的形势:"我暂时无法还你们的债,不是因为不想还,而是基于对我们双方都更有益的考虑,我必须先考虑赚钱。我用了两年多的时间来思考解决这个问题的方法,但我没有勇气站出来面对你们,更不敢坦诚地将这一想法说出来。如果我还可以用过去的老办法赚钱,这对我们双方绝对都有好处。我的意思是,因为被这些债务所折磨,我会心烦意乱,以致无法恢复到自己的最佳状态。现在我终于决定要做自己一年前就该做的事情了。除了上述原因外,我没有其他的借口了。"

第一个站出来讲话的人虽然是代表自己公司的立场,但事实上他表达了所有债权人的心声:"利文斯顿先生,我们明白你的意思,也完全能够体谅你现在的处境。那我就告诉你我们的意见:对你的决定我们投赞成票。让你的律师把准备好的文件寄给我们,我们在上面签名。"

所有的大债权人对此也都持认可的态度。可以说,这是华尔街的另一面。即不仅仅是看淡金钱的一种美好天性或运动员公平竞争的风格,也是最英明睿智的决定,因为这明摆着是笔好交易。我欣赏这种美德,也喜欢这种精明的交易手段。

对于我高达100多万美元的债务多数债权人都能够网开一面,不予追究。但正如预料中的那样,还是有两个小债权人不肯签字。其中一个是我前面已经提到过的我欠他800美元的那个人;另外一家经纪公司我也有6万美元的欠账,这家公司已经破产了,接管人对我的情况知之甚少,只知道从早到晚地跟在我后面追债。即使有大债权人给他们做榜样,我想法庭也无法让他们签字。虽然我说过自己的外债高达100多万美元,但我的破产账目清单上的累计债务大约只有10万美元。

报纸上关于自己不光彩事情的报道,很是让人不快。我一向是欠债还钱从不拖欠的,这次的事严重地伤害了我的自尊心。我告诫自己只要活着就必须还清每个债权人的债,但并不是看了报道的每个人都能够了解这一点。因此在上了报纸之后,每次出门自己都觉得很尴尬。不过,这一页终于还是翻过去了。我甚至无法用笔来表达,当知道自己不会再被纠缠时内心的那种轻松愉快,真可谓如释重负啊!这些人无法理解一个人是多么渴望将自己的全部身心都投入自己的事业中,如果这个人希望股票投资成功的话。

当我终于摆脱了债务的纠缠后,我又重新开始憧憬起成功的美好前景了,我接下来要做的就是先积累起一笔资本金。股票交易从1914年的7月31日到11月一直是停止的,华尔街也是前所未有的萧条,相当长的一段时间很多公司都是歇业的状态。这种状况下,我还欠着所有朋友的债,而他们一直对我友好宽容又讲义气,我没有办法再开口请求他们的帮助,我也了解在那种情况下还想让别人向自己伸出援手是多么的不合情理。

要筹集一笔股金,真是难于上青天,因为股票交易市场关闭,我也没有理由要求任何经纪人为我做什么。我尝试去了一两个地方,结果当然是徒劳的。

别无选择的情况下,我只好去见丹尼尔·威廉森。我至今仍然清楚地记得双方会面的时间是1915年2月。我告诉他我终于摆脱了梦魇般的债务,可以不必再受其困扰了,并且希望依旧可以像从前那样进行投资。你应该依然会记得当他需要我时,他不等我开口就主动让我自由支配那2.5万美元。

现在轮到我需要他了,他说:"等你觉得市场的情形对你有利,而你想

第14章 改变战略适应市场变化

买500股的时候，再来找我吧。"我是带着深深的感激离开的。他曾经一直阻碍我，可他的公司却因为我而狠狠地赚了一笔大钱。我承认对于威廉森—汤姆事务所没有给我一笔像样的本金一事，始终无法完全释怀。我想，初入市时必须要保守行事。如果能够以多于500股的钱进行投资，对于恢复我的资产才是更快捷有利的。但是，无论如何，我意识到机会就在不远处等着我了，虽然不是什么绝佳的好机会。

在离开丹尼尔·威廉森的事务所后，我粗略地研究了一下股票市场的形势，并刻意分析了自己存在的问题。当时的市场是牛市，我和数以千计的投资者都看清楚了这种形势。可是我的资金实力只允许自己购买500股的股票。这对我显然是一种限制，但我没有别的选择。我已经承受不起哪怕是小小的挫折，必须用第一笔投资成功地筹措起资金，换言之这500股股票必须要能够带来利润，要赚到实实在在的钱。我清楚，必须有足够的资本做保障，否则我就不可能做出有效的判断。没有丰厚的利润，就很难以完全公正的、不带偏见的态度去面对这一行业，而这种冷静的态度需要以那种能承受一定损失的能力为基础，这种损失是我在全力入市之前，在试水阶段时常常遭受的损失。

此时，我已浑然不觉地走到了自己股票交易商生涯中最关键的时候。如果我失败了，即使只是假设，我将再也没有可能从什么地方得到另一笔资金来东山再起了。很明显，我必须耐心地等待最佳时机。

我不敢靠近威廉森-布朗公司。我的意思是说，在股价稳定的六周内我没有勇气到他们那儿去。我担心如果一旦踏入交易大厅，知道自己可以买500股，我会禁不住诱惑，以致在不恰当的时刻，做出

◢ 很多人在房地产市场上赚钱而在股票市场上赔钱，这一点也不奇怪。他们选择房子时往往要用几个月的时间，而选择股票只用几分钟。事实上，他们在买微波炉时花的时间也比选择股票时多。

★ 彼得·林奇

错误的决定,购买了无法获利的股票。身为一个投资者,不仅要研究股市的基本情况,牢记市场先例,而且要对外界公众的心理和自己经纪人的局限性了然于胸,同时要清楚和牢记自己的弱点。既然是人,就不要动怒。要明白读懂自己和读懂股价行情是不分伯仲的事情。我用心研究和分析了自己对所承受的压力和活跃市场的难以抵挡的诱惑力的反应,那种情形与我思考农作物行情和分析收益报告时如出一辙。

就这样,日复一日,我焦急地等待着重新入市。我坐在另一个经纪公司的行情牌前,在那儿我没有买卖股票的权利,除了分析市场和行情之外我什么都做不了,但我依然没有错过股价行情记录的任何一笔交易,密切关注着每一次上涨铃响的关键时刻。

由于人所共知的原因,在1915年早期那些至关重要的日子里我最看好的是伯利恒钢铁(Bethlehem Steel)公司的股票。我甚至坚信它会上涨,但是为了确保能首战告捷——因为我必须这样——我必须耐着性子等到它有明显的上涨势头时才能入市。

前文我已经说过了,我的经验是:无论何时,当一只股票首次越过100、200或300点时,它无一例外地会继续上涨30~50个点。而一旦越过300点后,它上涨的速度要比越过100或200点时更快。让我成功获利过的股票之一是安纳康达股票,我是在它越过200点时买进的,仅仅一天之后它就涨到了260点,此时我毫不犹豫地把它抛出。我这种在其刚刚越过票面价值就买下股票的做法是有机可乘的,其历史可以追溯到我早年在对赌行的时候,我称其为古老的投资原则。你完全能够想象我是多么渴望再次以曾经的规模进

▲ 在投资时,要学会转换,在逆境中,要学会进退自如。如果发现自己状态不佳,表现不尽如人意,就要采取行动,以退为进,而不要铤而走险,当你重新开始时,不妨先从小处做起。
★ 索罗斯

第14章 改变战略适应市场变化

行买卖啊！我已经急不可耐地想要入市了，其他事情想都没想，但是，我还是把持住了自己。和我的预料完全吻合，伯利恒的股票每天都在持续上涨，一路飙升。然而，我还是极力地控制着自己，告诫自己不要冲动地去威廉森-布朗公司买入500股股票。我清楚必须让第一笔投资能最大限度地获益。

那只股票每上涨一个点就意味着我又少赚了500美元。第一次上涨的10个点就是在提醒我该连续地投入了。如果我照做的话，现在手里就不仅仅是500股了，而是拥有了每涨一点就能够赚得1 000美元的1 000股股票了。但事实上我并没有出手，我不能被内心强烈的渴望和喧闹的信念所干扰，要听信于来自经验的平稳声音和常识的忠告。如果可以筹集到足够多的资金，我一定不会错失这些机会。但现实是我缺少资金，我极度地想抓住机会，哪怕是微小的机会，但一切都是我无力把握的奢望。但是，最终还是理性获胜，自己的常识和经验战胜了贪婪和希望，我终于熬过了艰难的6周。

就在我依然犹豫不决的时候，那只股票已经涨到90点。想一想我因为没有果断买进而损失的钱吧，当时的行情可是一路飘红啊！唉，眼见它涨到98点的时候，我预见它终究要涨过100点，到那个时候屋顶都要被掀翻了！这在行情记录里是有记载的。事实上，这些记录我们都曾拜读过。我必须提醒各位，在股票行情记录器上显示98点的时候，我已经看到了100点的记录。我了解这不是我臆想出来的声音，也不是我希望看到的风景，仅仅是我对行情记录的本能反应。于是我告诉自己：不能等到涨过了100点才入市，该是出手的时候了。无论利润大小，只要超过票面价值就是有利可图的。

我狂奔到威廉森-布朗公司，一股脑买了伯利恒钢铁公司的500股股票。此时它的股市是98点。也就是说我在98点到99点时出手买进了500股，此后它上涨的势头依旧不可阻挡，截至晚上收盘的时候，该股票已经疯涨到114点或115点，于是我继续买进500股。

第二天伯利恒钢铁公司的股票已经涨到145点，我迅速套现了。为了等待最佳时机的出现而煎熬的6个星期，是我有史以来经历过的最紧张和疲劳的6个星期。但是，付出终有回报，我终于如愿地拥有了足够的资本去进行有规模的投资了。如果只能以500股的规模进行交易,我永远无法成功。

第一步最为艰难,但头一步走稳了,后面的路就容易多了,在投资伯利恒之后,我的自我感觉相当良好——真的,我干得太漂亮了,还是同一个我在进行投资,但结果却大相径庭。实则,我已经变成了另一个人,过去我曾经时时被债务困扰,但现在那些问题都迎刃而解了。债权人不再追着我讨债,我的思路和想法不必再因为资金的缺乏而受到影响,有了充足的资金做后盾,我可以全身心倾听来自内心深处的可信的经验之声,此后我财源滚滚。

利弗摩尔坐在破产仲裁人的前面。利弗摩尔在恢复能力后总是支付给破产债权人全部欠款,即使在法律责任上他并不需要这样做。利弗摩尔1917年东山再起,还清了由于破产欠下的所有债务。这件事为利弗摩尔赢得了崇高的信誉,1934年,利弗摩尔再次陷入困境,人们依旧支持他,助他再次崛起,因为人们相信利弗摩尔的信誉。

一切都那么突兀,就在我快要恢复元气的时候,卢西塔尼亚号(RMS Lusitania)事件①发生了,股市行情大幅下跌。每隔几分钟,就有人的头部仿佛被猛烈地敲击了一样。在市场上没有亘古不变的正确,人人都可能遭受损失。我曾经听说,任何职业交易商的买入都会受到卢西塔尼亚号消息的影响,甚至有人说已经听到了华尔街出现下跌的消息了。我又失策了,没有凭借这提前听

---

① 卢西塔尼亚号在1907年造成下水时是世界最快的邮船。该船长239.8米,宽26.9米,载客2165人,隶属于英国卡纳德轮船公司。1915年5月1日,驻美德国大使馆在报纸上发表声明称,任何乘坐悬挂英国旗帜商船的美国旅客,其生命安全都得不到保障。但是卢西塔尼亚号的乘客并不把这消息放在心上。5月1日满载着1959名乘客(大部分是美国人)和船员,卢西塔尼亚号从英国出发了。5月7日,航行到了爱尔兰外海遭遇大雾,威廉·特纳船长命令把速度减慢到18节。11点30分,大雾逐渐消散。正在附近游弋的U20潜艇发现了卢西塔尼亚号。下午2:12,第一枚鱼雷击中舰桥下面的船身,紧接着,弥漫的煤炭粉尘引起了猛烈的爆炸。船上的旅客在惊慌失措中涌上了救生艇甲板。当时秩序极为混乱,因为船身急速倾斜,只有右舷的救生艇可以使用。18分钟后,卢西塔尼亚号带着1195名乘客和船员沉入大海。——译者注

第14章　改变战略适应市场变化

到的消息而挽回损失。我唯一能提醒各位的就是：由于卢西塔尼亚破产给我造成的损失和因为我没能很好地预见市场的走向让我再次失败，到1915年年底，我惊觉自己在经纪人处的保证金只有14万美元左右了。虽然在将近一年的时间里，我对市场走向的判断多数是正确的，但我确实只赚了这么多钱。

接下来的一年里，我干得颇为出色，而且鸿运当头。在难以驾驭的牛市上所有的投资活动都收益颇丰。事情的进展异常顺利，无须做更多的事情，唯一的事情就是赚钱。这使我回忆起标准石油公司①（Standard Oil）的H.H.罗杰斯（H.H.Rogers）曾经说过的话。大概意思是，总有这种时候存在——某人顶着暴风雨出门却没有带雨伞，他宁愿去挣钱而不顾自己被风吹雨淋。目前的股市是最好的多头市场，人人都明白，美国已经成为世界上最繁荣的国家。我们拥有别人无法拥有的一切，我们用最快的速度聚集着世界各个国家的金钱。我的意思是全世界的金钱如潮水般注入这个国家，并且势不可挡。通货膨胀是谁也无法阻止的，当然，这就意味着所有的东西都要涨价。

一切从最初就已经表明了迹象，上涨行情根本无须太多推动。这就解释了为什么本轮牛市的准备工作相比其他牛市行情要少得多的原因。战时繁荣比其他原因促发的繁荣更自然，而且能够为公众提供最大化的利益。换言之，1915年的股市获利远远超过了华尔街历史上其他任何时期。几乎没有人能把他们所得到的账面利润套现，或者说没能长期保住他们的胜利果实。历史在华尔街不断地重演着，其频率是其他任何地方都望尘莫及的。当你翻阅记载那一历史时期的兴旺和衰败的文字时，你一定会受到极大的震撼，不为别的，只为现在的股票投机和股票投机者同过去的一切相比简直毫无差别。这种游戏的规则没有变过，人的本性也没有变过。

我亲历了1916年的大牛市。我和所有人一样保持着乐观的心态，同时依然心怀警惕。人所共知，我也明白任何事情都有个尺度，天下没有不散的筵席，因而对一切预兆我都不敢放过。我所感兴趣的并非消息的来源，因此我

---

① 1870年1月10日，洛克菲勒在俄亥俄州创立了股份制的标准石油公司，公司名称意为他们出产的石油是顾客可以信赖的"符合标准的产品"。标准石油公司的出现给漫无节制的宾夕法尼亚石油狂热产生的混乱带来秩序。到1879年年底，标准公司作为一个合法实体成立刚满9年，就已控制了全美90%的炼油业。自美国有史以来，还从来没有一个企业能如此完全彻底地独霸市场。标准石油公司用了20年的时间终于成为美国最大的原油生产商，垄断了美国95%的炼油能力、90%的输油能力和25%的原油产量，对美国石油工业的垄断持续到1911年。洛克菲勒也因其在石油领域让人无法企及的地位被誉为"世界石油大王"。——译者注

的目光所及之处极为广泛。我并不会——我也从未觉得自己会——对市场的单一表现过分执着。牛市让我的银行存款与日俱增,但熊市也曾让我获利丰厚,因此在收到应该收手的警示信息之后,我没有理由死盯着多头或空头不放。一个交易者不应执着于多方还是空方,恒久的忠实毫无益处,而是应该基于对具体情况的分析去定夺。

还有一件事我必须要说,就是股市永远无法光辉耀眼地宣告达到顶点,当然也不会毫无征兆地以其相反的形式宣告终结,股市可能或经常会在价格普遍出现下跌之势之前的一段时间内就进入熊市。当我观察到这一现象时,我所企盼的那些警告一个接一个地如约而至,那些股市中的龙头股纷纷从最高点下跌,虽然有的只是跌了几个点,但这是长久以来的第一次下跌,而且再也没有能够上升。事实已经表明,这些股票的上涨之路已经到了尽头,而我迫切需要调整自己的战略战术。

战略战术的调整简直易如反掌。在多头市场上,价格的趋势自然是百分之百地上升。因此,一旦哪种股票违背了普遍的规律,你就应该对这种特别的股票予以额外的关注。这种预兆足以提醒那些老练的投机者,让他们可以有备无患。他甚至无须从行情记录上去寻找蛛丝马迹,他的任务就是等着听行情记录宣布"退出",而不是等待行情记录给你呈报一份法律文件予以认可。

如前文所述,我注意到曾经始终遥遥领先的那些股票已经没有了昔日猛烈的上涨势头,更有甚者已经下跌了6~7个点,或者原地不动。与此同时,股市的其他股票却在不断上涨。鉴于这些上市公司自身都没有问题,其原因只能从其他方面去寻找了,这些股票顺势连涨了几个月。当它们终于停止上涨的时候,虽然多头的势头依旧猛烈,但同时也意味着对那些特定的股票来说,牛市已经结束了。而这些并不能阻止股市上另一些股票的稳步上升。

作为投资者不要因此就茫然不知所措,或者止步不动了。此时我并没有卖空,因为行情记录没有给我这样的提示。虽然多头市场的终结已经近在眼前,但是它毕竟还没有真正到来,此时还是有钱可赚的。既然情况如此,我只能将停止上涨的股票抛出去,同时对其他隐含着上涨潜力的股票,我既买又卖。

第14章 改变战略适应市场变化

而对于那些全然失去了领先地位的龙头股我则大势抛空,对其中的每一只我都抛空了5 000股。接下来要做的就是买入刚刚处于领先地位的股票。我手头做空的股票没什么动作,但我做多的股票却持续上涨。当最终它们停止上涨的时候,我毫不吝惜地全部抛出,进行短线卖空——每只股票各抛5 000股。此时,我卖空比买入多,因为我清楚地知道自己要在市场下跌时大赚一笔。当我预感到熊市会在牛市实际结束之前就来到时,我明白可以大赚一笔的卖空机会还需等待。过度地保守而迟迟不予行动是不行的,但又不能操之过急。行情记录预示着熊市的萧条已经指日可待了,现在是最好的准备阶段。

我不停地倒手,既买进又抛出,几个月后我累计做空了6万股——12只股票,每只放空5 000股。这些股票在年初的时候还是公众的抢手货,因为它们当时始终是市场上涨幅领先的股票。卖空的头寸不算太大,但是,请记住股市现在并非确定无疑地看空。

不知道从哪天开始,整个股市的行情开始呈现出下滑的态势,所有股票价格开始下跌。当我从曾经抛出的那12只股票中的每一种获利至少4个点时,我庆幸自己的头寸是正确无误的。行情记录告诉我此刻做空是最安全的,我即刻进行抛出,瞬间账户上就获得了成倍的利润。

我有自己的算盘。所以在目前这种明显的空头市场,我是站在空头一方的。我不必匆忙行事,而要从容以待,我相信股市的走向一定会与我的预测一致,有了这种信念,我完全可以耐心地等待。在利润翻倍之后,很长的时间内我都只是观望并

> ◢ 在投资上,重要的是不在于你对或错,而是在于当你正确时,你赚了多少钱;当你错误时,你赔了多少钱。如果你在正确时赚的钱却不多,这种正确也没什么可得意的。
> ★ 索罗斯

不交易。时间大约过了7个星期，妇孺皆知的"泄密事件"引起了股票的暴跌。

据说，有人事先从华盛顿获悉了这一消息，也就是威尔逊总统马上要发布的消息，这消息将在短时间内给欧洲带来和平。我们知道，世界大战促发并维持了战时经济繁荣，而和平带来的将是不可避免的熊市。当经纪人席上一位精明睿智的投机者被指控利用这事先听得的消息获利时，他平静地说，自己抛出股票不是依据任何的消息，而是因为他判断分析出市场火爆已经到了尽头。我自己也是从7个星期前就开始加倍地增加了空头头寸。

得到股市暴跌的消息，我自然要闻风而动，这是唯一可能采取的行动。如果制订计划后发生了什么对你有利的意外事件，那么就不要迟疑，好好利用命运之神为你提供的机遇。首先，暴跌的股市本身就是一个大的市场，果断地进入这个市场，这是将自己的账面利润转化为实实在在的现金的最佳时机。即使在空头市场，也没有人可以买进12万股股票而让股票的价位维持不变。所以他必须等待市场提供机会，以便可以买进上述数目的股票，同时不让自己因价格的上涨而造成账面利润的亏损。

我想说的是我并非想以此特殊的理由做借口指望着股市在这个特殊的时刻暴跌。相反的，如我前文所说，从事职业交易商30年的经验告诉我，哪个方向的阻力最小，事情就容易朝哪个方向发展，这也是我的市场观点。另外各位需牢记于心的是：绝对不要寄希望于自己可以在股票最高价时抛出，这是最不明智的想法。如果没有什么可靠的消息显示股价将止跌并强劲反弹，在市场疲软后开始回升时抛出是最明智的选择。

1916年，我仅通过牛市持续做多和熊市开始就做空为自己赚得了300多万美元。我曾经说过，如果不是死亡来袭，一个人不必死守着股市的牛市或熊市去做交易。

那年冬天，我如平时一样南下棕榈海滩度假休闲，因为在那里的海滩进行垂钓对于我是一大乐事。我在股票和小麦期货交易中做空，这两种头寸都让我收益颇丰。没有烦事扰心，我玩得不亦乐乎。当然，如果我不选择暂时离开居住地去欧洲，就无法真正摆脱对股票或期货市场的心心念念。比如，在阿迪朗达克司（Adirondacks）我的个人住所和我的经纪人事务所之间就有一条直拨电话线。

第14章 改变战略适应市场变化

在棕榈海滩，我定期去我的经纪人事务所在当地的营业厅。我通过细心的观察发现棉花市场开始出现强势特征，价格在持续上涨。大概就是从1917年开始，我听到了许多关于威尔逊总统为了和平做出种种努力的消息。这些信息都来自于华盛顿，有些是以新闻快讯的形式被正式报道的，而有些则是棕榈海滩的朋友们私下里传出来的。正因为如此，某一日我忽然心生如下看法：各种市场的运行都依赖着威尔逊先生为和平付出的努力。如果和平近在眼前，股票和小麦期货交易势必会下跌，而棉花期货交易的上涨则不可阻挡。无论股票和小麦期货行情如何，我已经做好准备，然而对于棉花期货交易，我却有很长一段时间没接触过了。

截至那天下午2：20，我甚至还没有买进一包棉花；但是到了2：25，我闻到了和平的气息，于是一出手就买了15 000包。我打算继续按我过去的那个套路进行投资，就是我前文提到过的方法。

还是在那日的午后，股市刚刚宣布收盘，宣战的通告[①]就正式发出了。一切都已无力回天，只有等到第二天股市开盘再说了。我还记得当天晚上在格瑞德里事务所（Gridley's），美国的一个工业巨头打算以低于该日收盘价5个点的价格抛售其手上的美国钢铁公司股票。当时在场的不乏匹兹堡的百万富翁，可是没有人愿意接手。他们认为吃进就意味着亏损。

一切都没有在人们的预料内，正如你能够想象的那样，第二天早晨股市和期货市场已经是混乱不

▲ 下次如果听到有人告诉你，日本将要破产，或是一颗流星将要击中纽约证交所，那么你一定千万要记住我所说的投资教训——千万不要为之过度忧虑，否则就会错失一次很好的投资机会。

★ 彼得·林奇

---

① 此处指的是1917年2月1日。当天德国恢复无限制的潜艇战，包括中国政府在内的各国都接到了德国海上封锁通牒，人们都预见到，美国将要宣战。——译者注

堪了。有些股票开盘价就低于前一天晚上收盘价8个点。但在我眼里这是上帝赐予我轧平所有空头头寸的利好机会。我曾经提到过，当熊市来临的时候，如果股市发展混乱不已，买进不失为明智的选择。只要尺度把握得当，就可以将大笔浮动利润转化为实实在在的现金。打个比方说，我做空了5万股美国钢铁公司股票。当然，我手上还有其他股票的空头，当我注意到行情允许买入平仓的时候，我立刻毫不迟疑地买进回补。我因此获利差不多有150万美元，这可是个不容错过的机会。

我在前一日下午交易的收盘前半小时所买进的15 000包棉花一开盘就损失5倍。真是让人大跌眼镜！下跌意味着我一夜之间就损失了37.5万美元。如果参照股票和小麦期货交易中的做法，最明智的举动就是在下跌时把空头平仓，但对于在棉花期货上该采取什么行动，说实话我心里还没有谱。我的顾虑很多，而且当我就要弥补损失时，我又进行了自我否定，因为我不想冒失地挽回损失。我开始反省自己，只顾着享乐而去南方逍遥自在地钓鱼，却没有把心思花在研究棉花期货市场的操作过程上。我在小麦期货和股票交易中大赚了一把，在棉花交易中的损失也是我该承受的。这种损失让我明白自己将获得的利润是100万美元多一点而不是150多万美元了。这其实是会计账目问题，因为当你搬出许许多多的问题需要思考的时候，它可以给你的建议只是模糊的数字。

如果前一日收盘之前没有买下棉花，我的账上还会多出40万美元的资金。这个事实可以让你明白一旦投资不当，巨大的损失只是瞬间发生的事情。我的总体观点是肯定无误的，而且我也从那个完全违背自己考虑的偶发事件中成功获益过，这种偶发事件引导我在股市和小麦期货市场持有头寸。切记，前文提到的最小阻力位的观点价值仍然存在。尽管德国照会是完全出乎我们预料的事情，它也确实是影响市场的一个不小的因素，但股市价格的走向还在我的预料之中。要是事实与我的预料完全一致，我的那3笔投资就可以稳操胜券了——因为一旦和平到来，股票和小麦价格就会下跌，而棉花价格的暴涨将势如破竹，我这3笔投资就会稳赚不赔。如果抛开和平和战争的因素，我对股市和小麦期货的看法就是正确无误的，这就是为何预料之外的事情总会起到推波助澜的作用。在棉花期货交易上，我将抛开自己的操作而借助于场外的因素——也就是说，我将获胜的赌注压在了威尔逊总统进行的

第14章 改变战略适应市场变化

和平谈判上。因此，我只能说是德国的军界领导人让我输掉了压在棉花上的赌注。

1917年年初我重新返回纽约，我还清了共计100多万美元的债务，无债一身轻的感觉真是好极了。我应该提前几个月做这件事情的，但因为一个简单的理由我改变了主意。我的交易活动非常踊跃，收效也良好，这些资本对我来说意义重大。我必须用我自己和那些债权人的资本把握住1915年和1916年市场上的有利时机，因为这种市场的兴旺可遇而不可求。我明白赚钱的机会来了，自己也没有了后顾之忧，因为我已经通知他们再等几个月我才还钱，其中许多人也从未希望我会准时还款。我希望自己能一次性地多还一些欠款，或者说可以一次还清所有的债务。因此，只要市场对我多多关照，我将全力以赴，以自己全部的财力和资本去做好交易。

我希望能连本带息一并偿还，可是所有签了拖欠合同的债权人都拒绝了。那个我欠了他800美元的家伙的钱我是最后才还上的。他曾经让我备受压力，使我神情沮丧，甚至提不起精神去赚钱。我要耗着他，直到他听说我已经还清了其他人的钱，我才向他支付那笔欠款。我希望他可以学会体谅别人的难处，尤其在别人仅仅欠他几百元钱的时候。

以上就是我东山再起的全部过程。在彻底还清了所有债务之后，我支取了一笔数额不小的钱作为年金①。我要与那种身无分文、忧心忡忡、投资失利的处境挥手告别了。理所当然的，在我结婚后，我就为妻子划拨了一笔钱款。儿子出生之后，我又为他划拨了一笔钱款。

我之所以这样做并不只是担心市场会把钱从我这儿再次拿走，而是因为我知道一个人很可能把自己轻易得到的任何东西都花个精光。做了上述安排后，家人的生活就有了保障，不会受到我市场交易活动的干扰。

我认识的许多朋友也都是这样做的，可是这样做也并不是绝对保险。当他们急需用钱的时候，又会甜言蜜语地哄骗夫人签字拿出那笔钱，而自己却又拿去亏在了股市里。于是我选择了另外一种方式来安排这件事情，无论我

---

① 年金（annuity）源自于自由市场经济比较发达的国家，是定期或不定期的时间内一系列的现金流入或流出。参与年金计划是一种很好的投资安排，而提供年金合同的金融机构一般为保险公司和国库券等，比如购买养老保险，其实就是参与年金合同。年金终值包括各年存入的本金相加及各年存入的本金所产生的利息，但是，由于这些本金存入的时间不同，所产生的利息也不相同。——译者注

想要干什么或妻子想要拿出钱为我干什么，签署过的托管合同都会限制我们的行为，不允许我们动用一分一厘，这笔钱绝对安全，无论是我还是我的妻子都无法挪用，不会受到市场需求的影响，也不会因为妻子对我的挚爱而损失殆尽。

第15章
商战是眼光和眼光的较量

从出生到进入坟墓的生命过程本身就是一种赌博，一段人生阅历。但在我的整个投资者生涯中，有些时候我虽然判断精准且行事公正，却还是会败给那些心怀叵测的对手，他们总会用险恶的手段骗去我的钱财。

只有给那些无赖、胆小鬼和乌合之众的不端行为以反掌一击，我才能自我保护，这种反击需要当事人思维敏捷、眼光远大。除了在过去的一两家对赌行之外，我从未见不得人的手段去阻止价格下跌，因为即使在对赌行那种环境里，诚实也是为人之本，赚钱也要取之有道，而不是采取欺诈手段。我从来不觉得无论何时何地都得盯紧对方、否则就会受骗的交易可以称为好交易。但是，面对那种软弱求饶的赖账者，自己也毫无办法。公平交易就是公平交易。我可以给你讲述很多这样的事例，在这些事例中我无一例外地成了自己信念的牺牲品。我信奉那些神圣的信誓旦旦的誓言，或者对那些不可侵犯的君子协定信以为真。但我不会再上当了，因为再正直善良的人也会记得这些教训。

> 我不愿意花很多时间和股票市场的人们在一起，我觉得他们讨厌，和知识分子在一起比和商人在一起感觉要舒服得多。
> ★ 彼得·林奇

许多人愿意把股票交易所比喻为劫掠者的战场，把华尔街上每天进行着的交易看作一场场的战役。这些比喻很有戏剧性，也让人们因而误入歧途。我并不认为自己的投资活动是什么战争。我未曾向任何的个人和投资小集团宣战过。我们不过是各持己见罢了，我对基本情况有自己的看法。剧作家们所谓的商战并不是人类之间的战争，那只是基于商业观念的一种描述。我坚信事实，而且也只相信事实，也完全依照事实控制自己的行动，这也是贝拉德·M.巴拉克（Bernard M.Baruch）成为富翁的诀窍。

有时候我对客观事实——包括所有事实——没有彻底看清楚或看清楚得比较晚，也许是因为我思路不够清晰。一旦有这种情况发生，就会给我造成损失，而我每次的错误都必须以金钱为代价。

任何有理智的人都甘愿为自己的错误付出代价。任何人也必须得为自己的错误付出代价，这是天经地义的。而做得正确就不该亏钱，当然交易所规则突然改变而导致的亏钱除外。对一些投资活动中的偶发事件我从来不曾遗忘，它们时刻在提醒投资者，任何利润都要等到真正存入自己的银行账户后才是真金白银。

欧洲爆发第一次世界大战之后，那些急需的商品价格开始急速上扬。任何人都猜测到了这种形势和战争势必会引起通货膨胀。正如人们预料的那样，总体上涨趋势随着战争的持续从来不曾有过间断。你也许依然记得，1915年我一直都在为"东山再起"四处奔波着。股市的暴涨近在眼前，利用它是我义不容辞的责任。我在股市上进行了最稳妥、最易得手和最快捷的大手笔交易，和你猜想的完全一样，我否极泰来。

截至1917年7月，我不但偿还了所有的债务，而且还有一些剩余，这就意味着现在我终于有时间、资金和机会去考虑同时进行期货和股票交易。多年来对所有市场情况进行研究已经成了我的习惯。商品（期货）交易市场上的商品价格与战前相比翻了1~4倍，但咖啡却是个例外。当然，这不是没有原因的。战争的爆发意味着欧洲市场的关闭，大批的货物只能转销国内，国内成了唯一的剩余市场。这终于导致国内咖啡原料供大于求，这种情形带来的必定将是咖啡价格的下跌。当我刚开始思索是否要对咖啡进行投资的时候，咖啡的售价已经低于战前价格。如果这种反常的原因是显而易见的，那么下面的情形就更是无须多言了：德国和奥地利潜水艇持续地对盟国船只进行攻

第15章 商战是眼光和眼光的较量

击,这就意味着可用于商业途径的船只数量越发的少了。这种局势终将导致咖啡进口贸易的彻底衰落。随着咖啡进口数量的减少和消费需求的稳定,所剩不多的咖啡存货一定会被吸收。因此,一旦发生这种情况,咖啡的价格势必会像任何其他商品一样猛烈且快速地上涨,这种情况有过先例。

无须请出夏洛克·福尔摩斯我也可以分析出这一局势。至于为何无人购买咖啡,我不知道。在我下定决心出手时,我不认为这是一种投机,我将其仅仅看成是一项投资。我明白发财需要过程,但是,我也懂得这一投资必定会有利润相随而至。这一点使得该项投资成了保守的投资活动,这其实更像是银行家做的事情,而不是投机客的举措。

1917年秋天过去的时候我开始进行收购,我买进了大量咖啡。然而,市场上波澜不兴,持续着以往的不景气,价格也完全没有按照我想象的那样升上去,结果在长达9个月的时间内我唯一能够做的就是怀揣着自己毫无结果的投资。9个月之后我的合同到期,只能出清所有期权仓位。为此我又损失了一大笔钱,但我还是坚持自己的看法。但显而易见的,我并没有把握住最好的时机,但我还是坚信咖啡的价格一定会和其他商品一样上涨。

于是,我一抛出就立刻又开始吃进。这次我买进的咖啡比上次多了两倍。当然,我买的是可在最长的期限内拥有的期权合约。

我这次的决定是正确的。我刚一买进价格立刻开始上涨。其他各地的人都似乎突然意识到咖啡市场注定会发生什么情况。形势开始表明,我的投资很快就会给我带来巨额的回报。

卖方多半是焙烤商,其中大多数是德国人或德裔,他们从巴西买进咖啡,信心满满地希望运到美国来。但是,找不到运输的船只,很快他们就明白了自己所处的难堪境地,巴西的咖啡价格一路狂跌,而美国这边则完全是处在供小于求的状态。

还记得我最初看好咖啡的时候价格还处在战前水平,而我买入后持有将近一年的时间,这也给我带来了不小的损失。对犯错误最好的惩戒方法就是亏损,褒奖正确的最好方法就是赢利。由于行情十分明显,而且是进行长线投资,我有理由期待着大赚一笔。收获丰厚的利润并不需要市场上涨多少,因为我拥有几十万袋咖啡的存货。我不喜欢谈到具体成交的数目,因为有时候听起来不太可信,会有自吹自擂的嫌疑。实际上我在按照自己的方式

161

投资，而且从来不会把自己逼到绝境上。在留有余地的情况下我是十分保守的。我大量地买下期权的理由是觉得自己稳赚不赔，所有的情况都对我有利。我已经被迫等待一年了，我现在要连本带利地拿回来，既是对我等待的补偿，也是对我投资正确的回报。我终于看到了利润滚滚而来，且来势凶猛。不是因为我盲目，而是我深谙此道。

那几百万利润以迅雷不及掩耳的速度来了！可是并没有到我手里，也到不了我手里。并非形势突变改变了什么，而是国内市场未能经受住这种超乎寻常的方向逆转形势的考验，以致咖啡没有进到美国来。到底发生了什么事？出乎预料的事情真的发生了！所有人都未曾有过类似的经历，因此我也无法对之加以警惕。在众多的投资活动突发性事件中还有一件我必须永远牢记的事件，这里我有必要说一下，情况就是这样：将咖啡卖给我的空头户们清楚自己将面临的处境，因此就使尽浑身解数去摆脱那种境地，自作主张地抛出，这也算作是一种新的赖账方式。他们都蜂拥到华盛顿求援，想得到帮助。

你应该还记得，政府曾经制定过多种方案，企图阻止从急需物资中获取暴利，但大多数都是徒劳的。那些良心尚存的咖啡空头们跑到战时价格委员会去——我觉得其中不乏官方的暗示——向该机构提出了一项爱国请求，要保护美国人吃早餐的权利。该委员会对外宣称职业投机家拉里·利温斯顿已经垄断或即将垄断咖啡。如果他的投资方案可以成功得到执行，他将有机会利用战争给他创造的一切条件赚钱，美国人将不得不为此付出昂贵的价格去购买每天餐桌上必备的咖啡。对于那些将几船咖啡卖给我却又找不到运输船只的爱国者们来说，他们无论如何也没有想到，1亿左右的美国人将会向那些良知泯灭的投机商进贡了。他们代表着咖啡交易，而不是咖啡赌徒，他们希望通过有效手段帮助政府约束已经发生的和可能出现的牟取暴利的行为。

现在，我对哀鸣者深恶痛绝。我的意思并非影射价格委员会没有实施有效措施去控制牟取暴利和浪费的行为。我是想表达，有必要表明该委员会不必过于关注和介入这一特殊的咖啡市场。它抬高了咖啡原料的价格，也为终止所有现存合同确定了一个最后期限。当然，这个期限意味着咖啡交易即将终结，咖啡交易所必须停止营业。

我卖掉了所有合同，曾经认定即将到手的那几百万利润完全成为泡影。

第15章 商战是眼光和眼光的较量

我过去是，现在也是，不赞成从生活必需品中牟取暴利，但是，在价格委员会制订咖啡章程的时候，别的商品已经以高出战前250%~400%的价格出售了，而咖啡价格实际上还低于战前几年里的平均价格。在我看来任何人拥有咖啡都一样，价格必定会上涨。其原因不是那些良知泯灭的投机者在操作，而是因为日渐减少的咖啡存量导致了咖啡进口量的缩减，而后者又深受德国潜水艇骇人听闻地击沉船只事件的影响。价格委员会在咖啡价格还没有开始涨价的时候就踩下了刹车。

作为一种政策和权宜之计，强迫停止咖啡交易是错误的决定。如果该委员会允许咖啡交易顺其自然地进行，那么基于我曾经阐述过与任何所谓的垄断都无关的理由，价格势必会上涨。但是这种高价——无须太高——将会起到刺激作用，将咖啡吸引到市场上来。我曾听贝拉德·M.巴拉克先生说过，战时工业委员会曾经希望以固定价格确保市场供给。正因为如此，针对某些商品的高价限制的怨声载道就不公平了。当咖啡后来恢复交易时，我以23美分将其出手了。因为供应量小，价格定得太低，以致无力支付高价运费以保证持续不断的进口数量，所以美国人得到的供应量很有限。

我一直觉得在我所进行的各种期货交易中咖啡交易是最合理合法的。我将其看作投资而不是投机。我投资咖啡为期共计一年有余。如果其中包含了任何赌博行为，那也是那些具有德国血统和自称爱国者的咖啡焙烤者造成的。他们从巴西买进咖啡，又到纽约向我转手。定价委员会制订了唯一的没有上涨的官方价格，该委员会在没有开始牟取暴利的时候，做到了让公众的利益不受影响，但对于接下来不可避免的高价影响则是无力回天的。不但如此，而且当绿色咖啡豆每磅的价格只有9美分时，烘干了的咖啡却和其他商品价格一起上涨，最终获利的只是那些焙烤商。如果绿色咖啡豆每磅上涨20~30美分，那么我将有可能赚上几百万美元，而且公众也不必为了后来咖啡价格的上涨付出如此巨大的代价。

投机活动中马后炮只会浪费时间，使你一事无成。但是这种特别的交易很有教育意义。它和我进行过的其他交易一样诱人，上涨行情清晰明确，一切都在情理之中，以致我都忍不住想要赚几百万美元。但我没能够成功。

在其他两个交易中，委员会制订的条款让我吃尽了苦头，这些条款在没有任何提醒的情况下改变了交易规则。但是，在这些情况下，从技巧角度上分析我的观点还是正确的，其商业道德标准却低于我在咖啡交易中的所作所为。在投机交易中不能过于固执己见，我向你们讲述的经历恰恰是在给自己的一连串偶发事件中加入了新的元素。

咖啡事件之后，我在其他商品的期货交易和股市的卖空交易中都大获全胜，于是无聊的流言蜚语纷纷袭来。华尔街的职业炒家们和那些新闻记者们每次听闻商品价格大幅变动，就将责任归咎于我，这似乎已经成为习惯，他们污蔑我总是采取所谓的突然行动。甚至夸张地说我的抛售不是爱国行为，我理解他们如此定性我的投资活动的原因，就是为了满足公众贪得无厌的要求，或者说为每次价格变动找出原因，好给公众以交代。

我一直秉持这样的观点，没有什么操纵手段可以把股票压低或使之保持低价，其中并无秘密可言。任何人如果肯腾出半分钟时间加以思考，都能想明白其中的道理。若一个炒家对某种股票突然采取行动，换言之，将价格压得远低于实际价值水平，那结果会如何呢？我敢肯定，这个人会立刻抓住时机买进。那些懂得股票价值所在的人也会在这种股票廉价出售时大量吃进，如果他们停止了购买，就意味着总体行情与他们可支配的财力不相称了，这显然不是卖空的行情。人们认为这种故意造成股票价格猛跌的行为是不正当的，更有甚者称其为犯罪。可是以一种远远低于本身价值的价格出售股票就是危险的行径。切记，无力回升的因人为原因控制而下跌的股票是不能吃进的；一旦有人为控制股票猛跌的行为出现，即不正当地卖空，正常情况下就容易引起内部人买进，只要这种情形出现，价格就无法继续保持低价。我必须提及的一点是，在几乎所有的情况下，所谓的故意造成股票价格猛跌确实又是合法的下跌，这种下跌可能只是下跌行情的一次加速，而与某个职业投资者的动作无关，无论他能进行多久的长线投资。

把大多数价格突然下跌或猛烈的暴涨说成是一些孤注一掷的投机家们的投机行为所致，这样的理论多半是被人编造出来的，以此向一些投机者解释市场价格变动的原因——这些投机者只是昔日的盲目赌徒而已，他们乐于听信谣言，却不愿自己动脑思考。运气不佳的投机者经常从经纪人和造谣者那儿听到股价猛跌造成自己亏损的原因是一些炒家炒作行为的结果，而实际上这并不可信，很可能是一种反面的内部消息。其中的区别在于：来自熊市的内部消息是简单明了的，明确建议交易者卖空；但是反面的内部消息则不

第15章　商战是眼光和眼光的较量

同，它们对下跌行情不做合理的解释，目的就是要阻止你明智地去卖空。股票价格下跌时自然的选择就是抛售，也许你无法明确原因，但是下跌本身就是一个绝佳的理由。因此，你一定也会急于脱手。可是，当下跌是激进炒家行为所致时，脱手就失策了，因为只要这个炒家停止动作，价格势必会迅速反弹，这就是反面的内部消息啊！

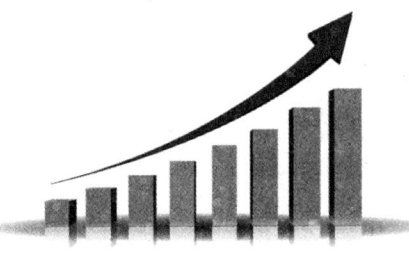

股 票 大 作 手 回 忆 录

第16章
不要依靠内幕消息交易

内幕消息！这四个字充满了诱惑力！人们不但渴望得到，而且乐于向别人提供。其中既包含了贪婪，又带有虚荣的成分。有时候看见那些头脑聪慧的人劳神费力地打探这些内部消息，真让人感慨。透露消息的人无法保证消息的真假，因为寻求消息的人并不只是追求好消息，而是对任何消息都来之不拒。

如果因消息而获利，那是最好不过了！如果没有，就寄希望于下一个消息会带来好运。我联想到了那些交易厅里的顾客，他们对内部消息深信不疑。对于承销商和市场操纵者来说，接踵而至的内幕消息成为理想的宣传手段，堪称世界上最好的推销兴奋剂。因为，既然探寻者和需要的人都是传递者，那么内幕消息的传播就成了一种循环链式的宣传模式。探寻内幕消息者被幻觉指引着四处奔波，这种幻觉就是他们自认为合宜的传递方式，内幕消息的诱惑力所向披靡，可以想象，这些内幕集团对于如何巧妙地传递消息进行过精心的策划和准备工作。

⬛ 没有什么样的内幕消息能比公司的职员正在购买本公司的股票更能证明一只股票的价值。
★ 彼得·林奇

每天我都会从各种各样的人处得到若干条内幕消息。我不妨将婆罗洲①锡业股票（Borneo Tin）的故事说给你们听听。对于这只股票的上市时间你们还有印象吧？那是在股市上涨的高峰期。这只股票的承销商听从了一位银行家的建议，马上付诸行动在市场上公开筹资成立一家新公司，而拒绝让乐意负担费用的辛迪加②趁机介入。这个建议真的不错，他们唯一的过失就是经验不足。他们对于在疯狂的暴涨期内，在股市上该如何行动一无所知，与此同时他们又过于谨慎和不自信。为了更好地卖出股票他们一致同意必须提高发行价格，可是发行价格定得有点过高了，这让交易者和有气魄的投机活跃分子在买进后不由得疑虑重重。

按照常理，这些承销商应该坚持这一价格，但面对疯狂的牛市，他们的贪婪却被保守战胜了。公众正在按照自己听到的内部消息买进股票，人们想的不是投资，而是轻松地挣钱，要赢得那种真正带有赌博性质的利润。因为急需大量的军需物资，黄金向美国奔涌而来。我也得知，这些承销商在制订婆罗洲锡业股票上市计划时，在官方尚未来得及记录下第一笔交易的时候，曾三次提高过股票的发行价格。

有人曾经希望我能够加入他们，深思熟虑之后，我还是拒绝了他们的邀请，因为如果有什么市场运作机会的话，我喜欢独自行事，以自己的方式投资。婆罗洲锡业上市时，我已经掌握了其承销商的财力、投资计划和公众可以起到的作用，于是就在开盘第一日的第一个小时内出手买进了1万股。至少在某种程度上，该股票的首次发行是可圈可点的。事实上，这些承销商看到人们踊跃购买这种股票，就后悔出手股票的速度太快了。他们在发觉我买下1万股股票的同时，突然意识到如果将股价标高25个或30个百分点，他们一样可以卖光所有股票。他们于是推断出，我持有的1万股股票的利润会占去他们那几百万美元中相当大一部分。后悔不迭之余，他们居然想把我赶出市场，可是我没有让他们得逞。因此他们认为无望而放弃，接下来他们开始抬高价

---

① 婆罗洲是印尼的一个岛屿，也称为加里曼丹岛。——译者注
② 辛迪加（法文：le syndicat）是在19世纪末20世纪初产生的垄断组织形式之一，是少数资本主义大企业，通过签订统一销售商品和采购原料的协定以获取垄断利润而建立的垄断组织。辛迪加的参加者虽然在生产上和法律上还保持着独立性，但在商业上则已完全受制于总办事处，不能独立行动。在各参加者不能与市场发生直接联系的情况下，他们要想随意脱离辛迪加，事实上也很困难。如果某一成员想要退出，必须花一笔资本去重新建立购销机构并重新安排与市场的联系，而且每每受到辛迪加的阻挠和排挤。——译者注

第16章 不要依靠内幕消息交易

格,结果我并未因此而蒙受任何损失。

他们看到别的股票创了新高,就开始幻想赚进几十亿美元的利润。当婆罗洲锡业股票涨到120点时,我迅速出手把我那一万股全抛给他们。

当时,我正携妻子一起在棕榈海滩度假。某日,我在格里德利事务所赚了些小钱,回家后我把其中一张500美元的钞票交给妻子。无巧不成书,当天晚上吃晚餐时,我妻子恰巧碰见了婆罗洲锡业公司的总裁威森斯坦先生,他是那伙股票发行人的领导。此后很久我才知道这位威森斯坦先生是费尽心思才在晚餐时恰巧坐在我夫人旁边的。他殷勤地奉承我的妻子,最后神秘兮兮地对她说:"利文斯顿夫人,我计划做一件以前从未做过的事。我对这件事很感兴趣,你也明白这其中的意义。"他闭口不再言语了,转而焦急地望着她,心里猜测对方应该是既聪慧又机警的。我妻子察言观色之后也明白了这个意思,因为已经全部写在他脸上了。不过,她还是回答:"是呀。"

"好的,利文斯顿夫人,能遇见您和您的先生,真是三生有幸。我想证明一下本人是真心诚意说这一番话的,因为我希望同二位能够成为亲密的朋友,我接下来要表达的意思算得上是高度机密了。"然后他悄声说,"如果你们买一些婆罗洲锡业的股票,将会给你们带来意想不到的收获。"

"真的吗?"我妻子发出质疑。

"就在我从旅馆出发来这里的路上,"他接着说,"我收到几封电报,电报的内容暂时还不能公布,要对公众至少保密几天。我已经计划尽可能多地买进这种股票。如果明天开盘时,你们也有购买需求,我们可以一起按照同样的价格买进。我发誓婆罗洲锡业肯定

照片上是利弗摩尔和第三任妻子哈里特(左上角),在拥有10套客房的纽约市派克大街豪宅中,同80多个朋友狂欢社交会后的合影

会上涨。我仅仅向你们二位透露此消息，对他人绝对保密！"

她向他表示了由衷的谢意，然后告诉他自己对股市毫不了解。可是他让她放心，知道这个内幕就够了，其他事情都不重要。为了确保她听懂了自己的意思，他又向她重复了自己知道的内部消息。

"你们要做的事就是根据自己的资金实力尽量多地购买婆罗洲锡业的股票。我可以向你保证，按照我说的做，稳赚不赔。在我一生中，还从未让任何女人或男人去买进什么股票呢。但我深信这种股票不会停止在200个点，所以我想让你们也可以从中获利。你知道，我自己无力吸进所有股票，而且如果除我之外有别人也可以因此获利的话，我希望是你们。这是我唯一的愿望！我私下向你透露吧，因为知道你不会四处传播的。利文斯顿夫人，相信我的话，买婆罗洲锡业股票你一定不会后悔的！"

他的态度非常诚恳，因此成功地博取了我妻子的信任。她开始想到我那天下午给她的那500美元，它们终于可以上场了。这笔钱数额不大，而且她有权力自由支配。换言之，即使她运气不好，也只是将轻易到手的钱又赔进去而已。而且，那人说过她保准会赢，她有兴趣去冒险尝试也值得鼓励。她后来才告诉我这件事。

精彩的还在后面。就在第二天早晨开盘之前，她一走进哈丁事务所就对经理说："哈丁先生，我想买些股票，但我不想记在我的常用账户上，因为我希望在赚到钱之后再告诉我的丈夫。你能帮助我操作一下吗？"

经理哈利说："哦，没问题。我们可以单独开户，你只需要告诉我打算买哪种股票，想买多少就可以了。"

她随手将那500美元递给他，然后对他说："听清楚了，我不想把老本蚀光，如果这次失败了，我不想再欠你们什么。要记住，我不想让利文斯顿先生知道此事。用这笔钱在开盘时帮我尽可能多地买进婆罗洲锡业的股票。"

哈利拿过这笔钱，告诉她一定会替她保守秘密的，然后在开盘时为她买进100股。如果我的推测无误，她是在108点时买进的。那天这种股票异常活跃，收盘时又上涨了3个点。我妻子为此兴奋不已，我却全然不知情。

事有凑巧，我一直不看好当时的行情，认为整个市场都处于疲软状态。婆罗洲锡业的异常举动没能够逃出我的眼睛。我判定当时还不是股票上涨的时候。我打算卖空，而且是大手笔的动作，一出手就抛出1万股婆罗洲锡业股

第16章 不要依靠内幕消息交易

票。如果我的行动是错误的，那么我认为这种股票应该上涨5~6个点而不是3个点。

我在第二天开盘时又抛出2 000股，在快要收盘之前持续抛出2 000股，此时的股价已经下跌到102个点。

第二天早晨，担任哈丁兄弟事务所棕榈海滩分部经理的哈利在恭候我妻子的光临。如果我在市场操作，她一般都是在11点钟左右才溜进去看行情的。

哈利把她拉到一边说："利文斯顿夫人，如果你想继续持有那100股婆罗洲锡业股票，那么你必须要投入更多的保证金才行。"

"我的全部资金都给你了啊。"她说。

"我完全可以把它转到你的常用账户上。"他提醒道。

"不可能。"她反对，"我说过不会让我先生知道此事的。"

"可是，你应该知道你新开的账户已经亏本了。"他无奈地说。

"我明确地提醒过你，我可以承受的损失上限是500美元，我甚至不想亏掉那500美元。"

"我知道，利文斯顿夫人，是否抛出我必须征得你的同意，现在除非你授权我不抛出，不然的话我只能将股票抛出去。"

"但那天买进的时候行情很看好啊。"她说，"我不相信这么快行情就变了，你怎么看呢？"

"我和你的看法完全一致。"哈利回答。他们不得不在经纪人办公室里密谋起来。

"哈利先生，这只股票到底怎么了？"

哈利心知肚明，可他一说实话就会出卖我，而且客户的生意是神圣不可侵犯的。因此，他只好说："我和你一样茫然。但事实就是如此！它的价格还在跌，达到这波行情的新低！"

我妻子看了一眼下跌的股票，叫嚷道："唉，哈利先生！我不想让这500美元化为乌有，给我点建议！"

"利文斯顿夫人，如果我是你，我会去问利文斯顿先生。"

"噢，不行！他反对我独自投资股市。他早就告诫过我，如果我这时候跑去问他，他就会猜到我在买卖股票，我从来没有背着他做股票交易，我没有勇气告诉他。"

"好了。"哈利安慰她，"他是个非常出色的投机家，他一定有办法的。"见她还是摇头，他不甘心地继续怂恿着："不然的话，你就只能再拿出1 000美元或2 000美元来支撑你这些婆罗洲锡业股票。"

哈利先生的最后一句话产生了作用，她开始在事务所周围游荡，当跌势越来越明显时，她来到我观察报价板的位置旁边，表示有话要和我说。我们走进私人的休息房间，她向我描述了整个事情的经过。我只好安慰她说："别傻了，赶快收手吧。"

她答应我就此收手，我又拿出500美元给她，她开心地走了。此时，婆罗洲锡业的股票价值处于票面价以下。

我知道事情的原委。威森斯坦老谋深算，他估计我夫人会把他告诉她的话转述给我听，我会因此而考虑购买这种股票。他了解我的性格特点，知道我对这种事很上心，大家都知道我惯于进行获利可观的投资。我猜想他一定在等着我出手买进1万或2万股。

以上就是我所经历过的计划得最巧妙、最有怂恿效果的内幕消息之一。遗憾的是它以失败告终。它注定不会成功，首先，我妻子恰恰是在得到那笔500美元的意外之财那天得到这一消息的，因此，她所表现出的冒险情绪和平时判若两人。她希望靠自己的能力赚一笔钱，而且女人的目光短浅把这一诱惑美化得令人神往以致势不可挡。她知道我不看好外行炒股，因此不敢对我提起此事。威森斯坦对她还是不够了解。

威森斯坦对于我作为投机者的判断也是完全错误的。我对内幕消息从不感兴趣，在整个股市上我是卖空的。他以为可以成功地引诱我去买进婆罗洲锡业股票的计谋，或者说他向我夫人透露内幕消息的举动和股价上涨3个点，恰恰是我决定依靠抛出获取利润时选择从婆罗洲锡业股票开始的依据。

听了妻子的一席话，更坚定了我抛出婆罗洲锡业股票的想法。每天早晨开盘和每天下午收盘之前我都习惯性地抛出一些股票，除非我确信可以带来可观利润，否则我绝不买进。

在我看来，以内幕消息作为投资依据是极其愚蠢的行径。我想我不是以探听内幕消息而出名的。在我眼里，那些探听内部消息的人就像喝酒上瘾的酒鬼。有些人对别人的恳求毫无抵抗之力，总是希望达到那种在他们自己看来是得到幸福必不可少的醉态。伸长耳朵探听消息并非难事，目的就是为了

第16章　不要依靠内幕消息交易

满足自己内心强烈的欲望。这种行为与其说是由于被贪婪蒙住双眼,还不如说是被不爱动脑思考而束缚住了。

让人无法理解的是,并非只有圈外人才有这种根深蒂固的打探消息的念头。在纽约的股票交易所里某些专业投机者也是如此。我十分清醒地意识到其中很多人都很在意我的判断,可能是因为我不愿向任何人透露消息。如果我对别人说"快将你手上的5 000股钢铁股票抛出去!"很多人会立刻照办。可是,如果我告诉他我是在做空头且有充足的理由,一般人就都听不进去了,更有甚者会在听了我的忠告之后,给我以白眼,因为他觉得我的这番话浪费了他的时间,耽误了他赚钱,并没有直接给他特别的暗示,我这种做法与那种有慈悲胸怀的人迥然不同。那种人在华尔街比比皆是,他们乐于把几百万美元义务地放进朋友、熟人和素不相识者的腰包。

我认识一个纽约股票交易所的职员,他就认为我是那种自私冷漠、不讲人情之人,因为我从不透露消息给别人,即使是朋友。但很多年前的一天,他正在同一位记者进行交流,这位记者偶然提到他得到可靠消息说G.O.H股票要上涨。我的这位经纪人朋友毫不犹豫地买进1 000股,结果在止损之前亏了3 500美元。一两天之后,他和这位记者朋友再次碰面了,这时他仍然怒火难耐,余怒未消。

"你透露给我的内部消息也太不准确了!"他抱怨说。

"什么消息?"记者疑惑地问,他早就将自己的无心之言忘得一干二净了。

"就是关于G.O.H的,你还信誓旦旦地说消息来源可靠。"

"没错,是该公司的一位理事告诉我的,他是财政委员。"

"哪个委员?"这位经纪人追问道。

"你真想知道我也可以告诉你。"记者说,"他就是你的岳父大人,威士莱克(Westlake)先生。"

"咳,真见鬼。你为何不早说呢!"这位经纪人大声嚷道,"你让我损失了3 500美元!"家人提供的消息没有说服力,消息来源越远,给人的感觉就越可靠。

威士莱克是一位事业成功的银行家和股票承销商。有一天他和约翰·W.盖茨不期而遇。盖茨向他打探消息。威士莱克粗鲁地回答:"如果你按我给你提供的消息操作,我就给你建议。否则的话,不要浪费大家的时间。"

"您怎么说我就怎么办。"盖茨乐滋滋地保证。

"卖出雷丁股！必定有25个点的利润在里面，或许不止这些。但是，绝对有25个点。"威士莱克信心满满地说。

"非常感谢。"以乐于打赌而闻名的盖茨和威士莱克热情握手后，就朝着自己经纪人事务所方向走去。

威士莱克是专门研究雷丁股的。他对该公司情况非常了解，而且同内幕人士的关系也非比寻常，因此对他来说股市毫无秘密可言，人人都知道他这一手。此刻，他建议这位西部投机者卖空。

然而雷丁股价格持续地上涨。短短几个星期内就涨了差不多100点。某日威士莱克又在街上偶遇约翰·盖茨，他想当然的觉得对方没有看见他，就继续前行了。谁料约翰·盖茨快步追上他，满脸堆笑地把手伸过去，威士莱克不知所措地也把手伸了出来。

"对于你透露给我的关于雷丁股的消息真是万分感激。"盖茨说。

"我什么都没有说过。"威士莱克皱着眉头。

"你忘记了吧，那条信息让我足足赚了6万美元。"

"赚了6万美元？"

"没错！看来您是真的忘记了！你让我卖出雷丁股，于是我就买进！威士莱克，我总是把你提供的消息反过来听。"约翰·盖茨高兴地说，"一直都是的！"

威士莱克盯着这位坦率的西部人，不无羡慕地说："盖茨，如果我能够和你一样聪明，我会多么富有啊！"

某日，我偶遇了著名的漫画家W.A.罗杰斯（W.A.Rogers）先生，在华尔街上的经纪人都对他很有好感。他多年来登在纽约《先驱报》（New York Herald）上的漫画给成千上万的读者带去了快乐。他曾经给我讲过一个故事，时间大约是在美国与西班牙开战①之前。那是一个傍晚，他正同一位经纪人朋友沐浴着落日的余晖。分手时这位经纪人将自己的圆顶礼帽从衣架上取下来——至少他认为是自己的礼帽，因为这顶礼貌外表看来与自己那顶一模一样，而且大小也很合适。

---

① 1898年，美国为夺取西班牙属地古巴、波多黎各和菲律宾而发动的战争，是列强重新瓜分殖民地的第一次帝国主义战争。——译者注

第16章　不要依靠内幕消息交易

彼时，华尔街上到处都在思考和谈论美国同西班牙的战争，大家都关注这场战争是否真的会打起来。因为如果一旦开战，股价就要下跌；下跌与其说是我们自己抛出股票造成的结果，还不如说是来自于持有我们证券的欧洲人施予我们的压力。反之，如果不会开战，买进股票则是最明智的举动，因为市场上目前的股票下跌都源于报纸的鼓动和渲染。罗杰斯先生给我讲了接下来发生的事：

"我的这位经纪人朋友，前一天晚上我还在他家里做客。第二天他站在交易所里急不可耐地盘算着是做空头还是多头，在分析了做多头还是做空头的种种利弊之后，对各种消息的真假还是无从判别，他也无处寻求帮助了。他一会儿认为战争一触即发，一会儿又确信战争不可能真的来到。他的困惑和焦虑一定让他觉得脑袋发热了，因为他不停地取下礼帽去擦拭额头上的汗珠。他无法做出买还是卖的最终决定。

他偶然地朝帽子里看了一眼，帽子里用金色字母写着WAR[①]。这种感觉来得正是时候，仿佛是帽子在帮助上帝向他传递某种消息。因此，他当机立断地抛出了大量股票，战争消息正式公布了，他在狂跌的股市中挽回了损失，狠赚了一大笔。W.A.罗杰斯用简短的话语为故事做了总结："我一直没有要回我的那顶帽子！"

在我所知道的关于靠内幕消息赢利的故事中，有一个是关于J.T.胡德（J.T.Hood）的，他是纽约证券交易所里声望最高的人之一。某日，另一位场内经纪人波特·沃克（Bert Walker）向他透露，自己同南大西洋公司的一位董事做了一笔利润可观的证券交易。作为回报，这位心怀感激的内幕人士提醒他尽可能多地购买南大西洋股票，因为该公司的董事们正通过种种努力以期让股票上涨至少25个点。所有的董事们私下都没有做这笔交易，但多数人都会按照约定投上赞成的一票。

波特·沃克据此推断这些董事们要提高分红利率。他把这消息透露给了朋友胡德，随后二人分别买了几千股南大西洋股票。这只股票在他们买进前后都很弱，可胡德说这一定是为了让对沃克心怀感激的朋友公司内部的人更多地收集筹码。

[①] WAR，单词，战争的意思。在此处，WAR是漫画家W.A.罗杰斯（W.A.Rogers）三个首字母的缩写。——译者注

第二天是星期四，收盘后，南大西洋公司的董事们见面了，他们宣布了红利。于是在短短的6分钟内，这只股票就下降了6个百分点。

波特·沃克气愤不已，他去拜访了那位自称对他感激涕零的董事，后者也对此感到痛心疾首，后悔不迭。他解释说，他忘记了自己曾经把这个消息透露给沃克。他也因此没有及时通知沃克，董事会里起主导作用的小集团已经决定改变原来的计划。这位懊悔的董事希望尽一切可能弥补自己的过失，因此，又给波特提供了一条消息。他态度和蔼地解释说，与他当初的判断截然不同，他的几位同事想要吃进便宜的股票，但他对他们的表决无可奈何。可是现在他们买的过多，股价必定会上涨了。此时购买南大西洋公司股票是顺理成章的事了。

波特不但大度地原谅了他，而且还同这位地位显赫的金融家握手言和。理所当然地，他又在最短的时间内将消息告诉了自己这位朋友和难兄难弟。胡德把自己的幸福与朋友一起分享，他们准备要大发横财了。这只股票在透露消息后上涨了，他们急忙吃进，然而，到现在这只股票又跌了15个点，这是情理之中的事，因此，他们在合伙账户中买进5 000股。

买进的动作刚刚结束，这只股票就由于明显的内幕人士的抛出而暴跌。这两位专家的猜想得到了证实。胡德将他们手上的5 000股出手了。当他抛空后，波特·沃克对他说："如果那个缺德的家伙前天没去佛罗里达，我一定要狠狠地修理他。哼，我不会放过他的，咱们走。"

"到哪儿去？"胡德问。

"到电报局去。我要给那家伙发一封电报，要让他一辈子都记得这件事情，走吧。"

胡德尾随其后，波特带着他到了电报局。那5 000股使他们损失惨重。被气愤弄昏了头脑，波特通过电文大骂对方的不仁不义。他读给胡德听，读完后说："这封电报就会让他明白自己目前在我眼中的恶劣形象了。"

他正要把电报扔给那个等待为其服务的营业员，胡德却说："还是不要吧，波特！"

"为什么？"

"我觉得这样做不太合适。"胡德诚恳地劝说。

"凭什么不发，哪里不合适了？"波特厉声说。

第16章 不要依靠内幕消息交易

"这会使他暴跳如雷的。"

"这不正是我们想要的结果吗?"波特难以置信地盯着胡德。

可胡德还是摇头反对,十分严肃地说道:"如果这电报发出去,我们就再也没有可能从他那儿获得任何消息了!"

一个职业投机家居然说出这话,那么对那些谈论寻求内幕消息的笨蛋还能责备什么呢?人们之所以愿意打探内幕消息,并不是因为他们愚蠢,只不过是因为他们太一厢情愿地想要获利了。

巴诺恩·罗斯柴尔德(Rothschild)关于致富的诀窍对投资来说最合适不过了。有人向他咨询在证券交易所想赚钱是否很难,他回答说恰恰相反,他认为再容易不过了。

"那是因为你有雄厚的资金。"问话人提出异议。

"不是这样的。我一旦发现了捷径,就会坚持到底。对于赚钱的念头我简直无法自控。如果你愿意,我就把秘诀传授给你。归根结底一句话:我从不在低谷时买进。"

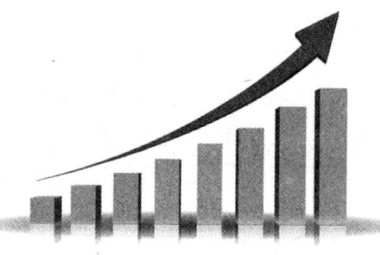

股票大作手回忆录

第17章
投机者要接受必要的训练

我的一位亲密的朋友总喜欢说我身上具有一种他认为是预感的东西，他觉得我的这种预感就是不需要研究和分析就能做出下一步决策的能力。他宣称我只需在神秘的驱动力的指使下行事，就可以在最佳时刻从股市中全身而退。他喜欢讲述一则关于猫的神秘事件，他说这只猫曾经在早餐桌上提醒我抛出所持的大量股票。收到这只猫咪的提示信息后，我心情沮丧，坐立难安，直到卖掉手中所有股票内心才重获安定，那一次我居然在股票价位最高点时脱手。这样一来，我这位固执的朋友对关于我的所谓的预感理论更加坚信无疑了。

我曾经到过华盛顿，希望可以成功说服几个国会议员，使其明白向我们过度征税是不明智的。当时我并没有过多在意股市的行情，我是突然想要卖出自己股份的，这件事也在某种程度上证实了朋友的奇谈。

我承认有时面对股市我的确会产生迫不及待的莫名冲动。这种情况与我做多头还是空头无关，总之必须要出手，否则我就寝食难安。我自己心知肚

> ◢ 绝大多数的投资者内心的一个秘密角落里都会隐藏着一种自信，觉得自己拥有一种预测股票价格、黄金价格或者利率的神奇能力，尽管事实上这种虚妄的自信早已经一次又一次地被客观现实击得粉碎。让人感到不可思议的是，每当大多数的投资者强烈地预感到股价将会上涨或者经济将要好转时，却往往是正好相反的情况出现了。
> ★ 彼得·林奇

明，这一切不过是因为我可以预见许多警示信号。也或许，并非总是可以找到某一个十分清晰或强有力的信号来为我的冲动做注解，让我能够清楚地解释自己的所作所为。也可能真的存在人们所说的"股票行情感觉"，投机方面的前辈说詹姆斯·基恩就用传奇的经历证实过这一点。我承认，通常这种警示不但是一种明确的声音而且是转瞬即逝的。但是也有一些没有预感的特例存在。那只黑猫与此无关。朋友四处传播说那天早晨我起床后脾气不好，我想即便那天我的脾气真的不好，其原因也不过是我心情不好，因为同我谈话的国会议员对我的话不以为然，这位国会议员竟然对华尔街收税的难题视而不见，坐视不理。我不想阻止和逃避对股票交易收税，但作为一个有经验的作手，我只希望得到既公平又聪明的税收方式，仅此而已，我要让山姆大叔①不要急于杀鸡取卵，否则得不偿失！也许是因为进言的不成功，我不仅焦躁，而且为受到不公正课税感到不满，并对未来悲观迷茫。接下来，我就让你们明白所谓"股票行情感觉"实际上是怎么回事。

在牛市开始的时候，我分析了钢铁和铜的市场，觉得二者前景乐观，因此我觉得这两种都该做多头。于是我迅速行动，积聚筹码。开始时买了5 000股犹他州铜矿（Utah Copper）的股份，随后又因行情不对头而停止了。换言之，这种股票的行情使得我的买进之举显得不太明智，而这本身就是很诡异的。我的心理预期价格在114美元左右。我也以几乎同样的价格买美国钢铁公司的股份，因为它的行情一路看好，第一天我就买进2万股。我依旧按照自己过去的经验和方法进行操作。

钢铁股行情继续看好，我就持续积聚筹码，直到我手中所持的股票达到了7.2万股为止。但是我拥有的犹他铜矿股仍然只是我最初买进的那些。此后我的交易量再没有超过5 000股。这种股票的表现让我放弃了继续买进的想法。

---

① 山姆大叔（Uncle Sam）是美国的绰号和拟人化形象，通常被用来代指"美国"或"美国政府"，主要在美国、英国，尤其是在新闻界中使用较多。山姆大叔一般被描绘成身穿星条旗纹样的礼服，头戴星条旗纹样的高礼帽，身材高瘦，留着山羊胡子，鹰钩鼻，精神矍铄的老人形象。这个漫画形象是由著名画家詹姆斯·蒙哥马利·弗拉格（James Montgomery Flagg）依自己长相为公共资讯委员会而画。一般认为"山姆大叔"一名是源于1812年美英战争时期，一位名叫撒米尔·威尔逊（Samuel Wilson，1766—1854年）的美国人，他在战争中向美军供应牛肉，桶上的牌子写的是"EA-US"。EA为公司名，US为生产地美国，而Uncle Samuel（山姆大叔）的缩写恰好也是U.S.，于是在一次玩笑中，山姆大叔的说法很快传开，其后成了美国的绰号。美国人把"山姆大叔"诚实可靠、吃苦耐劳及爱国主义精神视为自己民族的骄傲和共有的品质。1961年，美国国会在决议中以"国家象征"称呼"山姆大叔"。——译者注

第17章 投机者要接受必要的训练

大家都知道形势。这是一个多头市场，价格的上涨清晰可见，整体的走势还是不错的。即使是在股票普遍上涨和票面利润还算乐观的时候，行情纸带依然在吹嘘着：还没有涨到位！还没有涨到位！我抵达华盛顿的时候，股价行情记录依然是那样鼓吹着。当然，当日的晚些时候，即使我还可做多头，我也不想增加自己的头寸了，与此同时，市场走向同我的判断如出一辙，整天坐在报价牌前已经是多余之举了。我只是在等待最佳的脱手时刻，撤退的响亮号角即将吹起。当然，其中不包括人力所无法控制的自然灾难，否则股市一定会迟疑不前，或者为我准备一个反向的投机时机。正是基于以上的种种考虑，我才会贸然地去找国会议员们进行讨论。

与此同时，价格还在不断上涨，我仿佛已经看到了多头市场末日的来临。我无法断定末日来临的具体日期，这种判断是我能力之外的事情。但我心里清楚，我在时刻关注着那种暗示。一直到现在我还是这样，这已经成为我骨子里的一种习惯。

我解释不清它的来由，但我总感觉自己出手的前一天还是得到了某种暗示，当时，一看见这种高价就使我想到我手中拥有的票面利润和股份的数量，随后我又想到自己力图劝导立法者们公正明智地对待华尔街的交易，但是终告失败。也许就是在那个时候悲观的种子埋入了我的心里。这种下意识的感觉使我整个晚上无法安宁。晨起的时候，我猛然想到市场，并开始想象这一天市场将怎样运行。到达交易厅的时候，我看见的不是价格，展现在我眼前的是一个吸收能力很大的大市场，我知道这将为我赢得可观的利润，我可以在这市场上卖掉任何数量的股票，只要我愿意。当然，当一个人持有股票的时候，他一定要时刻留意机会，以便看准时机将账面利润转化为实实在在的现金。在交易中要采取各种措施让利润的损失最小化。经验证明，一个人总会有机会使自己的纸上富贵成为硬通货，而且这个机会多半是在操作行将结束时才会到来。这个结论不是来自对股价行情记录的研读，也并非源于预感。

当然，那天上午我发现可以毫不费力地卖掉所有股票时，我毫不迟疑就出手了。抛出50股和5 000股是一样聪明和果敢的行为。但是在最萧条的市场卖出50股对股市毫无影响，但卖出任何一种股票5 000股就是另外一种情形了。

我手上持有美国钢铁公司的7.2万股股份。这些股份谈不上特别，但是一下子出手这么多的股份，而又不损失十分可观的账面利润显然是不现实的，这种利润同真正平平稳稳地存在银行里的现金不是一个概念。

我可以获得150万美元左右的利润,在行情对我有利时这些数字就摆在这里。但我并非因此就觉得自己的出手是明智的。我的做法明智与否需要市场来给予评判,而市场给出的肯定答案对我来说是一种精神上的满足。

事情是这样的:我成功地将手上共计7.2万股美国钢铁公司的股票出手了,抛出的价格刚好低于当天最高价和市场行情价的1个百分点。事实证明我出手的时机正是时候,而且就在我抛出5 000股犹他铜业股票之后的一个小时内,该股价下跌了5个百分点。你应该还记得,我是同时买进这两种股票的。

我英明地决定将美国钢铁公司的股份从2万股增加到7.2万股。同时我也庆幸自己维持犹他州铜业的5 000股不变。我没有将犹他铜业股票抛出是因为这种股票我是做多头,市场是多头市场,我即使无法因之获利,至少也不会损失什么。

证券交易者所做的训练与接受医学教育是可以相提并论的。医生必须要花费大量的时间和精力去学习解剖学、生理学、药物学和其他十几种旁系科目。必须先掌握相关的理论,之后才有资格付诸实践。他观察各种疾病的临床表现,并将此分类,由此就学会了诊断。如果诊断正确——这得依靠他观察的正确与否——下一步就是要预测病情的发展演变。切记,人性自身的弱点和无法预料的客观因素将妨碍他诊断的准确率。随着他逐步积累的诊断经验,他就可以做到诊断的快速无误,以致别人会觉得他是个医学天才,他就是为从医而生的。但这一切的确与他的天生行为无关,这是他多年来对各

▲ 如果你是冲浪运动员、卡车司机、高中辍学的学生,或者脾气古怪的退休人员,那么你就已经具备了一种投资上的优势,因为你所了解的许多公司正是10倍股产生的地方,而这些公司的股票已经超出了华尔街专业投资人选股的考虑范围。

★ 彼得·林奇

第17章 投机者要接受必要的训练

种病例观察、分析和总结的结果。能够确切地诊断出病情并非易事，在诊断出病情后，还要凭借经验实施正确的处理手段和治疗方法，也就是俗话所说的对症下药。人们可以传播知识，只需要收集一些卡片、索引与证据即可，但却无法传播经验。即使知道该做什么、如何做，但是如果他速度慢、效率低，还是无法获得利润的。

观察、经验、记忆和数学，这些是成功的交易商需要具备的几大要素。观察的时候要准确无误，对观察到的东西还要过目不忘，否则就前功尽弃了。他不能在毫无根据或出乎意料的事情上下赌注。无论自己对这类事情多么信心十足，也无论你是否已经推断出这种出乎意料的东西将以怎样的频率出现。可能性才是下注之前最应该在意的事情，也就是说，要预料这些可能性，可能性越大胜算的概率才越大。在这种投资活动中，多年的实践经验，进行过的持续不断的钻研，对过去的种种经历都能够牢牢铭记，有了这些因素做保障，当出人预料的事情出现和消失时，当事者才能以最快捷的速度对此做出反应。

一个人可以有很强的数学天赋和非比寻常的观察事物的能力，然而如果经验不足或记吃不记打，也很难获得成功。而且，睿智的交易商要和医生一样，与科学的发展保持同步，不能停止对事情钻研的脚步。需要及时掌握各种对市场进程的发展会产生影响的因素，从事这个行业久了之后要养成熟悉一切的习惯，所有的动作几乎要达到下意识的程度。宝贵的专业态度是制胜的法宝，这可以帮助你在这个行业中快速获胜，不断获胜！职业交易商、业余交易商和偶尔交易的人之间必然会存在一定的

> 投资的窍门不是要学会相信自己内心的感觉，而是要约束自己不去理会内心的感觉。只要公司的基本面没有什么根本的变化，就一直持有你手中的股票。
> ★ 彼得·林奇

差别，这点无须刻意渲染。打个比方说，我发现数学和记忆力都曾在交易中助我一臂之力，在华尔街想要赚钱，数学是基础。我想表达的是，作为交易商，你需要通过处理客观情况和数字去赢得利润。

我之所以说一个交易商必须对各种情况了然于胸，必须以一种专业的态度面对所有市场行情和市场进展时，我其实是想强调所谓的预感，或者说神秘的第六感与成功并没有什么关系。当然，经验丰富的交易商反应异常迅速这种情况并不罕见。实际上，做交易之前根本没有闲暇的时间去想那些所谓的理由，更不可能让这些理由显得既充分又合宜，因为这些理由都源于事实，这些事实都得来不易，是他多年来从职业角度利用一切机会工作、思考和观察的结果。

对期货市场的走势了如指掌，这是我多年的习惯。像你所了解的那样，从政府的种种宣传报道可以看出今年冬小麦的产量同去年持平，而今年的春小麦产量则超过了1921年，形势好得多了，今年可能更早地迎来一个大丰收。初步掌握了大概的形势并看到用数字方式计算出的产量时，我马上就联想到了煤矿和铁路工人的罢工。我不由自主地想到这些问题，因为我从来未曾停止过考虑关乎市场发展的各种情况。于是我意识到罢工已经影响到各地货物运输，这种情况势必会对小麦价格产生不利影响。我的想法是这样的：罢工会引起交通运输业的瘫痪，这就意味着将小麦运到市场的时间将被推迟，即使一段时间之后小麦的运输状况会得到缓解或改善，春小麦又准备好了要启运。简单地说，当铁路有能力大量运输小麦时，冬小麦和早春小麦这两季因货运影响而延时发货的小麦就会被同时运来，就等于有大量的小麦要在短时间内迅速地涌进市场。这种情况一旦发生，如我一样明察秋毫的交易商们一定也不愿意在近期内买进小麦。只有一种情况能够改变他们的想法，即小麦的价格下跌到某个价位以下，也就是说让购买小麦成为很有潜力的一种投资。市场上缺乏购买力，价格下跌就是一种最自然的现象。琢磨一下自己的投资方式，就不难判断出自己行为的对错。帕特·里奇有一句流传甚广的至理名言"不下注就无法判断对错"。碰上市场疲软的时候就需要果断地将期货合约出手，不必浪费时间等待和观望。

经验让我明白了一个道理，即一个交易者最好的向导就是市场的走向。这就如同医生给病人量体温、摸脉搏、观察眼球颜色和舌苔厚薄，以此作为

第17章 投机者要接受必要的训练

判断病情的依据。

对于一个投资者来说，应该能够接受在0.25美分的价格范围内买卖100万蒲式耳小麦，这确实是相当平常的事。某一日，我卖出25万蒲式耳小麦以便适时地对市场进行验证，恰逢价格刚好跌了0.25美分。但这种反应没有清楚无误地告诉我所想知道的一切，我别无选择地再次抛出另外25万蒲式耳小麦。抛出之后我就密切关注市场的动向，发现每次我抛出的货都被人慢慢地吃进了。换言之，不是一下子被吃进，而是分次分批地以1万或1.5万蒲式耳的规模吃进的，但如果是在过去，只需两三笔交易就可以将这批货吃进了。除了这种零零散散的购买外，我每出手抛货一次，价格就下跌1.25美分。此刻，我必须马上做出这样的判断，即市场吸收小麦和不相称的下跌方式表明了市场购买力的疲软。事实就是这样，我该如何应对呢？当然，应该再多抛一点。如果单纯地听从经验的支配，这时候你就可能会沦为被愚弄的对象，但是如若违背经验的支配，又可能会成为傻瓜。因此，我抛出了200万蒲式耳小麦，价格下跌得更厉害了。几天之后，市场的走向让我不得不再次出售200万蒲式耳的小麦，结果造成了小麦价格的继续下降。此后几天，小麦价格终于开始暴跌，1蒲式耳跌了6美分，而且这种下跌并未停止，短时间的回稳之后，小麦价格更是一泻千里。

这时，我对预感置之不理，也没有人向我透露内幕消息。终究我还是凭借专业眼光和对市场习惯的判断为自己带来了利润，这种观点来自于我多年的交易经验。我刻苦钻研，因为投资就是我的全部事业。当股价行情记录对我的思路予以肯定的时候，我的工作就是要增加投资。我照做了，事情就是这样。

我慢慢体会到，在这种交易中经验能给你带来稳定的利润，而观察从来都是最好的市场信息提供者，你必须了解和掌握某一种股票的行情。你时时留意它，经验告诉你，对大家都习以为常的情况稍作变通，即可从中获取利润。打个比方说，我们知道不是所有的股票都是整齐地朝一个方向流动的，但是任何股票在多头市场上都要上涨，在空头市场上都要下跌。对于操作者而言这是习以为常的现象。实际上，这是市场给自己的最常见的"内幕消息"，证券交易所对此最为了解，于是将其传递给那些未曾在上面花费任何心思的客户。我指的是，关于是否交易那些股票的建议，这些股票在同一种类中滞后于其他股票。所以说，假如美国钢铁公司股票会上涨，从逻

185

> 购买股票之前首先要做好公司分析研究的功课，这和你以前发誓不再理会股票市场短期波动同等重要。可能有些人根本不做我所说的这些前期分析研究功课也在股票市场上赚到了钱，但是为什么要冒根本不必要的风险呢？不做研究就投资如同不看牌就玩梭哈扑克游戏一样危险。
>
> ★ 彼得·林奇

辑上推断，熔炉斯伯公司（Crucible）、共和钢铁（Republic）和伯利恒钢铁股票就会跟风上涨，这种上涨只是时间的早晚而已。从理论上讲，交易条件和前景将随着这一组中的所有股票的整体走势而被看好，是所有股票共同努力才促成了市场的繁荣。

这点已经被无数的事实证明了，在市场上每只股票都有可能被看好，公众计划购买甲钢铁公司的股票，但没有看到其上涨的趋势，反而是乙钢铁公司和丙钢铁公司的股票上涨了，那么甲钢铁公司的股票也迟早会上涨的。

即使在多头市场，如果某只股票的走向与整体的市场行情相违背，我都不会出手买进。有时候，我在那种毋庸置疑的多头市场期间买进了一只股票，一旦发现同一类股票中的其他股票呈现下跌态势，我就会毫不犹豫地将其抛出。你问我判断的依据是什么？很简单——经验。经验让我明白与那种抱团的股票群体走向相违背是不明智的。我当然不会奢望能在确定无疑的条件下交易，但必须推测各种可能性的存在，能够预见各种可能性则更为重要。有一个经纪老手曾告诫我："如果我正沿着一条铁轨前行，并且对面的列车正以每小时9.6千米的速度向我驶来，我还能够继续沿着铁路前进吗？最明智的选择当然是横跨一步避开列车。这点聪明谨慎并不足以令我为此而沾沾自喜。"

过去的一年里，虽然整个多头市场运行正常，但我还是注意到有一只股票与同类的其他股票不协调，虽然这并不影响此类股票与上市的其他种类股票共同上涨。我做多头买进了巨额数量的布莱克伍德汽车（Blackwood Motors）股票。众所周知这家公司生意正红火，每天涨幅都在1~3点之间，该股票的

第17章 投机者要接受必要的训练

行情变得紧俏起来，公众吃进越来越多。这只股票自然会吸引我的眼球，各种各样的汽车公司股票跟风似的开始上涨。然而，其中有一只股票的行情却是背道而驰的，那就是切斯特汽车（Chester）公司的股票。它滞后于其他股票，因此很快就引起人们的注意和议论。人们将切斯特的低价及其疲软与布莱克伍德汽车和其他汽车公司的上升趋势和活跃相提并论，因此他们自然而然受到了那些打探和提供内部消息的人及自以为是者胡乱猜测的影响，急于出手买进切斯特股票，他们认为该股票与其他同类股票一样，不久的将来就会开始回稳上涨。

公众的买进并没能够促进切斯特股票价格的上涨，事实上它下跌了。在牛市行情中，按理说推高它的股价应该是易如反掌的事情，特别是考虑到这类股票中布莱克伍德汽车是上涨的龙头股之一，我们耳朵里灌满了对汽车的需求增加、汽车产量在创纪录等传闻。

事情是显而易见的，切斯特内幕集团在上涨期间并没有按照通常的行事方式来操作这只股票，连这样轻而易举就可以做到的事都没有做可能有两个理由。其一或许是内幕人士希望在上涨之前积聚更多的筹码而没有采取行动。但是假如你分析一下切斯特股票的交易量和特点，就会否定这个看似正确的理由。第二个理由是他们担心如果抬高了股票的价格，他们就必须接下股票。

当那些本来应当买进的人不想买进时，我有什么理由去买进呢？我估计无论其他汽车公司多么红火兴旺，卖空切斯特的股票都是情理之中的事情。经验告诉我，出手购买那种拒绝跟随同类一起上涨的股票时一定要谨慎行事。

▲ 当员工疯狂地购买本公司的股票时，你至少可以肯定这家公司在未来的半年内不会破产。当员工是自己公司股票的买者时，我敢打赌历史上不会有超过3家这样的公司在短期内就破产了。

★ 彼得·林奇

不费吹灰之力就可以证实这样的事情，对于切斯特股票，内部人士不但没有买进，反而还在卖出。此外，还可以看到其他不买切斯特股票的征兆。诚然，我希望可以证明这是不连贯的市场行为，但行情记录给了我当头棒喝，所以最终我选择了卖空切斯特股票。

仅仅是几天之后，这只股票就出现了暴跌的势头。后来官方向公众发布消息，正是因为清楚地了解公司不景气的经营现状，所以内部人员始终在卖出股票。与其他任何时候一样，股价下跌后其原因就真相大白了。可是那警示在股票开始下跌之前就已经显现出来了。我对下跌并不十分关注，却额外留意警示，我并不知道切斯特有什么麻烦，我也没有被预感牵着鼻子走。我只是觉得这个公司一定出了什么问题。

就在那之前的一天，报纸上开始报道说圭亚那金矿（Guiana Gold）发生了惊天动地的变化。这只股票在场外交易中以50美元或接近50美元卖出后，后来开始在股票交易所挂牌上市。上市后，最初交易价格大约是35美元，随后是持续不断的下跌，直至跌破20美元。

而我绝不会把这种下跌称为惊天动地，因为我早已预料到这一幕迟早会发生，如果还是不明白其中的原因，可以了解一下该公司的历史，许多人对此都不陌生。人们是这样向我进行描述的：这个辛迪加是由声名显赫的六个资本家和一家名扬业界的银行组成的。其中一个成员是贝尔岛勘探公司（Belle Isle Exploration Company）的老板，这个公司曾经借给圭亚那黄金公司1000多万美元现金。圭亚那公司送给其一些契约和圭亚那金矿公司100万总股份中的25万股作为报答。这种股票以分红为口号赢得了上市的机会，而且为此做了很多的宣传工作。贝尔岛勘探公司的人想把自己拥有的股票兑现，于是将银行家集中起来讨论他们的25万股，银行家们就着手操作打算卖出这些股票，同时把他们自己所持的股票一并予以出手。他们认为把这一市场操作委托给一位内行去执行更为稳妥，如果这25万股股份能够以高于36美元卖出，那么他们将把所获利润的三分之一拿出来作为酬金送给执行者。我知道，这个协定已经起草完毕，只等着签字了，但是在这最紧要的关头银行家们还是决定亲自上阵操作以节省这笔酬金，他们为此成立了一个内部团体。银行家们希望贝尔岛勘探公司的25万股股份能够以36美元成交，但上市价格却定为41美元。也就是说，内部团体在向自己的银行同事支付了5点利润之后

第17章 投机者要接受必要的训练

开始操作。我不知道他们对此是否知情。

但显而易见的是,对于银行家来说进行这种操作根本就是小菜一碟。市场当时正处于牛市,圭亚那黄金公司所属这类股票中的股票均排在了股市的前几名。圭亚那黄金公司正从经营中获得巨额利润,而且正常派发红利。这种情况及股票发行人的大肆渲染都对公众造成了误导,他们认为圭亚那金矿是值得投资的一只股票。随后我观察到有40万股左右的股份一路上涨到47点然后卖出去了。

圭亚那金矿股票价格涨上去了,但这种上涨的势头并没能够持续多长时间,股价就开始下跌了,它下跌了10个点。如果此时该股的承销商依然没有停止发售股票,这种情况就是正常的。没过多久,华尔街上就传得沸沸扬扬了,说有些情况并不令人满意,该股票的资产质量其实不足以支撑股票的高额收益预期。当然,后来股价下挫的原因大白于天下了,可在人们还被蒙在鼓里的时候,我就已经看到了市场的警示信号。我开始考察圭亚那黄金公司的市场反应。这种股票的表现情况几乎和切斯特汽车公司股票如出一辙。于是我毫不迟疑地抛出了圭亚那公司股票。价格出现下跌的时候,我继续把更多股票快速出手。价格始终在狂跌。历史被重演了,一如切斯特和我记得的十多只不活跃股票曾经发生过的那样。行情记录明白地提醒我股市的异常,问题就是内部人员都停止了买进,内部人员对于自己为什么不在牛市买进自己的股票心知肚明。与此相反,不知缘由的公众正在买进,因为他们认为以45美元或再高一些抛出还是有钱可赚的,以35美元或更低价买进是有利可图的,而且这只股票还不曾停止过支付股息,表面看来这只股票真是超值。

> 很多投资者热衷于投资高增长行业,这里总是人声鼎沸,但我却并非如此。我反而热衷于投资低速增长行业,例如塑料刀叉行业,我更喜欢的是比低增长行业增长率更低的零增长行业,往往在这种零增长行业中可以寻找到最赚钱的大牛股。
>
> ★ 彼得·林奇

消息随后就传来了，如同往常的重要市场消息一样，在公众都恍然大悟之前，我早有耳闻了。但是，关于这家公司开出贫瘠的岩石而不是富有的金矿的消息经官方报道得到了证实，我已经先于此就知道了内部人员过早抛售该股的理由。我并不是根据这则消息来抛售股票的，在此之前我就这样做了，我所依据的仅仅是根据股票的运行情况。我对股票运行情况的关注并不追根究底。我就是一个纯粹的交易商，只是在等着发掘内部收购的迹象，但这种迹象并没有出现。为何在下跌时内部人员不考虑去买这种股票对我来说并不重要，只需知道他们的市场计划里没有促使股价上涨的操作已然足够，凭此就足以使我选择卖空该股。公众买下了将近50万股股份，股票所有权因此而发生的唯一变化大概就是，期待止损的无知公众希望将股票抛给那些怀着发财梦也有能力买进股票的同样无知的公众。

> ◢ 业余投资者只要花少量时间，研究自己比较熟悉的行业中的几家上市公司，股票投资业绩就能超过95%的管理基金的专业投资者，而且会从中得到许多乐趣。
>
> ★ 彼得·林奇

我说这些无意对你们进行炫耀或说教，虽说公众买进圭亚那黄金公司股票亏本了而我做空获得了利润，我只是希望你们明白，了解并研究一类股票的运行情况是至关重要的，而从中可能获得的教益又是怎样地被那些毫无实战经验的大大小小的交易商所忽略。行情记录不仅可以在股票市场上向你发出警告，在期货市场上它也同样有用。

在棉花期货交易中我的一段经历就颇有意思。当时我在做空头，建立了中等规模的头寸。与此同时，我将5万包棉花也出手了。这笔股票交易让我赚了一笔钱，随后就把棉花期货的交易抛在了脑后。结果，我为此付出了相应的代价，5万包棉花让我损失了将近20万美元。我说过，期货交易十分有趣，而且我之前一向是弹无虚发的，因此我不甘心就此

第17章 投机者要接受必要的训练

罢手。只要一想到棉花，我就这样告诫自己：少安毋躁，耐心地等待一个反弹的机会，到时再平仓。在我计划着捞回损失的时候，棉花价格开始出现反弹，其上涨幅度甚至超过了之前的行情。因此，我决定再观望一下，继续关注我的股票交易，把精力全部放在股票上。最后，我抛出股票获得了一笔可观的利润，作为自我奖励，我给自己放假到温泉城去休息和享乐了。

这是我第一次真正地解放出来，全身心地投入处理棉花期货交易亏损一事。在这笔交易中，行情一直与我作对，有些时候我分明就要赚了。我注意到只要有人重仓抛出市场就会给予回应，也就是下跌，但随后价格会停止下跌，甚至出现上涨的势头。

我在温泉城逗留了几天之后，亏损了差不多100万美元，而且在价格上涨趋势中还在继续亏损。我反思了自己的所作所为，最后得出结论：我肯定做错了什么！认识到自己的错误后，我马上做出了退出的决定。平仓后我损失了100万美元左右。

第二天我专心致志地打高尔夫球，将别的事情都放在了脑后，我在棉花期货上失策了，并且已经为自己的错误决定付出了代价，收据还在衣袋里呢，此刻，我对棉花期货的兴趣已经没有了。在我用午餐的时候，我在经纪人事务所停下，匆忙地扫了一眼行情记录，我看到棉花下跌了50点。这没有任何的实际意义，但让我感兴趣的是价格不像几周来那样，只要重仓抛出压低价格的压力一缓，价格就开始出现反弹，这种反弹已经停止了。这意味着市场正沿着最小阻力的方向前进，对这种现象的忽视已经使我损失了将近100万美元。

然而，当初使我做巨额亏损平仓的理由已经显得不够充分了，因为市场已经不存在通常的那种迅猛的止跌反弹了。因此，我卖出了1万包棉花，然后坐等时机的到来。价格很快就下跌了50点。我又观望了一段时间，依然看不到回稳的迹象，这时我已经饥肠辘辘了，因此我走进餐厅，点了一份午餐。在等待服务员上菜的时间里，我突然跳了起来，跑到经纪人事务所，看到价格依旧平稳，因此我又抛出了1万包。没过多久，我兴奋地看到价格又跌了40多点。这证明了我操作的正确无误，我安心地返回餐厅用餐，用餐结束后，又回到经纪人办公室。那天棉花价格没有回升。当晚我告别了温泉城。

打高尔夫球能够让人心情愉悦，可是我在卖出和平仓棉花头寸时都犯了错误，因此，我不得不继续自己的工作，回到我可以方便交易的地方。市场吸收我第一次抛出的1万包棉花的方式引诱我第二次抛出1万包,而且市场吸收我第二次抛出的方式让我看到了即将到手的利润,这就是市场行情逆转带来的差额。

我来到华盛顿,去了我经纪人的事务所,我的老朋友塔克尔是那里的负责人。我在那儿停留的时间里,价格又开始出现了下跌,我现在更加坚信自己所做的正确性了。因此义无反顾地抛出了4万包,市价又跌了75点。显然市场已经失去了支撑的力量。那天晚上收盘时价格仍然走低。原来的买进力量都不知所终了,我无法判断市场将在哪个价位上再上涨起来,但是我对自己很有信心,觉得自己的头寸也很合理。第二天早晨我乘坐汽车从华盛顿赶到纽约,无须为此再担忧什么了。

我们到达费城的时候,我开车去了一个经纪人事务所。在那里我听闻棉花市场已经毫无支撑能力了。棉花价格继续暴跌,引起了小小的恐慌。我等不及回到纽约了,我给经纪人打长途电话让他抓紧抛出。从经纪人那里得知我这次的赢利实际上已经弥补以前的损失,我就继续开车到纽约,一路上都没有再去关注任何行情报告。

陪着我在温泉城度假休闲的朋友都在纷纷谈论那天我从午餐桌前一下子跳起来,去第二次抛出1万包棉花时的情形。我自己知道这样的举动并非是因为预感的指使,而是一种自信的推动力,无论我以前犯过什么样的错误,我都深信抛出棉花的时机终于到来了。我绝对不能错失这个机会,这是属于我的机会。潜意识活动可能一直都存在,直到为我找到结果。在华盛顿的抛出举动正是源于我的细致观察。多年来的经验提示我,最小阻力的走向已经由上涨变成下跌了。

在棉花期货市场中将近100万美元的损失我看得很淡,我不会因为自己犯了大错而自我谴责,也不因后来在费城成功地将损失弥补回来而喜不自胜。我更在意的是交易中遇到的问题,我想我有理由断言,正是因为凭借过往的经验,我才能够成功地弥补了当初的损失。

第18章
历史总在不断重演

在华尔街上,历史总是在不停地重演。你或许还记得我曾经讲述过的一个故事,那个故事是关于在斯特拉顿(Stratton)操纵玉米市场时,我如何买入轧平空头头寸的事,我曾经在股票市场上用过与其相近的手法。热带贸易公司(Tropical Trading)的股票曾让我获利颇丰,无论是做多还是卖空,这只股票都让我赚过钱。这只股票的交易总是很活跃,深受爱冒险的交易者们的喜爱。报纸一再指责该股票的内幕集团,说他们只关注股票价格的波动,却不鼓励长期投资这只股票。某日,我认识的一位非常优秀的经纪商说,无论是丹尼尔·德鲁[①](Daniel Drew)对待伊利湖(Erie)公司的股票所采取的办法,还是哈迈耶夫在美国糖业公司股票操作上的策略,都无法与热带贸易公司总裁马利根(Mulligan)和他那帮朋友操纵股票的技法相提并论,他们的做法堪称完美绝伦,因而可以从热带贸易公司股票的市场中成功榨取如此多的利润。他们经常鼓励空头卖空热带贸易,随后又快速而彻底地把空头轧得死去活来。对于空头来说,这种轧空过程的感觉,要比被液压机压下来时的感觉更加恐怖。

当然也有一些人说,在热带贸易股的交易历史中,一些声名狼藉的事

---

① 丹尼尔·德鲁(1797—1879年),19世纪六七十时代最著名投机者,他1844年进入华尔街,1876年破产。他是那个时代美国最有钱的人,据说他从100美元开始,经过贩牛、经营汽轮机、操纵伊利铁路股票后,他的资产达到1300万美元,最后在他破产的时候,除了一大堆负债,身边就只有价值几百美元的家当,最后中风而死。——译者注

件时常发生。但我认为,这些批评者一定都曾经被亏本轧空的感觉折磨过。这些交易者既然如此频繁地碰到内线人士的作弊手法,为什么不停止玩这种游戏?只有一个原因可以解释,那就是他们享受活跃交易的过程。在热带贸易股上,这种活跃状况确实存在,几乎没有价格长期不动的问题。无须追究或说明理由,也不需要浪费更多的时间,更不必紧绷着神经,只需耐心等待报价板上的价格波动开始。除非空头头寸大到使可交易的股票数量变得很稀少,否则一定会有相当数量的股票在周转。什么时候都有甘于上当受骗的人。

这件事情已经过去有一段时间了,当时我像平常一样,在佛罗里达州避寒。我忙着垂钓,过着清闲的日子,除了隔几天收到一包报纸之外,完全将关于市场的事情抛在了脑后。有一天早晨,一周来两次的邮件被准时送到了,我翻看了股票报价,发现热带贸易的价格是155美元。我回忆起上次我看到这只股票的报价时,是140美元左右。之前我觉得即将进入熊市,于是我等待时机,准备卖空股票。但时间尚早,我无须太过紧张,所以我来垂钓,暂时不去关注盘势的走向。我知道,真正的卖空时机来临时,我一定会重返市场,而现在,无论我有何种举措,对整个市场的进程都毫无影响。

从我那天早上收到的报纸上的报道来看,热带贸易的表现已经背离了市场的整体趋势。这件事情使我不再过多关注大势的变化,因为我想到在大盘走势跌跌撞撞的时候,内线人士去拉抬热带贸易的股价实在不是什么明智之举。有的时候,榨取利润的过程必须暂停下来。在交易者的估算中,非正常的因素多半是不受欢迎的,在我看来,拉抬这只股票大错特错。无论是谁犯下了这么重大的错误,都一定会遭到惩罚,在股票市场中也绝无例外。

放下报纸,我继续去钓鱼,但是我仍然在思考热带贸易的内幕集团到底想干什么。我预测到了他们的失败,这种失败是必然的,就像一个人没有携带降落伞从20层楼的屋顶跳下来一样,他们非粉身碎骨不可。因为满脑子都是这件事,最后我放弃了钓鱼,跑去拍了一封电报给我的经纪人,让他以市价卖出2 000股热带贸易。这些股票按照我的吩咐出手之后,我才能够静下心来继续去钓鱼,在鱼池边我的收获可是不小啊。

那天下午,我从特别快递员手上收到经纪人回复我的电报。他回报说,他们已经用153美元的价格,成功出手了2 000股热带贸易。截至目前,一切都很顺利。我在下跌的市场中卖空，这是情理之中的事情。但我必须停止自己的垂钓了，因为我已经因此而远离了报价板。我之所以会发现这一点，是因为我开始考虑所有的理由，以便解释热带贸易的下跌走势为什么应该和大盘是一致的，而不应因为内线炒作继续上涨。于是我离开钓鱼营地，重新回到棕榈海滩，因为那里有直通电话可以连接纽约。

一踏上棕榈海滩，我就看到犯了错误的内幕集团仍然在继续不肯罢手，于是我再次卖空，让他们买进了第二笔2 000股热带贸易，成交报告来了之后，我第三次卖空2 000股，市场的表现让我非常满意，也就是说，在我的卖压下股价下跌了。一切都在按照我预测的方向发展着，我走出门去庆祝。但是每每想到自己没有卖空更多的股票，我的心里就会生出一些失落。所以我又回到证券商那里，第四次卖出2 000股。

我只有在卖出这只股票时，心情才是畅快的。没过多久，我就卖空了1万股，该是时候回到纽约了，我现在有更紧急的事情，垂钓之事只能等我空闲的时候再说了。

刚到纽约，我就四处打听这家公司的业务状况，包括实际的情形和未来展望。我了解的情况坚定了我的信念，确定内幕集团的做法已经不是用鲁莽可以形容的了，事实上更加糟糕，他们居然在大盘走势或公司盈余不能支撑的时候还在拉抬股价。

这种涨势不合理，而且也不合时宜，但却在一般投资大众中，形成了跟风式的买进，这点无疑是在给内幕集团鼓励，让他们继续采取那种自以为是的战术。因此我卖空更多股票，内幕集团停止了愚蠢的做法，所以我根据自己的交易方法，进行了反复的测试，我共计卖空3万股热带贸易，此时股票价格变为133美元。

有人警告过我，说热带贸易内幕集团对每一张股票在华尔街的下落都了如指掌，甚至精确地知道卖空头寸的大小和卖空的操作者，也了解其他具有重要意义的细节，他们很能干，而且相当的精明。总而言之，与这样的集团交手是很危险的。但是事实谁也无法改变，而且大势下交易者就是最有力的盟友。

当然，从153美元一直跌到133美元时，空头的数额增加了，很多普通的炒股者则在回档时进行买进，并宣称：这只股票在153美元以上时，就被称为

> ▌ 市场越不稳定，越多的人被这种趋势影响；随趋势投机的影响越大，市场形势就越不稳定。当一个趋势继续时，投机交易的重要性就越来越大。
> ★ 索罗斯

很有潜力的买进标的，现在下跌了20点，再次证明它的确是最佳的买进标的。同样的股票，同样的股利率、同样的经营阶层，同样的业务，真是奇货可居！

大众的买盘使得流通在外的筹码减少，内幕人士知道很多场内经纪商都在卖空这只股票，他们一直在等待的轧空时机终于来到了，于是设计把价格拉抬到150美元。我确信有很多空头都在买入平仓，但是我按兵不动，我何必急躁呢？内幕人士可能知道还有一笔3万股没有回补，即便如此我就有必要紧张吗？促使我在153美元开始卖空，而且一路卖空到133美元的原因，现在依然存在着，而且变得更加明显了。内线人士想尽各种办法强迫我平仓，但是他们给出的理由总是不太具有说服力。

投机客必须对自己和自己的判断有信心。纽约棉花交易所前任主席、知名著作《投机的艺术》（Speculation as a Fine Art）的作者、已故的狄克森·沃茨（Dickson G. Watts）曾经说过："投机客的勇气正是源于有信心根据自己的决定采取行动。"对我自己而言，我从来不惧怕犯错，因为除非事实证明了我是错的，否则我都坚信自己所作所为的正确性。事实上，除非可以让自己的经验充分地发挥出来赚钱，否则我就寝食难安。在某一段时间里，市场未必会明确指出我的错误，只有涨势或跌势的特性能够替我判断我的买卖正确与否。知识是我获胜的唯一法宝，如果我失败了，一定是我自身的原因造成的。

从133美元涨到150美元的过程中，没有任何特性能够让我惧怕，我还是一样的坚定。不久，这只股票就如我所预料的一样，再度下跌。跌破140美元后，内幕集团做出了撑盘之举。他们四处散播与这

第18章 历史总在不断重演

只股票有关的利好谣言,以便配合他们的买盘。比如,我们听说这家公司赚得盆满钵满,获得的利润足以使公司提高定期分红,而且据说空头头寸的数额相当庞大,一场空前的"世纪轧空"很快就会给一般空头迎头一击,而某位卖空过头的作手会遭到更严重的打击。在他们把股价拉抬10点时,我无法用语言向你描述我所听到的多如牛毛的谣言。

对我来说,这番炒作并不具有特别的危险性,但是在股价达到149美元时,我知道华尔街上的人已经彻底被谣言击败了,听到铺天盖地的谣言,我的心情并不轻松。当然,此刻无论是我还是别的什么人都是无奈的,因为我们都无法让任何惊慌失措的空头相信,也无法让经纪行里靠着所谓的内幕消息进行买卖的顾客相信,他们是那么的容易上当。只有行情纸带才能给出最有效的反击,而且只有行情纸带能够这样叙述。行情纸带是人们唯一信赖的东西,此外没有人会去理会活人的声明,更不会相信一位卖空3万股的空头的话语。斯特拉顿轧空玉米时我所采用的方法再次被派上了用场,当时我卖出燕麦,使交易者看空玉米,这还是经验和记忆的功劳。

内幕集团拉抬热带贸易的股价,想要让空头惧怕的时候,我没有采用卖出这只股票去阻止涨势的方法。我已经卖空了3万股,这个数量对于流通在外的股票数额来说,比例已经相当可观,再卖空下去就显得有点过头了。他们精心地设好圈套,等待着我的自投罗网。股市第二次反弹的时候,我已经嗅到了邀请的气息,我不打算飞蛾扑火。热带贸易股价触及149美元时,我的对策是卖空了1万股左右赤道商业公司(Equatorial Commercial Corporation)的股票。而这家公司是热带贸易公司的大股东。

赤道商业公司的股性没有热带贸易那么活跃,果然不出所料,在我的卖压下开始大跌,这正是我希望看到的结果。交易者和经纪行里对热带贸易股票多头消息深信不疑的顾客看到了热带贸易股价上涨的同时,赤道商业出现了庞大的卖压,股价大跌,他们由此断定热带贸易股票强势上涨只是一颗烟幕弹,是炒作出来的涨势,其目的昭然若揭,就是要让内线人士出脱赤道商业的股票,而赤道商业持有最多的是热带贸易公司股票。交易的数量如此巨大,一定是赤道商业内线人士所为,此外不会有人在热带贸易股价走势强劲无比的时候,卖空这么多股票。于是他们将热带贸易股票大量出手,热带贸易股价的涨势因此停了下来,内幕集团根本不愿意承接那些被卖出的股票,随着内幕集团停止撑盘，热带贸易的股价开始剧烈下跌。交易者和主要的经纪行也开始出手赤道商业的股票，我借机买入赤道商业的股票平仓，小赚了一笔。我这样做的本意并非是因为有利可图，而是要阻止热带贸易股价的涨势。

热带贸易的内幕集团和他们坚持不懈的公关人员，反复不停地在华尔街上散布各式各样的利好谣言，希望可以据此拉抬股价。每次有谣言放出，我都会卖空赤道商业股票，并且当赤道商业股价下跌拉下热带贸易的股价的时候，就迅速利用时间差买入赤道商业平仓。炒作集团的计策在我这里屡屡碰壁。热带贸易的股价最后跌到125美元，卖空的比重逐渐加大，内幕人士因而具有把股价往上拉抬20~25美元的空间，因为空头头寸过于庞大，这次的涨势合情合理，虽然我已经预见到了这次反弹，但却没有买入平仓，我不希望丧失自己的立场。在赤道商业股价有能力配合热带贸易的涨势，实现双方同步上涨之前，我继续大量卖空赤道商业股票，结果并无意外，热带贸易的利好消息被戳破了，这只股票近期的惊人涨势得到抑制——最近该股票的多头消息又开始横行了。

这时大盘已经变得相当疲软。正如我前文所述，这是因为我相信我们已经进入熊市，也因此我才会在佛罗里达州的钓鱼营地中决定卖空热带贸易股票。与此同时，也卖空了数量可观的其他股票，但是其中我最看重热带贸易。最后，基本面压力实在太大，内幕集团已经无力回天，热带贸易股价开始暴跌。在多年的持续上涨之后第一次跌破120美元，接着又跌破110美元，终于跌破面值，可是我仍然按兵不动。直到有一日，整个市场疲软达到了极点，热带贸易股价跌破90美元，按照以往的经验，我迅速在混乱中买入平仓！这是绝佳的机会——交易量巨大、行情疲软、卖盘远远超过买盘。即使我这样说难免有自我吹嘘的嫌疑，我还是不吐不快：我几乎是在跌势中的最低点，平仓自己的3万股热带贸易。我并没有给自己定下必须要在底部回补的目标，仅仅是想把自己的账面利润变成现金，而在整个转换过程中，我不希望丧失太多利润。

整个过程中，我淡定从容，因为我深信自己的立场正确。我没有对抗市场趋势或违背基本形势，而是顺势而行，正是基于这些原因，我断定盲目自信的内幕集团会溃败不堪。这样的行为其他人以前曾经尝试过，但总是毫无例外地以失败告终。即使我跟其他人一样，明白惯有的反弹即将来临，也不

第18章 历史总在不断重演

会因此就闻风丧胆。我知道只要我坚持到底，最后的结果总会好的，于是我设法买入平仓，然后再以较高的价钱再度卖空。而正确立场的坚持为我带来的利润超过了100万美元。我所做的事情与第六感无关，也不关乎高明的解盘技巧或字符，更不是靠着自己的聪明或虚荣心就可以获得利润，一切只得益于我对自己的判断的信心。知识就是力量，有了这种力量的支撑就可以对谎言置若罔闻，即使这个谎言已经被印在了行情纸带上，也很快就会取消。

> 假如你的投资并不符合你的标准，那又怎么能够赚钱呢？
> ★索罗斯

一年后，热带贸易股票再度涨到150美元，而且已经在这个价位盘整了几星期，持续不断的上涨似乎已经到了应该大幅回落的时候，因为当时牛市的行情也发生了变化。我了解这些，因为我对市场早已做过了相应的测试。现在热带贸易所属的集团遇到了经营上的问题，走入了低谷，我找不到其中的原因，也想不出什么妙计可以帮助他们的股票实现上涨，即使大盘即将上涨也没有什么因素能支撑那些股票，何况大盘并没有要上涨的迹象。我唯一能做的就是卖空热带贸易，我计划卖空1万股。我的卖盘造成了股价下跌，我看不出有任何支撑。可是转瞬之间，买盘的性质发生了改变。

我发誓，从支撑力量刚刚出现时我就看出了端倪，说这话并非想证明自己是怪才。这件事让我突然想到，这只股票的内幕集团在大盘下跌时，开始买进这只股票，其中一定有什么不可告人的秘密。而他们这些人道德感已经完全丧失了，以致不觉得自己有义务维持这只股票的价格。他们不是无知的蠢材，也不是善良之人，也不是那些企图通过拉抬价格的手段在柜台上多卖一些股票的承销银行家。虽然我和其他人都在卖空，却没有影响这只股票的价格上涨。在153美元时，我买入平仓了2万股，等到其上涨至156美元时，我确实翻空为多，因为这时盘势已经向我表明，阻力最小的路线是往上走。我对整个大盘的走势并不在意，但是我面对的是一只股票的交易状况，并非一般的投机理论。这只股票的价格急速飞涨，一直涨到超过了200美元，堪称这一年最轰动的股票。

　　广播和报纸杂志都报道说：我在卖空中损失了500万美元或比这更大的数额。事实恰恰与此相反，我非但没有卖空，反而一路向上做多。实际上，我持有的时间还是有些过长，以致因此损失了一些账面利润。你想知道我这样做的缘由吗？因为假如我是热带贸易内幕集团的人，我理所当然地会做这些事情。但是我的考虑有点一厢情愿了，因为我的事业仅仅要求我遵循眼前的事实去做交易，而不是料想别人怎么做再去交易。

第19章
操纵市场总有伎俩

我无从知晓是在何时何地由何人最先把"炒作"这个字眼,与事实上极其平常的买卖过程联系在一起的,并以此来形容在证券交易所进行的大量股票的交易。通过使用各种手段,人为地操纵和干预市场,以便自己能以低价购买想要进货的股票,也是一种炒作。但是这样不必降格以求,更不必采用非法手段去实现自己的目的,但是你很难避免去做在某些人看来不正当的事情。在牛市中,如何大量地买进一只股票,却不至于拉抬股价呢?这是个值得思考的问题。其解决的方法也是个难题,因为这其中涉及的因素太多了,所以你无法给出一个普遍适用的解决方案,除非笼统地说:依靠精明的操纵手段。有实例可以证明这一点吗?这要审时度势而定。这似乎就是最为接近的答案了。

我陶醉于自己事业的每一个阶段,既借鉴别人的经验,也从自己的经历中总结学习。不过如今要从下午收盘后,经纪行里流传的许多故事中学习如何炒作股票却比较困难。因为当年那些百试百灵的手段、绝招和妙招都已经过时或不适用,有些因为不合法也不适宜继续用了。证券交易法令和条件已经发生了翻天覆地的变化，丹尼尔·德鲁、小雅各布①或杰伊·古尔德（Jay Gould）在50到70年前能做的事情，即使是被精确详细地记录下来了，对于现在的形势而言也不再具有任何的价值。今天的作手完全可以抛开这些前辈所做的事情，不必再以他们为榜样去行事了，就好比西点军校的学生再怎么刻苦地研究古人的箭术也无法增加实用的弹道学知识。

但另一方面，研究人性因素还是大有裨益的，比如说，为什么人们总是容易轻信内心渴望相信的事情呢？为什么他们会允许自己被贪心所影响呢？虽说这也算是对自己的一种鼓励，有时还会被一些人的粗心大意或斤斤计较所影响。恐惧和希望是人性中永恒的一部分，因此，研究投机客的心理，始终是有价值的。虽然武器会发生变化，但是战略还是战略，无论在纽约证券交易所，还是在战场上，道理都是一样的。我认为对整个情形概括最言简意赅的，当属托马斯·F.伍罗克（Thomas F.Woodlock），他说："股票投机成功的基础，是假设大家以后还会对从前所犯的错误重蹈覆辙。"

在股市最为火爆的时候，投入股市的人数也达到了最高峰。聪明巧妙都是多余的，因此在这种时候，浪费时间去讨论炒作或投机，根本毫无意义，就如同在大雨中想发现同时落在对面街道屋顶上的雨滴有什么差异一样。傻瓜总是希望坐享其成，涨势可观的氛围总是很容易唤起大家赌博的天性，这种天性是贪婪的孪生兄弟。想不劳而获的人终究会付出代价的，事实证明不劳而获在这个世界上是根本不存在的东西。以前我听到别人谈论旧时代的交易情形和绝招时，常常认为19世纪60年代和70年代的人，比20世纪初的人更容易上当。但是我清楚地记得就在那一天或是第二天，报纸上又报道了一些最新的骗局，或是一些对赌行倒闭的事情，这也意味着一些傻瓜几百万美元的储蓄无声无息地消失了。

---

① 雅各布·利特尔（Jacob Little），出生于马塞诸塞州的纽伯里波特，是一个造船匠的儿子。1822年，利特尔在华尔街一个地下办公室建立了自己的经纪公司，此前几年，他在一家经营多种业务的经纪公司——雅各布·巴克公司（Jacob Barker）供职。作为华尔街第一位伟大的投机者，雅各布·利特尔通常在市场行情下跌的时候进行操作，他因此成为华尔街第一个以"大熊星"的绰号而闻名的人。1834年，市场飞速上涨，莫里斯运河是这次牛市的龙头股，但利特尔知道华尔街的许多大玩家已经卖空了这只股票，正在等待它的下跌。利特尔组织了一个投机者集团悄悄地购买莫里斯运河的股票。当那些卖空者为了交付股票而到市场上购买莫里斯运河的股票时，他们发现利特尔的集团已经以大约10美元的平均价格买断了这些股票，结果一个月之内，莫里斯运河的股价飞涨，达到每股185美元。一夜之间，利特尔成为华尔街上最著名的投机者，并且保持这一名声长达20多年之久，尽管这一期间他曾三次破产。但每一次他都能努力地从失败中站起来，仿佛一只投机的不死鸟从破产的灰烬中重生。最终，他在1857年的市场崩盘中第四次破产，从此一蹶不振。——译者注

第19章 操纵市场总有伎俩

我初到纽约时,大家对于谈论洗盘①和对倒②的事情都非常热衷,虽然如此,但这种做法已经被证券交易所明令禁止了。有的时候洗盘的手法太粗糙了,任何人都可以一眼将其看穿。如果有人希望把某只股票洗高或洗低,经纪行就会毫不犹豫地对客户解释说:庄家洗盘洗得很厉害。正如我前文所述,经纪行指的对赌行洗盘事件不止一次在市场上出现过,也就是一只股票在片刻之间下跌2~3个点,目的就是要在报价纸带上形成跌价的态势,凭借这种手段把在对赌行里,靠着一点点保证金辛辛苦苦做多这只股票的人洗光。至于对倒,使用的时候想不出差错很难,因为在各家经纪商之间,协调一致地操作基本是不可能的事情,这些做法也违背了证券交易所的法令。几年前,一位响当当的作手在对倒指令中取消了卖单,却忘记了取消买单,结果一位不了解内幕的经纪商在短短的数分钟之内,就把股价炒高了25点左右,他的买盘一停止,就看到这只股票以它刚刚上涨时的速度迅速开始暴跌,直至跌回起点。这些做法原本是希望创造交易活跃的表面现象,但手段太不巧妙了,这种武器实在不可靠。我还需提醒诸位一点,即使是最优秀的经纪商,你也必须对他保守秘密——如果你希望他继续担任纽约证券交易所会员,他就是不可信的。不过,如今的税法比较有效,使得虚假交易手法运用起来成本高多了。

> ◢ 并不只是市场参与者在操纵市场交易时带有片面性;同时,他们的片面性也会反过来影响交易过程的未来发展,他们互为作用与反作用力。这可能使人们产生这样的印象,即市场能先期预料未来的发展,并且相当准确。然而事实却是:并不是眼前的期望符合未来的事件;而是未来的事件为眼前的期望所影响。
>
> ★索罗斯

---

① 洗盘为股市用语。洗盘的主要目的是为了清理市场多余的浮动筹码,抬高市场整体持仓成本。庄家为达炒作目的,必须在上涨途中让低价买进、意志不坚的散户抛出股票,以减轻上档压力。同时让持股者的平均价位升高,以利于施行坐庄的手段,达到牟取暴利的目的。——译者注
② 对倒是证券市场主力或庄家在不同的证券经纪商处开设多个户头,然后利用对应账户同时买卖某个相同的证券品种,以达到人为地拉抬价格以便抛压,或者刻意打压后以便达到低价吸筹的目标。——译者注

字典中炒作的定义已经将轧空涵盖其中了。轧空可能是炒作的结果，也可能是因为竞相买进所造成的。举个例子，1901年5月9日，太平洋北部铁路的轧空就与炒作无关。斯图兹汽车（Stutz）的轧空对与此相关的每一个人来说代价都很高昂，他们都因此在金钱和声誉上付出了惨痛的代价。这次并非是刻意安排的轧空。

事实上，很少有几次大规模的轧空，能让主导轧空的人真正从中获利。范德比尔特海军准将（Commodore Vanderbilt）两次轧空哈林公司（Harlem）股票，因而收益不菲，但是这家伙能够战胜众多想要欺骗他的空头赌徒、不诚实的国会议员和市议员，而获得几百万美元的利润，确实是非同一般的人。另外，古德在推动西北铁路股票轧空时损失惨重；老怀特在拉克万纳铁路股票轧空中，获得了100万美元的利润；但是詹姆斯·基恩在汉尼拔和圣乔伊铁路（Hannible & St.Joe）股票的交易中，赔进去了11万美元。如果希望凭借轧空获得利润，就必须要依靠高于成本的价格出清手上最初吸进的持股，而且空头的规模必须相当大，才能为轧空提供可能的发生空间。

我曾经试着想理解，在半个世纪前的大作手当中，为什么轧空如此流行。这些作手都是能力高强、经验丰富、机警精明的人，不会像儿童般幼稚地相信同辈作手会大发善心。可是他们被轧空困住的次数多得让人难以理解。一位聪慧睿智的老经纪商告诉我说：所有60年代和70年代的大作手，都拥有一个同样的梦想——主导推动一次轧空。有很多次垄断是因为虚荣心在作祟，也有一些轧空是为了报仇雪恨。总而言之，被人指名道姓地批评成功地轧空了一只股票，表面看是一种否定的态度，实则是对他的智慧、勇敢和成就的一种认可。轧空让主导垄断的人可以在交易中高人一等，因此对于同伴的喝彩和艳羡他都是受之无愧的。有些人之所以会不惜代价地安排轧空，他们在意的不是轧空可以带来的金钱利益，而是因为虚荣心在冷静的作手身上作祟。

那个时代竞争的手段很残酷，看着狗咬狗时，旁观者轻松愉悦的心情可想而知。我记得自己曾经说过，很多时候我都在设法逃避被轧空的危险，作为普普通通的人我并不拥有神秘的盘口感觉，只不过我可以凭借自己多年积累的经验判断出何时买盘而且不再轻率地卖空。普通的试盘让我能够一次次成功，那些老前辈们一定也这样做过。老德鲁曾经多次轧空同辈的作手，让他们为做空伊利湖股而付出昂贵的代价，但他自己也未能逃过此劫，在伊利湖股上又被范

第19章 操纵市场总有伎俩

德比尔特海军准将轧空,老德鲁怀着诚恳的态度向范德比尔特求饶的时候,这位准将口气凌厉,以彼之道还彼之身,引述大空头德鲁自己的至理名言作答:

"谁将不属于自己的东西卖出了,结果不是买回来就是进监狱。"

华尔街已经很少有人记得一位作手的事迹,这位作手也曾经在华尔街名声大噪,数年里引领风骚。他的名字至今仍然没有被人们完全遗忘,主要的原因似乎是他创造了"稀释股票"这个名词。

阿迪森·G.贾乐美(Addison G.Jerome)是1863年春季公认的市场之王。有人这样向我描述说,他的市场消息被人认为跟银行里的现金一样有效。总而言之,他堪称伟大的作手,在那个年代里,获得的利润高达几百万美元。他生性骄纵放任,生活豪华奢靡到了无以复加的地步,在华尔街上拥有最多的忠实拥趸者。直到号称"沉默的威廉"的亨利·吉普(Henry Jeep)在老南方铁路股票轧空,贾乐美的几百万美元被通通轧光了,这个传奇的人物才为自己的时代画上了句号。顺便提一句,吉普是州长罗斯韦尔·P.弗劳尔(Rosewell P.Flower)的姻亲兄弟。

曾经发生过的绝大多数轧空中,炒作的主要手段是让那些被蒙在鼓里却不断受到诱惑的人卖空这只股票,自己在暗地里操作轧空。因此,轧空的主要目标是同辈的专家,因为公众是不会站到做空的队列里去的。在历史上促使这些行家里手卖空的原因,跟眼下促使他们卖空的原因并无差别。在翻阅了诸多的行业资料后,我了解到范德比尔特海军准将轧空哈勒姆股票时,卖空的大多是那些不守信用的政客,其他专业交易者都是因为股价太高才卖空股票的。他们认定股价太高的依据,就是这只股票的价格已经达到了历史最高点,因此,这只股票高得让人失去了购买的能力,如果高得无力买进,那么卖出就属于正常之举了。这点听起来颇具现代意味,他们关注的是价格,范德比尔特海军准将想到的是价值!因此,时隔多年,老前辈告诉我,那时只要有人一贫如洗,他们就会指着他说:"他是做空哈勒姆的!"

很多年前,我跟古德的一位老经纪商推心置腹地交流过,他一本正经地向我保证,说古德先生绝不是等闲之辈,老德鲁曾经心有余悸地说:"谁被他碰到谁就得死!"这个人指的就是古德,而且他的才能远远在过去和现在所有其他作手之上。他不愧为金融奇才,他的众多成就让他无愧于这个称谓。即使历史的车轮已经前行了这么久,他适应新情况的惊人能力还是让我钦佩，适应新情况的能力对任何交易者而言是异常宝贵的。他可以轻而易举地改变攻防策略，因为他将心思都用在了资产命运上，对股票投机嗤之以鼻。他炒作是为了投资，而不是为了使市场因之发生变化。他极具前瞻性地看出赚大钱要依靠拥有铁路，而不是在证券交易所中炒作铁路股票。当然，他还是最大限度地利用了股票市场，在我看来，这样做是因为从股市上赚钱是最轻松快捷的方式，而且他需要几百、几千万美元，就如同老科里斯·P.亨廷顿（Collis P.Huntington）总是财政危机一样，他也急需资金，与银行愿意借给他的钱比起来，这其中总会有2 000万~3 000万美元的差额。具有远见卓识却缺乏资金，就只能忧心如焚；有了资金做保障，再配上远见卓识，就代表着成就、权力和金钱等一切的东西。

当然，炒作并不是当年这些大人物的专利，也有一些名气不那么大的作手。一位老经纪商曾经给我讲过这样一则故事，这故事与19世纪60年代初期的情形和道德状况有关。他说："我对华尔街最早的印象始于我的第一次金融区拜访经历。一次家父去那里办些事情，我已经忘记了是因为什么他会带着我一同前往。我们沿着百老汇走，然后我们在华尔街转弯，再沿着华尔街继续向前走，就在我们走到布罗德街（Broad Street）或是拿骚街（Nassau Street）那个位置的时候，也就是现在信孚银行（Bankers' Trust Corporation）大楼所在的街口，我看到一群人尾随着两个男人。第一个男人向东走，满脸毫不在意的样子，另一个男人紧跟在他的身后，后面这个人满脸通红，一只手拿着帽子疯狂地挥舞抵抗，另一只手在空中紧握拳头胡乱打着。他声嘶力竭地喊着："吸血鬼、吸血鬼！昧心钱你到底赚了多少？吸血鬼！吸血鬼！"

随后我看到四面的窗户里都是探出来的人头。当年还没有摩天大厦，但是我亲眼看到二楼、三楼的人都将头探出了窗子外面，为的就是一看究竟。家父上前询问，有人给了简短的回答，但我太紧张了，以致什么都没有听进去。我只顾着紧紧抓住家父的手，以免被拥挤的人群给挤散了。街道上的群众人数一直在增加，我越发不安起来。面色不善的群众从拿骚街和华尔街冲过来，还有些人从华尔街东西两端跑来。最后我们终于从人群中脱身了，家父跟我解释说那个称为"吸血鬼"的人叫什么，因为时隔太久了，我已经记不清楚他的名字，但是他是纽约市里主力股的最大作手。据了解，除了雅各布·利特尔之外，他赚过和亏过的钱，在华尔街上无人能及。我之所以可以

第19章 操纵市场总有伎俩

清楚地记得雅各布·利特尔的名字,是因为我觉得一个成年人叫这种名字很有趣①。被人们称为吸血鬼的人因从事锁定资金而名誉扫地。他的名字我虽然记不起来了,但是我还能够记得他的体形特点,长得高高瘦瘦的,脸色苍白,暗淡无光。在那个年代,内幕集团习惯于采用借钱的方式,把资金锁起来,换言之,就是让证券交易所里想借钱的人能够借到的钱数越来越少。他们会去借钱,取得保付支票,实际上,他们借到的钱一分也不会动用。这当然是一种操纵行为,在我看来,这也是一种炒作的形式。"

对这位老先生的话我深表赞同,只是今天我们已经看不到这种炒作方式了。

---

① 利特尔的英文为little,意为小。此处叙述者在孩童时认为一个成年人叫小雅各布很有趣。——译者注

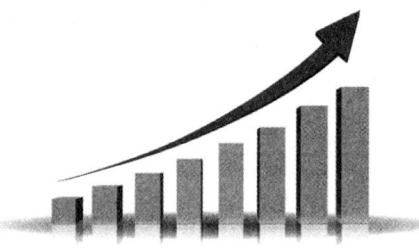

股票大作手回忆录

第20章
战略与战术有质的区别

　　我从来没有面对面地与华尔街所公认的那些伟大股票作手中任何一位交流过。我说的不是领袖,而是作手。他们都是我的前辈,不过我初到纽约的时候,所有作手中最伟大的詹姆斯·基恩声势正方兴未艾。但彼时我还是个少年,眼界不够开阔,只想着如何在一家可靠的证券公司里成功复制我在故乡对赌行中的成就;而且,基恩当时正全身心投入炒作美国钢铁公司股票中,这在他的炒作史上是浓墨重彩的一笔。我那时缺乏炒作的经验,对炒作和炒作的价值或意义都不甚了解,而且基于我那时的身份地位,学习炒作的相关知识也并非当务之急。即便我斗胆想到了炒作,也是因为我把炒作当成了高级骗术,在各种骗术当中,对赌行用在我身上的那些手段,都是超低级的。正因为如此,我一开始接触到的关于炒作方面的言论,半是臆测半是怀疑,猜测的成分远远多于明智的分析。

　　熟谙基恩的人曾经多次提醒我,说他是华尔街有史以来最勇敢果断、最聪明睿智的作手。这一点意义非凡,因为,历史上从来不乏伟大的交易者,但时过境迁,他们中的大部分人现在都被人们所遗忘了。不过,在他们声势如日中天时,他们都是领袖,短暂的领袖!他们靠着行情纸带,从默默无闻的小卒,在金融圈逐渐发迹,最终熬成了业界的大佬,功成名就。然而,小小的彩色纸带终究力量有限,无法让他们在那里做长久的停留,辉煌转瞬即逝,青史留名绝非易事。但基恩毫无疑问是个例外,他是同时代作手中的佼佼者,他主宰华尔街的那段时间是较为长久的,也是多彩多姿的。

他凭借自己对股票游戏丰富的知识，利用他作手的经验和才能，为哈夫迈耶兄弟提供服务，哈夫迈耶兄弟也寄希望于可以通过他让美国糖业公司股票开发市场。基恩当时一贫如洗，如果不是受客观经济条件的制约，他一定会继续靠着自己的力量操作，他是一位不折不扣的大赌徒！他在美国糖业公司上操作成功，在交易者最爱的股票排行榜上，这只股票成功登顶，买卖都异常顺利。有了这次成功的操盘经历，很多内幕集团都向他抛出了橄榄枝，纷纷邀请他去操盘。有人告诉我，在这些内幕集团的炒作中，他要求的从来不是工资，而是要求得到与集团的其他成员相等的待遇，即一份他应得的利润。股票在市场上的表现当然全部由他负责，双方之间背信弃义的闲话也因此不绝于耳，他和惠特尼-赖恩帮（Whitney-Ryan clique）的争执，就是起源于这种无端的猜测。作手很容易被同伴所误解，同伴和他站的角度不同，因而无法看清有些事的本质，这也是我的经验之谈。

　　1901年春季成功地炒作美国钢铁公司股票这件事情，是基恩最辉煌的经历，但历史上关于这件事却没有留下精确的记录，这不能不说是一件憾事。据我所知，基恩从来没有跟摩根先生谈过这件事。摩根的公司以塔伯特·J.泰勒公司（Talbot J.Taylor & Co.）为中介和基恩打交道，基恩则以这家公司作为总部。塔伯特·泰勒是基恩的女婿。我相信基恩可以从这种为自己辛劳付出的努力中收获乐趣。那年春季，他进一步炒热了市场行情，并因此获得了几百万美元的收益，大家对此都心知肚明。他告诉我一位朋友说，短短数周的时间里，他在公开市场上，为负责承销的集团卖出的股票已经超过了75万股。基于以下两种考虑，我们就会发现这样的成绩是相当出色的：第一，这只股票是没有经过市场考验的新股，公司的资本额与当时美国的国债总额相比，还有过之而无不及；第二，与此同时，在基恩助力创造的同一个市场里，D.G.雷德、W.B.利兹、穆尔兄弟、亨利·菲利浦、弗里克和其他钢铁业巨子，也成功地向大众出售了几十万股的股票。

　　当然市场大势对他有利。当时的经济状况就是这样的良好，人气和毫无限制的财力支援对他的成功来说简直是如虎添翼。当时是个大牛市，而那种景象和人们亢奋的心态将永不再来。难以承受的证券恐慌后来终于还是发生了，基恩在1901年将美国钢铁公司普通股炒高到55美元，在1903年恐慌来临的时候，该股已经跌到10美元，1904年跌到8.875美元。

第20章 战略与战术有质的区别

对于基恩的炒作手法我们无从分析,他没有为此出过书,详细的记录也不存在。如果有机会研究一下他联合铜矿公司(Amalgamated Copper)进行炒作的事情肯定很有趣。罗杰斯和威廉·洛克菲勒等人尝试在市场上卖出他们多余的股票,却没能够成功。于是他们转而求助于基恩,希望他可以替他们售出持股,基恩欣然应允。这里需要提醒各位一下,在罗杰斯的时代,他自己是华尔街上最能干的企业家之一,而他的合伙人威廉·洛克菲勒也是整个标准石油集团当中最大胆的投机客。事实上,他们拥有的资源、崇高的名声和多年在股票游戏中摸爬滚打的经验都是无人能及的。然而他们还是不得不求助于基恩。我之所以这么说,是要让你知道,有些专业的工作确实要由专家去做。这是一只行情看好的股票,得到了美国一些最伟大的资本家的支持,却卖不出去,想卖出去就得以牺牲诸多的金钱和名声为代价,精明能干如罗杰斯和洛克菲勒,最终也认定基恩是唯一能够帮助他们的人。

基恩立刻开始投入工作。他面对的是牛市,在面值上下的价格他共计卖出22万股联合铜矿。他清仓了内部人的持股之后,大众仍然在追捧着买进,价格又上涨了10点。内部人看到大众如此热心地买进这只股票,反而改变了自己对这只股票的看法。还有一个版本的说法是,罗杰斯竟然建议基恩做多联合铜矿股票。如果说这是罗杰斯想要倒货给基恩的话,不太能够令人信服。罗杰斯太精明了,一定知道基恩不是他手中的玩偶。基恩一如既往的行事,直到股价大涨之后,才一路压低,大量出货。当然,他的战略战术由他的需求进行主导,也受制于每日变化的那些小波动。在股票市场中交易,与在战场上作战是一样的道理,必须谨记战略和战术的差别。

基恩最信任的一个人,也是那个我所知道的最善于用假蝇钓鱼的人,前几天才告诉我说,在联合铜矿这场战役中,有一次基恩自己几乎空无一股,换句话说,就是基恩的手头没有他之前为了抬高股价而被迫买进的股票,每次卖光后,隔几天他会买进几千、几万股,随后,他基本上又会全盘出售。然后他就对市场的行情采取置之不理的态度,看看市场如何自行运作,也让市场习惯这种情形。但他一旦真的下定决心出售持股时,就会如我所描述的那样,一路压低出货。普通民众总是期望会有反弹,而做空的人也会选择在此时买入平仓。

在这场炒作中,基恩身边最亲密的人告诉我,基恩替罗杰斯和洛克菲勒卖出持股,让他们因此获利大约2 000万或2 500万美元现金,罗杰斯为此送给基恩一张20万美元的支票作为报答。这种做法就同富豪夫人施舍给纽约大都会歌剧院清扫女工5美元,以此酬谢她替她找到价值10万美元的珍珠项链一样。基恩拒绝接受这张支票,附上一张言辞中肯的便签说,他不是经纪行的经纪商,能够为他们效力自己很开心。他们把支票保留了起来,回信告诉他,希望能够再度跟他合作。此后不久,就是这位罗杰斯善意地给基恩消息,告诉他在130美元左右买进联合铜矿股票!

真是天才作手!让人敬佩的詹姆斯·基恩!他的私人秘书告诉我,市场的发展趋势和他的预期相符时,基恩先生就会变得脾气暴躁;熟识他的人说,他的暴躁表现在冷嘲热讽的言辞里,这些话让听到的人都会牢牢铭记。他亏损的时候脾气却出奇的好,表现得就如上流社会极具教养的谦谦君子,人变得亲切和蔼,风趣幽默,出口成章。

他拥有投机成功所必须具备的优越心性,有了这点足以保证他在任何地方投机都能成功。他绝对不会不自量力地与大盘作对。他具有十足的大无畏精神,但绝对不是鲁莽行事。如果他发现自己犯了错误,他可以在转瞬之间回头,从来不会执迷不悟。

从他的时代到现在,证券交易所的法令已经发生了翻天覆地的变化,对交易法令的执行也比以前严格了很多,证券买卖和利润也被征收了很多新的税负,因此,这个游戏开始变味道了。基恩巧妙的赚钱手法,现在已经不适用了;而且有人诚恳地告诫我们,华尔街现在的商业道德已经提高到了较高的水准,与此前的情形已经不可同日而语了。但平心而论,基恩在美国金融历史的任何时期,都不失为一位伟大的作手,因为他是一位了不起的股票操作者,对投机游戏

▲ 在金融这块领地里,创新的机会比野草更多,我相信即使在一百年以后投资技巧也不会穷尽。问题是你要去创新。
★索罗斯

第20章　战略与战术有质的区别

了如指掌。当然，他的很多成就都得益于当时的情况。如果他是在1922年进行操作，完全可以像他在1901年时的操作那样成功，也可以像他1876年初次从加州到达纽约时一样大获全胜，当时他在两年的时间里净赚了900万美元。有些人永远走在普通民众的前面，他们注定是领导人才，不管民众的变化如何。

事实上，变化并没有你想象的那么剧烈，报酬也不是我们想象的那么丰厚，因为现在不再是开路先锋的工作，因此，报酬与开路先锋那时相比也不在同一个水平上。但是在某些方面，炒作也变得越发容易了，其他方面却比基恩的时代更为艰难了。

毫无疑问，广告确实是一门艺术，利用行情纸带作为媒介炒作，是一种广告艺术。行情纸带应该更好地表现作手希望操作者看到的事情。故事讲述得越真实可信，越有说服力；故事越有说服力，广告效果也就越好。如今的作手需要做的事情更加复杂了，不但需要让一只股票看起来很强劲，而且还需要使这只股票表现得和它的外表一样强劲。因此，炒作必须以健全的交易原则为基准。基恩之所以能够成为神奇的作手正是源于此，从一开始，他就是绝佳的交易者。

现在，炒作这个名词已经带有了贬义的色彩，需要为它正名。我认为如果炒作的目的就是为了出售大笔股票，炒作过程本身没有掺杂进什么不正当的手段，炒作就是无可厚非的。当然，前提是这种操作不能伴随着任何主观的误导。毫无疑问地，作手必须在众多的投机客中找到真正的买主。他将目标锁定为那些希望为自己的资本赚到庞大利润，并且愿意为此承受超过正常商业风险的人。对于深知此理、却把自己未能够轻松赚到钱的结果归咎于他人者，我无法同情。这种人赚钱的时候就自认为聪敏过人，一旦亏钱，就指责别人是作手！炒作这个字

杰伊·古德（Jay Guold）照片。他是现代商业的创始人，19世纪美国铁路和电报系统无可争议的巨头，"镀金时代"股票市场的操纵者。他创造的操纵市场、筹集资本、吞并竞争者的新手段，很多已成为如今金融市场标准的操作模式。他是攫财大亨，他与J.P.摩根、科尼利厄斯·范德比尔特齐名，他在那个时代的地位超过了我们这个时代的比尔·盖茨。但杰伊·古德也是引起最广泛仇恨的恶魔，他在1869年对黄金市场的狙击导致了被称为"黑色星期五"的大恐慌。

213

眼在这种情况之下，从这种人的嘴里说出来，就仿佛是在讥讽别人用做了记号的纸牌作弊。但事实并非如此。

一般而言，炒作都有明确的目的性——发展出可销售市场，就是创造出在任何时候，以某一个价位可以发行数量可观的股票的市场。当然，在市场行情大势反转时，内幕集团可能难以卖出所持的股票，而他们就必须为这种卖出付出巨大的代价。为了避免因此造成的损失，他们可能会雇用一位作手，希望凭借他的技术和经验能够让他们全身而退，不必为此承担巨额的经济损失。

你可能已经产生了某种疑问，为何对那些目的在于尽量以最低价吸进相当大数量股票的炒作避而不谈，比如说，通过买进股票达到控盘目的的操作。原因很简单——现在这种事情已经很罕见了。杰伊·古德希望真正掌握西联电讯公司（Western Union）的控制权，因此大量买进这只股票，在证券交易所交易大厅销声匿迹了很长时间的华盛顿·康纳（Washington E.Connor）突然现身交易所的西联电讯股票交易处。他开始疯狂买进西联电讯股票，所有场内交易员都对这种行为嗤之以鼻，认为他愚蠢可笑至极，因此，都毫不犹豫地把所有他想要的西联电讯股票卖给他。他们认为这种手法毫无技术含量，自以为造成古德先生希望买进西联电讯股票的假象就能够拉抬这只股票的价格。这样是炒作吗？我很难给出确切的回答。

如我所言，绝大多数情况下，炒作的目的都是为了以最好的价格将大量的股票卖给一般大众。这不单单是将股票卖出去的问题，同时也做到了分散出货。从任何方面来看，一只股票由1 000个人持有，都比由一个人持有更为稳妥，这样对市场比较有利。因此，作手需要考虑的不只是用很高的价格卖出股票，也需将股票分散的因素考虑进去。

如果你无法让大众从你手上接走你的股票，把价格拉抬到很高的水准就毫无意义了。初入股市的作手尝试在顶部出货却遭遇了滑铁卢，老前辈会经验十足地告诫你说：你可以把一匹马牵到水边，但它是否想要喝水却不是你能够决定的。真是高屋建瓴啊！事实上，炒作的一条准则必须要牢记，基恩和一些成功的前辈都受益于此——打算卖出某种股票的时候，要尽量将其炒到最高价，然后一路压低，迅速卖给大众。

我来慢慢给你分析，如果某个人、某个承销机构或内幕集团拥有大笔的股票，并且希望高价将其卖出。该股票在纽约证券交易所正式挂牌，这种公开市场是出售股票的最佳地方，市场内的一般大众也是股票最好的买主。关于出售股票相关事宜的谈判由某人全权负责，此人是公司目前或过去的合伙人之一，他尝试在证券交易所出售这只股票，但是铩羽而归。他现在已经对股市的操作流程十分熟悉，或是很快就会熟悉。他会悟出一个道理，就是需要一个比他更有经验、更有才华的人来操作这件事情。他从别人的谈论中或是自己亲眼看见的人中挑选出几个合适的人选，他们都曾经成功地处理过类似的交易，他决定充分利用这些人的专业技巧以助自己一臂之力。他找到其中的某个人，就如同生病时去看医生，或是需要咨询工程技术方面的问题时去找工程师一样。

如果他了解到我精通股票游戏，他就会想尽一切办法，拿到关于我的详细资料。然后约我见面，时机成熟的时候，他甚至会到我的办公室来拜访我。

当然，也许恰巧我真的了解这只股票，知道这只股票代表的价值。这些事情是我的本职工作，也是我谋生的手段。来访之人会告诉我，他和他的同伴希望达到的目标是什么，希望我可以承担这个工作。

我需要对方提供所有我认为必要的、能让我清楚了解这个任务的相关资料，以此做参考来判定这只股票的价格，评估其在市场上销售的可能性。这些参考资料加上我对目前大势的评估，我就可以较为充分地判断这个操作任务成功的可能性。

如果我的判断结果比较乐观，我会考虑接受这个建议，立即与他就我提供服务的条件展开讨论。如果他认可我开出的条件——酬劳和条件——我就着手开始工作。

一般情况下，我会要求得到一大笔股票的认购权，这种要求也多半可以得到对方的认可。我坚持累进式的认购权，因为这可以很好地平衡各方的利益。认购权的价格从略低于目前的市场行情开始，然后逐步上升。比如说，我获得了10万股的认购权，这只股票时下的行情是40美元，我的认购权允许我先以35美元认购几千股，另一笔的认购价格则为37美元，再后面的一笔认购价格则涨至40美元，然后是45美元和50美元，就这样稳步上升，可能会一直升到75美元或80美元。

如果我可以凭借自己的专业知识和经验技巧，加之各种炒作手段的配合，使价格上涨到最高价位，这只股票的市场需求就会随之加大，我就可以适时卖出大量的股票，那时我理所当然会执行认购这只股票的权利。我和我的客户都因此赚到了钱，实现了所谓的双赢。这完全是可以预见的情形。如果我的技术正是他们金钱交易所需要的东西，其中的价值自然是他们渴求的东西；当然，不排除运作可能会以亏损结束的情况，但是，这种情形确实绝少出现，因为除非我看出自己有利可图，否则我一定会拒绝接手去趟一池浑水。今年接手的一两个案子上，我的运气就很不好，没有赚到利润。其中的原因很复杂，但这要另当别论了，以后我或许会说出来。

一只股票营造上涨行情的第一步，是让外界相信一个大广告，让公众都知道该股票即将形成上涨行情。猛然听起来很滑稽吧？但仔细想一想，其实并不像乍听起来那么好笑，还是很有道理的，对吧？事实上，最有效的宣传方法是你满怀真诚地让这只股票变得活跃而强劲。尽情地表达自己的观点，尽心地做好力所能及的事情，全世界最有力量的公关人员是股价机器，效果最佳的广告媒体是行情纸带。我的客户发出的任何宣传文件都会显得过于苍白无力，报纸上关于这只股票价值的报道也未必会有多大作用，财经报道对于这家公司前景的展望分析也未必能见成效，我甚至也不需要群众的追随，但如果可以让这只股票变得很活跃，我和成功之间的距离就非常接近了。股票交易活跃时，自然而然就会有人寻求其中的缘由，于是必要的理由自己会跑出来，媒体上连篇累牍的报道也不劳我费神督促，我只需要坐等结果。

场内交易者最看重的也是交易活跃，只要有一个自由市场，他们会在任何价位买卖任何股票，一旦看到活跃的交易时，他们会成千上万股地进行买卖，他们集合起来的能力不可低估。他们一定会成为作手的第一批买盘，继而一路向上，跟着你买卖。因此，在操作的任何阶段中，他们的力量都不可小视。基恩就常常借助最活跃的经纪商，一来可以让民众暂时忽视发动炒作的源头，二来也是因为他们最善于扩张业务，散布起消息也是得心应手。他常常以高于行情的价格，给经纪商认购权，这样的认购权都是口头上的承诺，以便他们能够在真正得到利润之前，助自己一臂之力，这样做的结果使我们双方都有利可图。想要得到这些业内人士的追随，我只需要做一件事情——让一只股票交易活跃！经纪商不会提更多的要求。当然，你必须牢牢记住，在证券交易所交易大厅的场内买进股票，目的就是为了快速获利而卖出。他们感兴趣的不是巨额的利润，而是很快就可以实现的利润，即短期利润。

第20章 战略与战术有质的区别

为什么要让一只股票交易活跃,以便吸引投机客的注意力?原因我已经阐述过了。我买进又卖出一只股票,经纪商会跟着进行买卖。既然有如此大笔以投机为目的而持有的股票像我一样在坚挺着,一旦被认购权锁死之后,卖压通常也会比较弱。因此,卖盘总是会输给买盘,大众主要不是跟随作手的脚步,而是跟在经纪商的后面亦步亦趋。当大众进场成为买方的时候,我会很开心,我基本上会卖出股票。如果需求合情合理,吸纳的数量会超过我在炒作初期被迫吸进的股数时,我会立即卖空这只股票,这是一种技术性的卖空。换言之,我卖出的股票数量远远超过了我所持有的股票数量。对我来说,这样就毫无后顾之忧了,因为我其实是根据自己的认购权卖出。当然,大众的需求如果减弱,股价会随之停止上涨。这时我会继续观望和等待。

如果这只股票已经停止上涨,某日盘势出现疲软现象,整个大盘可能会出现回落的趋势,抑或某些具有远见卓识的经纪商可能看出,我的这只股票毫无买盘可言,他会立即卖空这只股票,他的追随者也会照做。无论是基于何种原因,我这只股票开始下跌。我需要做的就是开始买进这只股票,给它支撑,就如同一只股票会得到自己公司内部人士的支撑一样。最值得称道的一点是,我无须吸进股票,就能支撑这只股票,换言之,我不必增加自己持股的数量,日后也就不必再费力卖出。谨记,我以这样的方式支撑股价,我的财力不会因之减少。当然,我的所作所为其实是买入轧平我曾经用较高价位卖空的股票,而彼时大众或交易者的需求为我提供了高价卖空的条件。你应该了解,当交易者或一般大众注意到这只股票下跌时,还是有人继续买入,这样做非常巧妙,既可以阻止业内人士鲁莽的卖空行动,也可以阻止那些失去信心的股东卖出股票。一只股票走势越来越弱时,这种卖压就会适时出现,如果没有得到支撑,股票很快就会有这种表现。回补买单的策略是我所谓的稳定程序中的关键一环。

市场扩大时,我无疑也是一路向上卖出股票,但是数量始终不会大到影响涨势。我完全是根据自己的稳定计划来做,不会贸然行事。显而易见的是,在合理而有秩序的涨势中,我卖出的股票越多,越能鼓励保守的投机客,这些人的数量远超过鲁莽的经纪商,而且股价必定会有疲软的时候,我卖得越多,当这种日子到来的时候,越有力量给这只股票以强大的支撑。通过不断做空的方式,我既有能力让自己不受大环境的牵制,又可以支撑股票的各种状况。一般情况下,我在价格有利可图时开始卖出,但事实上,我经常在不能获利的情况下卖出，只是在为创造或增加自己的买进力量做铺垫。这是我一直引以为豪的毫无风险的买进力量，我的工作不只局限于拉抬价格，或是仅仅为了替顾客卖出一大笔股票，我也要为自己赚钱。所以我不需要客户提供操作资金，我的费用由我操作的成功与否决定。

当然，我上面所说的不是死板教条的做法。我并没有一套稳定不变的操作系统，也无须遵照这种套路操作，我会审时度势，随时修改自己的条件。

想要将一只股票快速散出去，应该尽可能地将其炒作到最高价，然后迅速卖出去。我强调这一点，一则因为这是基本原则，二则因为大众更倾向于相信所有的卖压都是在价格顶部出现。有时候一只股票会变得举步维艰，股价很难上涨，这时就应该适时将其出手。你的卖压自然会造成股价下跌，而且跌幅会超出你的想象，但是正常情况下你还是可以把股价再拉上来。只要我炒作的股票在我的买单下回升，我就知道自己的处境绝对是平安无事的，关键时刻，我会信心十足、毫不畏惧地用自己的资金买进，就如同我买进任何其他有类似表现的股票一样。这是阻力最小的捷径，前文我曾经提到过与这种路线有关的交易理论，不知道你还有没有印象？阻力最小的价格路线一旦得以确定，我会坚定地遵照执行，这与我在哪个特定时刻炒作哪只特定的股票无关，只是因为从始至终我都是操作股票的人。

我的买盘无法拉抬股价时，我便不再继续买进，转而开始卖出，就算我并没有炒作这只股票，我也会采取同样的做法。我们都非常了解，卖出一只股票的主要方法，是要一路往下卖。但在股价下跌时，依然能卖出这么多股票，的确令人难以置信。

我再反复重申一点，在炒作过程中，我从来没有忘记自己股票交易者的身份。毕竟我在炒作时，碰到的问题和操作时大同小异。作手无法让股票按照自己所希望的趋势波动时，所有的炒作就都该画上句号了。不能把控股票的波动趋势，就要立刻卖出。千万不要与行情纸带理论。更不要寄希望于把利润救回来，在可以脱手且能够廉价脱手时，速战速决！

第21章
大众赚的只是账面利润

我知道这些笼统的介绍很难让人印象特别深刻,对此我已经习以为常了。如果我举出一个真实的事例,或许会更有说服力一些。我可以清楚地讲述自己是如何把一只股票拉抬30点,与此同时只吃进了7 000股,却成功拓展出一个极其庞大的股票市场的。

这只股票就是帝国钢铁公司(Imperial Steel)——由一些声名显赫的人发行上市,而且宣传广告很火爆,被认定是具有价值的投资股。其中30%左右的股票由几家华尔街的公司分销给一般大众。但是这只股票挂牌后,交易量却不尽如人意。偶尔有人问津,个别的内部人士,也就是原来这只股票承销团的成员,会分析说这家公司的盈余胜过预期,前景非常乐观。他们所言属实,却难以调动起人们的激情,而且这只股票缺乏投机诱因。单纯从投资的观点来看,价格稳定和持续分红的能力还需事实加以佐证。这只股票从来没有出现过让人注目的波动,太过温和,即使内部人士为此发布了真实的公司报告,预期的上涨依然没有如约而至。但另一方面,价格倒也并未下跌。

帝国钢铁股票就这么默默无闻地存在着,没有人看好它,也没有人激动地报告利好消息,甚至没有人卖出,股票价格既不上涨也不下跌。没有人出售是因为没有人喜欢卖空一支股权不是很分散的股票,因为这样空头会成为任人摆布的傀儡,任由持股充足的内幕集团摆布。同样的,也没有足够的诱因让人想要买进这种股票:对投资人来说,帝国钢铁股票无异于一只投机股,而对投机客来说,这只股票又毫无生机。如果你买进做多,它就很容易陷入昏睡套牢状态，你的投资理念一定不允许你买进。一个人被迫拖着一具尸体一两年，损失的时间成本肯定会超过本身的原始成本，如果看到了真正的好东西，就会因为自己被套得动弹不得而捶胸顿足。

有一天，帝国钢铁公司的一位重要成员，代表他自己和他的同事来拜访我。他们希望为这只股票创造市场，把自己手上依然持有的70%的股票散出去。他们向我询问是否可以让股票价格高于他们在公开市场希望得到的价格。而且希望我开诚布公地提出条件，怎样才会接受这个合作。

我告诉他，给我几天的时间，我会给出自己的条件。随后，我潜心研究这只股票，聘请了一些专家调查这家公司的各个部门经营情况，包括生产、业务和财务等各个部门。他们向我提供了客观公正的报告，我对公司的优点或缺点都不感兴趣，但我需要掌握该公司的真实现状，仅此而已。

报告显示，这只股票是很有价值的资产。如果投资人有足够的耐心继续等待，公司的发展会证明：以目前的市场行情，买进这只股票是相当划算的。在这种情况下，就各种市场波动来说，股价应该出现上涨的态势，也就是说，基于公司未来的发展前景，股价应当上涨。因此，我实在找不到拒绝的理由，于是决定谨慎而有信心地承担起帝国钢铁股票的上涨行情炒作工作。

我通知那个和我见过面的人到我的办公室来详谈细节。我开门见山地给出自己的条件：我提供这种服务不需要现金报酬，我只要10万股帝国钢铁的认购权，认购价格从70美元一直上升到100美元。以某些人的眼光来看，这是一笔不菲的费用，但是他们深知其中的利害关系，内部人士绝对无法用70美元的价格卖出10万股，即使想要以这个价格卖出5万股都是天方夜谭。这只股票没有市场，所有利好的展望和宣传都没有吸引买盘，或者说收效甚微。此外，除非我的委托人先期就可以赚上几百万美元，否则现金报酬也就无从谈起。我希望得到的不是天价的销售佣金，而是依据成功与否而定的收益，我认为这样相当公平。

我知道这只股票具有真正的价值，目前市场总体走势还不错，对所有优秀股票来说都是个不错的上涨机会，我有信心出色地完成任务。我的意见让我的客户深感鼓舞，我们一拍即合，这个交易从一开始就让人心情愉悦。

我首先要最大限度地保护自己。公司拥有或控制大约70%的流通股本，我建议他们把70%的股本在一个信托合约下存起来，我必须避免被大股东所

第21章 大众赚的只是账面利润

利用。稳稳地锁定了大部分的持股后，仍然有30%左右散落在外的股票需要我去关注。但风险是不可避免的，有经验的投机客必须具备承担风险的勇气和能力。事实上，所有的股票同时涌进市场的可能性微乎其微，甚至低于人寿保险公司所有顾客在同一时间死亡的可能性。股票市场和人的寿命一样，都有不为人知的精算表。

做好了自我保护工作，让自己能够免受可以避免的股市交易风险侵害后，我要付诸行动了。我的目标是要让我的认购权有价值，实现这个目标的前提是拉抬价格，创造出一个我可以卖出10万股的市场，即我所拥有认购权的股票数量。

我首先要分析在股票出现上涨时，有多少股票可能随之拥进市场。这件事对于我的经纪商来说是小菜一碟，他们很容易就给我提供了相关数据，我据此了解到在比目前行情略高的价位上，有多少股票求售，也许是场内的专家给他们提供了场内的账户那些卖单的数据。目前的行情对外宣称是70美元，但是，以这种价格，我根本卖不掉多少股票。没有证据显示在这个价位或更低一点的价位，会存在一些少量的需求。我必须以经纪商为我提供的资料为行动依据，但是这些资料并未清晰地表明求售的股票数量和需求分别是多少。

得到相关的资料后，我悄悄地在70美元和稍高一点的价位，吃进了所有挂出的股票，这其实应该说是我的经纪商的所作所为更加准确一些。这些卖单是一些小股东挂出的，因为我的顾客在锁好自己的筹码之前，任何卖单都已经被取消了。

我不必急于购进股票。此外，我断定适当的涨势会带来其他的买单和卖单。

我从来不曾放出关于帝国钢铁股价会上涨的消息，那完全是多余之举，我的工作本身就是最好的宣传，直接影响人气。当然，利好宣传还是有必要的。宣传新股票的价值，就如同宣传羊毛制品、鞋子或汽车的价值一样合理，而且确有必要。精确、可靠的消息应该由大众说出来。但是，关于这方面的所有需要，行情纸带都会为我代劳。我曾经提到过，口碑极佳的报纸总是设法刊出分析市场波动的文章——新闻。读者不仅仅对股市发生的事情感兴趣，也希望了解事情发生的原因。因此，作手不必为此大费周章，财经记者就会刊出所有能够采访到的信息和谣言，包括分析盈余报告、产业状况及展望。一言蔽之，所有能够为涨势提供任何解释的新线索都会被报道。记

> 要特别关注趋势的变化，人们是跟着趋势跑还是犹豫不前。如果看到人们随趋势投资，那么，暴涨暴跌的转折点就快出现了。
> ★ 索罗斯

者或熟人向我咨询对某只股票的看法时，如果我心目中恰巧有这样一支合适的股票，我会坦率地说出来。我不会自己主动进行爆料，也从来不报消息，但是，我用秘密的方式操作不见得是好事，我知道，所有报告消息的人和业务代表当中，行情纸带才是最优秀、最具说服力的。

我以70美元或略高于此的价格，将所有求售的股票都吸收进来，以此缓解市场上的压力。交易的目的非常明显，即指明帝国钢铁阻力最小的路线，就是明显的上涨。交易大厅目光敏锐的经纪商一见此情形，就理所当然地预测这只股票即将上涨，上涨幅度他们无法推断，但单凭其将上涨这一点就足以促使他们开始买进。他们对帝国钢铁的需求，完全来自这只股票明显的上涨趋势，行情纸带是最稳妥的利好信息！我立刻满足这种需求。我把早先从被套得筋疲力尽的股东手中购进来的股票及时抛出，我当然会小心谨慎地行事，也愿意这样做。我不会在市场上强力推销我的股票，我要控制涨势，在这种启动阶段，将我所持有的10万股售出一半，未必是好事。我的任务是创造一个市场，以便可以将所持的全部股份出手。

但是，即使我只按照经纪商需要的数量出售，市场也还是暂时失去了我的买盘支撑，截至目前，这种买盘是我一直稳定提供的。时机合宜之时，经纪商会停止买进，股价也就不会继续上涨了。一旦如此，失望的多头就会开始卖出，涨势一停止，就再也没有了买进的理由，经纪商也会转而出手。但是我已经做好了应付这种卖压的准备工作，股价下跌时，我把先前以高出几块钱卖给经纪商的股票买回来。这种做法一定会阻止跌势，下跌一旦停止，

第21章 大众赚的只是账面利润

卖单也会停止挂出。

然后只需要让刚刚上演的这一幕再来一遍。一路向上吃下所有求售的股票，这些股票数量有限，价格会再度开始上涨，这次是从高于70美元的起涨点开始上涨。你应该还记得，股价下跌时有很多股东都想将手上的股票快速出手，但是又不愿意在低于顶部3点或4点的价位卖出。这种投机客总是会信誓旦旦地说：如果再有反弹，他们一定会卖出。他们在股价上涨时挂出卖单，随着股价走势的改变，他们刚才的誓言就被抛到脑后了。当然，总是有一些力求安稳的快枪手会获利卖出，对他们来说，只有装到口袋里的钱才真的是钱。

此后，我要做的就是让这种过程不停地反复，交互买进和卖出，但每一次都会把股价拉抬得更高。

有时候，你吸进所有求售的股票之后，拉抬股价是明智之举，你炒作的股票会出现所谓急涨的走势。这无疑是在做广告宣传，因为涨势会引起大家的关注和议论，也会吸引专业交易者和热衷于交投活跃的投机大众，这种人不在少数。我在帝国钢铁这只股票上如此运作，急涨带来的买进需求我会完全满足。我的卖单总是在某种程度上控制着涨势的幅度和速度，我一路向下买，又一路向上卖，不仅抬高了价格，也确实为帝国钢铁创造了销售市场。

我开始炒作这只股票之后，任何人都可以自由买卖这只股票了。我的意思是，即使买进或卖出数目庞大的股票，也不会造成股价大的波动。买进之后，股价大幅下跌被套牢，或是卖出之后，被轧得死去活来的恐惧感消失殆尽。因为所有人都坚信帝国钢铁的市场会持续下去，股票逐渐散到经纪商和大众手中，正是股价波动促使大家产生了信心。当

> 在金融运作方面，说不上有道德还是无道德，这只是一种操作。
> ★ 索罗斯

然，活跃的交易也化解了一些其他的困难。当我成功地买卖了几千、几万股之后，这只股票已经被拉抬到面值之上。每一个人都想买进每股100美元的帝国钢铁，有什么理由不买呢？这是一支公认的好股票，过去是物美价廉，现在仍然如此，涨势就是最好的证据。一只股票既然能够从70美元上涨30点，从面值的100美元再上涨30点也是情理之中的事情。很多人都持这样的观点。

在拉抬价格上涨30点时，我只吸进了7 000股。这批持股的平均价格在85美元左右，这意味着我每股赚了15美元。虽然利润仅仅停留在账面上，但是我的全部利润当然不止这些，而且是十分安稳的利润，因为我已经创造出一个我可以卖空的市场。这只股票会在合宜的炒作下继续走高，而我拥有10万股的认购权，认购价位稳中有升，从70美元开始，最高价达到了100美元。

后来，情势发展让我改变了计划，没有把账面利润化为现金。大言不惭地说，这是一次高明的炒作，不曾有丝毫与法律相违背之处，而且成功是必然的。这家公司的资产很有价值，股票即使达到高价位时也不贵。承销集团中的一些成员，希望确保他们对这只股票的控制权。这是一家拥有雄厚财力的银行，拥有像帝国钢铁公司这样生意兴隆、前景可观的公司的控制权，对银行来说，其价值远大于由投资散户来控制。总之，这家银行希望我可以让出这只股票的所有认购权。这将为我带来一笔可观的收益，我没有拒绝的理由。在我能够大笔卖出、得到相当高的利润时，我总是乐于这样做，我对自己在这只股票上的获利非常满意。

在出手自己10万股的认购权之前，我得知这些银行家聘用了更有经验的专家，对这家公司作了全面而系统的评估。他们的报告最终促使这家银行向我提出收购的建议。我仍然保有几千股帝国钢铁，我对这只股票信心十足。我在炒作帝国钢铁股票时的所作所为，可谓完美至极。

在这次操作中，我的买盘绝对有能力促使价格上涨，股票有时候会拉抬不动，这只股票却从来没有等待不前的时候。如果你发现股票对你的买进反应不当时，无须更多的消息，你应该立刻卖出。因为，如果一只股票有价值，而且市场大势看好的情况下，你一定可以在股价下跌之后把它拉上来，即使是下跌了20点，拉高也不是问题。但是，在帝国钢铁这只股票上，这些都是多余的。

我在炒作股票时，一直牢记基本的交易原则。或许你会奇怪为何我反

第21章 大众赚的只是账面利润

复重申这一点，或者是为什么反复说明我从来不跟行情纸带理论，也不会因为市场的行为怪罪于大盘。你的理由可能是，一个已经拥有了几百万美元的身价，而且可以在华尔街呼风唤雨、为所欲为的人，心态一定极其冷静和淡定，或者说仅仅将其看作一个游戏而已，没错吧？如果你知道有一些像上述那样的成功人士，即股票炒作好手，经常因为市场没有按照他们所预测的方向发展，而表现得焦虑不安，甚至像一些胆小的女人一样手足无措，你一定会大吃一惊。他们认为这种失败是对个人的侮辱，于是他们的好脾气不见了踪影，随之也会带来金钱的损失。

关于约翰·普兰蒂斯（John Prentiss）和我之间的矛盾，外面有很多流言蜚语。大家因此错误地判断，我们会因为某一件股票操作的案子，吵得不可开交，因而导致这次操作结果失利；也可能因为其中有些欺骗行径，而使我们中的一方为此付出数百万美元的代价，或是遭到类似的损失。但实际情形并非如此。

普兰蒂斯和我是多年的知己好友。他曾经多次向我透露过一些重要信息，我都因之获利不菲。我也给过他一些建议，有的建议他采纳了，有的则没有采纳。如果他全部采纳了，他会少损失一些钱，他是推动石油产品公司（Petroleum Products Company）上市和释股的主要负责人。这只股票基本成功地上市之后，整体大势有点糟糕，这只新股的表现没有普兰蒂斯和他同伴们预想的那么好。基本情势略微好转后，普兰蒂斯组织了一个操作小组，开始在石油产品公司上进行操作。

关于他的技巧如何，我不想评述。他没有告诉我他的操作流程，我也没有问他。虽然他在华尔街上经验丰富，而且他的聪明过人是毋庸置疑的，但他所做的一切结果毫无价值，这个集团很快就发现他们没有办法卖出大量股票。他一定竭尽全力了，因为集团操盘人除非觉得自己力不从心，否则不会甘愿让外人来取代他，而这一点是一般人最不愿意面对的事情。总而言之，他找到我，简短的寒暄之后，他提出希望我负责推广石油产品公司，散出这个集团总数10万股以上的持股。这只股票当时的价格是102~103美元。

在我看来，他在这件事情上的态度不甚明朗，我委婉地拒绝了他的提议。但是他坚持要我接受。他从朋友的角度向我提出请求，我无法再拒绝了。我天性不喜欢参与那些自己没有十足胜算把握的事情，但是出于一个朋友的道义，我有帮助他的义务。我说我会尽我所能，不过我告诉他，我对此还是颇有顾虑的，并且列举出诸多的不利因素。但是普兰蒂斯只是说，我不必保证一定可以替这个集团赚几百万美元的利润。但是只要我接手，我会向每一个理性的人交上一份满意的答卷。

事情就是这样，我竟然答应做一件违反我判断的事情。我的担心不是没有道理的，我发现情形很困难，因为普兰蒂斯替这个集团炒作这只股票时，操作有误。但是对我不利的主要因素还是时间问题。我们迅速接近牛市的尾声，因此虽然市场状况略有好转，让普兰蒂斯大受鼓舞，但我深知这只是短暂的反弹。我担心在我可以让石油产品公司的股票有所作为之前，市场会再度转为熊市。不过既然已经答应了朋友，我就必须竭尽全力。

我开始拉抬价格，收效甚微。我想把股价拉到107美元左右，这样相当不错，我可以卖出一些股票了。虽然卖出的数量有限，但是没有增加这个集团的持股总数已经相当不易。有很多这个集团以外的人正在等待小幅上涨，好卖出他们的持股，我让他们看到了曙光。如果整体形势说得过去，我的表现不会太差。如果可以早一点让我来操盘就好了，我现在所能做的非常有限，就是让这个集团尽量在损失最小的情况下出脱持股。

我向普兰蒂斯坦白了我的看法，但是他并不同意。于是我向他解释我之所以采取这种办法的出发点，我说："普兰蒂斯，对于市场的脉动我了解得非常透彻。你的股票没有人跟进，不需要什么技巧就可以看出一般大众对我的炒作所做的反应。如我所说，你已经尽量让油品公司的股票具有吸引力，而且随时都有条件给予一切支持，大众却并不领情，由此就可以看出其中一定有什么问题。不是这只股票有问题，而是市场有问题，逆势而为并非明智之举。强行为之，注定会失败。有人跟进的时候，操盘经理应该很高兴买进自己的股票，前提是不能孤军奋战。作为市场上唯一的买盘，还是固执行事的话，就是愚蠢至极。我每买进5 000股，大众应该跟着买进5 000股，如果事情与此相反，我只是自娱自乐就没有意义，眼下唯一可以做的事情就是卖出。卖出是脱手的唯一方法！"

"你是说不管在什么价格都卖出？"普兰蒂斯问道。

"对！"我说，我知道他一定会表示反对，"如果我要卖出这个集团的股票，你可以想象价格一定会跌破面值，而且——"

第21章　大众赚的只是账面利润

"不行，绝对不行！"他叫嚷着。他怒吼之声好像我想要邀请他加入自杀俱乐部。

"普兰蒂斯，"我跟他说，"股票炒作的基本原则是要拉抬股票以便卖出。但在上涨时，你无法大量卖出。大量卖出是要从头部一路下跌时开始做的。我企图把你的股票拉高到125美元或130美元，但种种努力都是徒劳的。所以你必须从现在的价位开始卖出，没有其他的选择。在我看来，所有的股票都会下跌，石油产品公司也毫不例外。现在由集团卖出，股价确实会下跌，但总好过下个月由别人卖出造成暴跌，要知道下跌已经是大势所趋。"

我不认为自己的话有什么令人伤心的地方，但结果呢？即使你远在国外，他的哀号之声都会传入你的耳际。他根本听不进这种话，也拒绝这样做。因为这样会让这只股票留下糟糕透顶的记录，何况这只股票在银行里还有抵押贷款，这样做一定会造成日后的诸多不便。

我再度提醒他说，即使是上帝出手，也无法阻止石油产品公司股价下跌15点或20点，因为整个市场的行情就是这样。我也期望他的股票可以成为令人目眩神迷的例外，但这期望根本就是不现实的事情。但我的话都成了耳边风，他完全听不进去，仍然坚持让我必须支撑这只股票。

他是一个相当精明的生意人，是当年最成功的股票作手之一，曾经在华尔街上身经百战，身价超过了几百万美元，对股票投机游戏的认识，远远要比一般人深刻得多。他却在空头市场的初期，固执地要支撑一只股票。虽然这只股票是他自己的，这种做法还是不妥。总之，这件事情已经违背了常理。我还是想要说服他，却毫无成效。他固执地命令我发出支撑股价的买单。

大盘终于开始疲软，真正的跌势开始了，石油产品公司和其他股票一样没能够逃脱跌落的命运。我不但没有卖出，还按照普兰蒂斯的命令，继续为这个内幕集团买进股票。

普兰蒂斯固执己见就是因为不相信熊市已经临头，但我清楚地意识到牛市已经结束。我用石油产品公司和其他股票都进行过测试，我最初的猜测是正确的。在熊市宣布安全到达之前，我就开始卖空。除了石油产品公司外，其他股票都被我卖空了。

如我先前所言，石油产品公司炒作集团满仓了他们所有的股票，其中包括他们一开始就持有的股票，也包括后来他们徒劳无功、想拉抬价格时所吸进的股票。最后他们别无选择地卖掉了手上的股票,但与我之前建议他们出手的时候相比,他们出手的价格低了很多,这个结果在我预料之中。但是普兰蒂斯仍然执迷不悟——坚信自己是正确的。他认为我的建议是缘于我卖空了其他股票,而大盘仍然往上走。其实是在暗示说,如果低价出清这个集团的持股,将造成油品公司的股票大跌,这对于我在其他股票的卖空也是有帮助的。

真是信口开河。我看淡后势,并非因为我卖空股票,而是因为我评估出了大势的走向,我只有在自己翻多为空时,才卖空股票。操作失误就无法获得利润,在股票市场中尤其如此。我计划出售这个集团的股票,是因为20年的操作经验为我指明了唯一可行且明智的道路。以普兰蒂斯的精明聪慧,最终一定能大彻大悟的,只是再想出手为时已晚。

普兰蒂斯和成千上万的外行人一样,错误地认为作手无所不能,可谓翻手是云,覆手为雨。但作手真的没有这么神奇。在1901年春季,基恩成功炒作了美国钢铁公司普通股和特别股,那是他事业的顶峰。他的成功是很多因素共同造就的,包括他的精明能干,财力雄厚,有一票全美国最富有的人做他的坚强后盾等,但是主要原因还是大盘合宜,大众的心态也很正常。

与经验教训和客观常识相违背不是好事,但在华尔街有些内行人也会做出一些稍显愚蠢的举动。普兰蒂斯对我的不满,我已经坦诚以告。最终,他因为干涉了我的炒作而痛心疾首,后悔要求我按照他的指示去炒作。

炒作如果单纯是要把大量的股票卖掉,其中不曾掺杂任何刻意歪曲的成分,没有神秘、不公正或欺骗的内容,完全以健全的交易原则为基础,就是值得称道的炒作。人们总是过分看重洗盘之类的旧式做法,但我想说,纯粹的技巧无足轻重。股票炒作与在柜台卖股票和债券相比,差别仅仅在于顾客的性质不同,而诉求的性质是一样的。摩根公司向大众出售债券,是卖给投资人;作手向大众散出大笔股票,是卖给投机客。投资人追求安稳,为投资的资本寻求持续稳妥的投资回报,投机客寻求的则是快速获利。

作手的主要客户群体是投机客,因为投机客只要认准机会,确信能够让他的资本得到大笔的报酬,就会甘愿冒着高于正常水准的商业风险。但我本人并不推崇盲目的赌博,我可能会大笔操作,也可能只买进100股先行试水。无论如何选择,我都需要有充足的理由做依据。

第21章 大众赚的只是账面利润

对于自己是如何开始投入炒作游戏的——也就是替别人行销股票，我记忆犹新。与此相关的记忆是温馨而美好的，因为这件事极为巧妙地显示出华尔街职业人员对股市操作的态度。这件事发生在我东山再起之后，也就是1915年我买卖伯利恒钢铁股票的时候，这笔交易让我逐渐恢复了财力。

我的交易相当稳定，上帝也很眷顾我。我从来不刻意在报纸上寻求曝光，但是我也不反感这样做。同时你知道，只要有哪个作手很活跃，华尔街的职业人员就会对他们成功和失败的故事夸大其词。于是报纸在得到这位作手的消息后，就会刊登出一些文章来。权威人士造谣说，我曾经多次破产，也赚过千百万美元。我弄不清楚这些报道从何而来，又为什么会出现，同时也惊讶于谣言的严重失实！我的经纪商朋友接二连三地向我转述类似的故事，每个故事都大同小异，但每一次都会增添一些新的材料，连细节都越发地翔实了。

我如此大费笔墨，就是要告诉你，我是如何开始替别人从事炒作工作的。我全额清偿几百万美元债务的宣传报道奏效了。我大进大出和获利丰厚都被报纸渲染夸大了无数倍，以致华尔街上对我议论纷纷。作手炒作20万股就能操纵市场的日子已经成为历史，但我们都了解，大众总是希望能够一代新人换旧人。基恩以高明的股票作手闻名于世，靠自己的力量获得了几千几百万美元的利润，承销商和银行都希望邀请他代为操盘，替他们出售大笔的股票。言简意赅地说，他提供的炒作服务很有诱惑力，因为华尔街到处都流传着他过去交易成功的故事。

但是基恩已经离开了人世，在他身后，也曾经有两三个人在股市上创造过几个月的辉煌，但因为

> ◢ 经济历史是由一幕幕的插曲和故事构成，他们都奠基于谬误与谎言，而不是真理，这是赚大钱的途径。我们仅需要辨别前提为错误的趋势，顺势操作，并在他被拆穿以前提早脱身。
> ★索罗斯

他们太久没有出来活动，已经是过眼浮云了。我所说的那几位是那些西部豪客，他们在1901年来到华尔街，凭借自己手中持有的美国钢铁股，赚到数千万美元。他们实际上应该算做超级承销商，而不是基恩那样的作手。但是他们财力雄厚，聪明果敢，在推销他们和朋友控制的公司证券时，收效良好。他们不同于基恩或弗劳尔州长这些伟大的作手，但华尔街上的人对他们的事情仍然津津乐道，他们在职业人员和比较活跃的证券商当中，拥有一批忠实的信徒。他们退出股票交易之后，华尔街也变得寂寞了很多，人们再也找不到合适的谈资了，至少报纸上与作手有关的消息完全销声匿迹了。

你应该还有印象，1915年证券交易所恢复交易之后，经历过一段大牛市行情。随着市场规模扩大，协约国①向美国购买数十亿美元物资的订单，使美国进入景气热潮②。就炒作而言，任何人只需信手拈来，都可以为"战争经济"打造出不具限制力的市场。很多人依靠贸易合约，甚至仅需凭借可以得到贸易合约的承诺，就可以获利高达几百万美元。他们从友善的银行家处获得援助，或是通过把自己的公司上市，摇身变为成功的股票承销商。只要做好广告，公众就会产生浓厚的购买欲望。

景气热潮的高峰过去之后，这些承销商终于发现出售股票还是需要专业人士的协助。大众对各式各样的证券都感兴趣，其中有些人以较高的价格买进后，却发现再想卖出这些没有经过市场考验的股票并非易事。景气高峰成为历史，大众也看清楚了任何东西都不会再涨。并非买方变得聪明了，而是盲目的买进已经结束，大众的心态发生了质的变化。即使价格未曾开始下跌，但市场已经变得越发沉闷，大众的悲观情绪已经初见端倪，如果再持续一段时间，这种情绪就很难遏制了。

---

① 协约国指的是第一次世界大战中以英国、法国、沙皇俄国为主的国家联盟。它与以德国、奥匈帝国为中心的同盟国集团形成了第一次世界大战的对立双方。值得注意的是，意大利虽然是同盟国国家，但却和协约国一起攻打同盟国。——译者注

② 第一次世界大战是人类历史上的一次浩劫，但却给美国的经济发展提供了机遇。战争初期，美国利用"中立"的有利地位，利用交战双方对军需物资的大量需求，充当双方的兵工厂，迅速扩大军工生产和重工生产；此外，美国还在战争期间对英法贷款，并乘欧洲交战国在世界市场上竞争力减弱的良机，扩大工农业生产，进行商品输出。战争结束时，美国已从战前一个资本输入国变为资本输出国，由债务国变成债权国。到1924年，美国掌握的黄金总额已达世界黄金储存量的1/2，控制了国际金融市场，战后资本主义世界的金融中心由英国移到了美国。这就大大加强了美国在资本主义世界中的地位，为更新生产设备、扩大生产规模、迅速发展生产提供了雄厚的资金，从而为经济繁荣奠定了基础。——译者注

第21章 大众赚的只是账面利润

每次景气热潮时,都会成立一些新公司,主要目的就是想要利用大众对各种股票的好胃口。当然,也有人迟迟不愿意把股票拿出来承销,之所以会犯这种错误,是因为他们也是凡人,潜意识里不愿意承认景气热潮也会结束这个不争的事实。此外,只要潜在的利益够大,冒险也是值得的。美好的憧憬使得他们失去了远见,对市场走到顶部视而不见。在普通人看来,一只在12~14美元时无法卖出的股票,突然涨到30美元,似乎已经到顶了,这只股票却又出人意料地涨到了50美元,人们认为涨势的尾声已经到了,但接下来又一路从60美元、70美元涨到75美元。这时候任谁来看也都会认为,涨势已经到了尽头,几个星期前这只股票的价格不足15美元,现在当然不可能再上涨了。但是这只股票还是涨到了80美元,然后继续攀升至85美元。遇到这种情况,一般人从来不考虑价值因素,只考虑价格的高低,而且他们的行动并不由对形势的判断主导,而是由恐惧主导,于是他们终于开始自我暗示:涨势不一定有到头的时候。因此,虽然外行人很聪明,不会在顶部买进,却也很难获利落袋。在景气热潮中,大众总是容易赚到很多的账面利润,但也仅仅是账面上的利润而已。

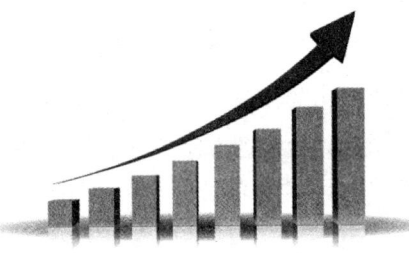

股 票 大 作 手 回 忆 录

第22章
没有永恒的利益体

有一天，吉姆·巴恩斯（Jim Barnes）到我家进行拜访，他不但是我的主要经纪商之一，也是我的好朋友。他是来向我寻求帮助的，这种事情在过去从来没有发生过，所以我急忙询问事情的原委，希望是我能够帮得上忙的事情，因为我真的乐于提供帮助，想借此报答他。他说自己的公司和某一只股票有关，这只股票是联合炉具公司（Consolidated Stove）。实际上，他们是这家公司的主要承销商，而且购买了数量不小的该只股票。因为形势突变，他们务必要快速将这些股票脱手，吉姆希望我可以帮助他做相关的推广工作。

出于对种种情况的考虑，我本不希望跟这件事情扯上关系。但吉姆对我有恩，吉姆又坚持让我从朋友的立场出发伸出援手，这些理由让我无法拒绝。他是个好人，是我的朋友，我猜想他的公司一定卷入很深，所以我答应尽力而为。

依照我的个人观点，战争景气和其他景气之间差别非常明显，即青年银行家在股市所扮演的角色不同。

这次的景气影响到了各行各业，景气的起因不言自明。与此同时美国最大的银行和信托公司也是全力以赴，给众多的承销公司和军火制造商搭桥铺路，使得他们在一夜之间成为百万富翁。当时的情形极为夸张，以致你只需要说自己有一个在协约国采购委员会供职的朋友，即使没有拿出白纸黑字的采购合同，就有人会自愿提供执行合同的全部资金。还曾经流传过这样一个离奇的故事，因为某信托公司对一个小职员信任有加，主动借钱给他，这位小职员也靠着一手转过一手、人人雨露均沾的合约，最终做成了几百万美元的生意，由小职员摇身一变成为公司的总裁。数量庞大的黄金从欧洲涌入美国，如何留住这些黄金也让银行费尽心思。

老一辈的人并不赞同这种做生意的方法，但此时老前辈已经所剩无几。在太平的年代，白发苍苍的银行总裁非常适宜，但是在重压来临的时候，年轻才是资本。不管怎么说，银行显然赚到了惊人的利润。

巴恩斯和公司合伙人与马歇尔国民银行（Marshall National Bank）年轻的总裁关系甚笃，他们决定将三家著名的炉具公司进行合并，然后向大众出售新公司的股票。近一段时间，只要是股票，无论是什么股，大众都乐意买进。

那时候炉具行业极为兴旺，因此，3家公司的普通股都是成立以来初见股利的时候，大股东不希望失去控制权。在柜台市场①中，这些股票的销售行情一直高居榜首，大股东愿意释出的股票已经都被买空了，他们对现状很满意。3家公司个别的资本额则太小，无力掀起巨大的市场波动，这时巴恩斯的公司介入，他指出3家公司合并之后可以迅速扩张，有实力在证券交易所挂牌，一旦挂牌成功，新股会比旧股更有价值。这是华尔街的惯用伎俩，改变股票的颜色，使股票增值。如果一只股票以票面价格出售有困难时，将这只股票从1股分为4股，新股就可能会以30美元或35美元的价格卖出，相当于旧股卖到120美元或140美元的水准，而这种价位是旧股之前根本不可能达到。

巴恩斯和合伙人成功地说服了一些朋友参加合并，大家都以投机为目的，这些人持有大笔葛瑞炉具公司（Gray Stove Company）的股票，葛瑞炉具规模较大，合并的条件是以1股葛瑞股票换取4股联合炉具的新股。步葛瑞炉具公司的后尘，中部和西部两家炉具公司也加入进来，用1股换1股的条件参加合并。这两家公司在未上市市场的报价介于25美元到30美元之间，葛瑞炉具的名气高于这两家公司，而且派发股息，故其价位约在125美元左右。

---

① 柜台市场是指在证券交易所以外进行证券交易的广泛市场。柜台市场证券公司大多通过电话联系完成交易，在交易中一般充当做市商或经纪人的角色，也就是说证券持有者和资金持有者不直接进行交易，而是通过证券经纪人或证券公司进行证券和资金的让渡。——译者注

第22章　没有永恒的利益体

要从坚持卖出股票换取现金的股东手中买断持股需要一大笔钱，此外营运资金也是一个缺口，他们必须筹募到几百万美元，以便重组改造及推广发行。巴恩斯为此特意拜访了马歇尔国民银行总裁，总裁同意以10万股新公司的股票做质押品，借给他们350万美元。据我所知，公司向总裁保证股价一定会超过50美元。这是完全有利可图的交易，因为其中的升值空间很大。

但公司选择的时机不当，此时市场已经到了新股发行的饱和点，他们忽视了这一点。但即便如此，如果他们可以独辟蹊径，放弃景气最高潮时那种不合理的惊人获利方式，他们还是可以获得不错的利润的。

当然，巴恩斯和他的伙伴一点都不笨，也不是缺乏经验的小伙子，他们都是精明的成年人，对华尔街的各种把戏了然于胸，有些人还是极为成功的股票交易者。但是，他们确实高估了大众的购买力，无论如何，大众的真实购买力只有经过实际检验才知道。而他们热切期望多头市场延续得比实际的时间还长，这就是错上加错了。我想他们会犯这样的错误，原因可能是他们被自己过去的成功冲昏了头脑，他们曾经在迅速操作获利方面极为丰厚，这让他们深信自己能够在多头牛市逆转之前，完成这笔交易。他们都声名显赫，在专业交易者和证券经纪商当中拥有大量支持者。

这个案子的宣传极为成功。报纸连篇累牍地予以报道，指出原来的三家公司是美国炉具工业的化身，产品闻名遐迩，三家公司的合并是爱国行动，还有很多文章提及他们如何征服世界市场，产品顺利走出国门，在亚洲、非洲、南美洲的市场已经稳如泰山。

对报纸财经版的老读者来说，这家公司的董事都是耳熟能详的大腕级人物。公司的公关工作相当出色，不具名的内部人士对股价分析得头头是道，做出了极有说服力的承诺，新股的需求与日俱增。在申购结束时，这只以每股50美元公开承销的股票超额认购25%。

他们希望的最好结果是把股价拉抬到75美元以上，平均股价拉抬到50美元，如果能够以这种价位成功地卖掉新股，形势真可谓一片大好。要知道，以这种价位释股，意味着被合并公司股票的价格翻了一番。这是一次危机，他们却并没有及时去回应和化解，这是成功完成交易本来应该达到的目标。所以说，每个行业都有自己的特殊性，凡俗之见的价值确实不如专业才智。出乎意料的超额承购让公司大喜过望，由此武断地认定无论这只股票的价格多高，股数有多少，大众都会无限量买进。此外，他们还犯了致命的错误，居然没有足额配售预定释出给大众的股票，贪婪已经彻底摧毁了他们的理智。

全额配售股票是必须要做的事情，这样在他们把公开承销的总股数发售给大众后，仍然持有25%的空头头寸，这样就可以在必要的时候用以支撑股价，也就是说，公司不费吹灰之力就可以占据强有力的战略性优势地位，而这种优势正是我在炒作股票时，想方设法寻找的。他们原本有能力防止股价下跌，让大家对新股的稳定性有信心，同时也可以让大众信任这只股票背后的公司。在他们把配售给大众的股票卖出后，他们的工作还应继续，卖出部分只是他们必须行销的一部分而已。

他们自认为已经大功告成。但很快，他们所犯的两大致命错误的后果就显现出来了。当整个市场开始酝酿回落时，大众拒绝继续买进这只新上市的股票；内部人士紧张起来，他们选择了退缩而不是支持联合炉具公司股票。在下跌时，如果连内部人士自己都收手了，还能指望谁去出手救市呢？内部人士收手通常被认为是最明确的利空信号。

无须详细分析的统计数据，联合炉具的股价像市场上其他股票一样发生了起伏，但价格一直低于最初上市之时，那是个只略高于50美元的报价。最后，巴恩斯和他的伙伴不得不出手买进，以便让股价不会跌到40美元之下。没有在上市之初支撑这只股票已是错失机会，但与此相比，最糟糕的还是没有全额卖掉大众认购的股票。

总而言之，这只股票顺利地在纽约证券交易所挂牌成功了，而股价则在不断下跌，一直到名义上站稳在37美元时才停止了继续下跌，股价之所以在这个价位站稳，是巴恩斯和他的合伙人操控的结果。由于银行是以10万股为质押品，以每股35美元的价格借钱给他们的，如果银行为了收回贷款而卖出股票，股价的跌幅将不堪设想。大众在50美元时急切地买进，在其跌至37美元时，就对这只股票失去了兴趣，即使它会跌到27美元，也没有了购买的欲望。

久而久之，银行开始反思过度放款的行为。青年银行家的美好日子终于告一段落，银行业似乎走到重要关头，显出了退回保守主义的势头。有些人

第22章 没有永恒的利益体

曾经与银行家是亲密的朋友,现在银行家开始逼迫他们清偿贷款,就好像双方从来没有同场打过高尔夫球一样。

放款的一方不必穷追不舍,贷款的一方也不必苦苦哀求,这样对双方都不利。比如说,我的朋友巴恩斯所往来的银行催债的方式就很委婉,他们说:"请务必尽快清偿贷款,否则的话,我们都会陷入万劫不复的境地!"

危机重重的公司处境迫使巴恩斯向我寻求帮助,要求我替他卖出10万股,以便用这笔资金偿还银行350万美元的贷款。巴恩斯已经不指望从中获利,只希望将损失降到最低,他们就谢天谢地了。

完成这个任务的希望渺茫。大盘既不活跃,也不强劲,只有偶尔出现的反弹还可以在短时间内唤起大众心底的热情,从中看到牛市行情即将恢复的微小希望。

我答应巴恩斯会研究一下,如果接手这个工作,我会开出自己的条件。我仔细研究了这个任务,并没有分析这家公司最新的年报,只是将其放在当前股市的大环境下进行剖析。我不会凭借公司的盈余或展望去推销和拉抬这只股票,随后再将其卖出,而是希望在公开市场里将这批股票出手。我只是就事论事,将可能对我有帮助或有妨碍的因素找出来。例如,我发现有大量的股票掌握在少数人手中,换言之,几个人控制过多的股票是很危险的,而且这数量多得让人不安心。克里夫顿·甘恩公司(Clifton P.Kane & Co.)持有7万股,这家公司的老板是巴恩斯的好朋友,公司兼营投资银行和经纪业务,也是纽约证券交易所的会员。他们一直致力于炉具股票的业务,在促成这三家炉具公司的合并上,功不可没,他们的顾客受其影响也很看好这只股票的前景。前参议员塞缪尔·戈登(Samuel Gordon)也持有7万股,戈登兄弟公司(Gordon Bros.)是他的侄儿创办的,而他是这家公司的特别合伙人。此外,约书亚·伍尔夫(Joshua Wolff)持有6万股。这几位华尔街的专业老手一共持有20万股的联合炉具股票。对于何时将这些股票出手,他们不需要任何人的提醒。如果我出手进行炒作,设法吸引大众买进,将这只股票做得强劲而活跃,就会看到甘恩、戈登和伍尔夫跟着借机出货,而且出货量一定不可小觑。想到他们的20万股会像尼亚加拉瀑布①（Niagara Falls）一样冲进市场，我就高兴不起来。市场已经告别了牛市涨势的最高潮，无论我的操作多么有技巧，强大的需求都不会再现。巴恩斯很清楚他转交给我的这个工作性质如何，也并没有抱持什么幻想。他是在牛市接近尾声的时候，让我将一支大量灌水的股票卖出。报纸上当然不会报道牛市即将结束的事情，但是，我和巴恩斯都心知肚明，银行也不例外。但是我已经答应巴恩斯，所以我必须与甘恩、戈登和伍尔夫谈一谈。他们的20万股好比达摩克利斯之剑，随时可能掉下来置巴恩斯于死地，我想还是将拴剑的头发换成铁链更为稳妥一些。在我看来，最简单可行的方法是跟他们达成双赢互惠的协议。如果他们消极地协助我，当我出手银行的10万股时，可以不跟着出货，我就会设法创造一个大家都可以出货的市场。事实原本如此，他们哪怕只想出售持股中的一小部分，联合炉具公司的股价也会大跌，所以他们从来没有去尝试卖出。我只是用最合宜的卖出时机做诱饵，让他们做出明智的抉择，以免损人不利己。无论是在华尔街，还是在别的什么地方，在其位不谋其事都不会有好报。我试着提醒他们，在时机不成熟的时候过早出货，会得不偿失，形势已经迫在眉睫。

我希望自己可以说服他们，身为华尔街经验丰富的老手，他们对于联合炉具股票的实际市场需求已不再心存幻想。甘恩开的经纪行生意兴隆，在11个城市设有分公司，拥有成百上千的顾客，他的公司曾多次担任炒作集团的操盘经理。

戈登参议员拥有7万股，他财力雄厚。纽约大都会的报纸经常有关于他的报道，因为他曾经被一个16岁的修甲美容师控告不守信用，这位修甲美容师拥有一件价值5 000美元的貂皮大衣，还有被告写给她的132封信。戈登在几位侄儿的创业过程中都扮演过重要角色，自己也是他们公司的特别合伙人，还曾经参与了几十个炒作集团。他幸运继承了一大笔中部炉具公司的股票，并且以此交换到10万股联合炉具公司的股票。他持有的大量股票让他对巴恩斯

---

① 尼亚加拉瀑布（Niagara Falls）位于加拿大和美国交界的尼亚加拉河中段地区，有着世界七大奇景之一的美誉，与南美的伊瓜苏瀑布及非洲的维多利亚瀑布合称世界三大瀑布。从伊利湖滚滚而来的尼亚加拉河水流经此地，突然垂直跌落51米，巨大的水流以银河倾倒之势冲下断崖，声及数里之外，场面震人心魄，形成了气势磅礴的大瀑布。——译者注

第22章 没有永恒的利益体

荒诞的利多消息不屑一顾,他一直坚持卖出,甚至可以在市场萎靡之际,成功卖出3万股获利落袋。他向朋友描述说,他完全可以卖得更多,但其他大股东兼亲密的老朋友纷纷恳求他收手,他才不得已停止卖出,除了这点之外,时下也没有能够让他可以出货的市场。

第三个人是伍尔夫,他名扬业界,20年来,他是交易所大厅中大赌客的身份无人不知。在拉抬或掼压股价方面,他所向披靡,因为对他来说,两三万股和两三百股毫无差别。我到纽约之前,就对他有所耳闻。他当时受雇于一个好赌且不限定赌资的小集团,这个集团在赛马场和股票市场上都以这样的风格行事。

大家通常指责他一无是处,只是个赌徒,但他的能力不容小觑,而且从投机游戏中练就了非常好的心态。同时,他是一个没有文化的粗人,也因此闹出不少笑话,成为很多轶事的主角。流传最广的笑话说,有一次,伍尔夫参加所谓上流社会的宴会,女主人忙乱中疏忽了伍尔夫的存在,当其他宾客大肆讨论文学的时候,女主人已经来不及阻止。一个坐在伍尔夫旁边的女孩,见他只顾吃喝闭口不言,转头想跟他说话,而且很想听听这位大金主的见解,居然问他说:"伍尔夫先生,您如何看待巴尔扎克呢?"伍尔夫礼貌地把嘴里的东西咽下去,回答说:"我从不交易那些未上市的股票!"

这就是联合炉具公司最大的三位个人股东。与他们见面的时候,我劝说他们组成一个小组,给我提供一些资金上的帮助,并且以略高于市场行情的价格给我买进期权①,作为回报我会尽力创造市场。他们询问了我所需的资金数。我回答说:"你们持有这只股票的时间都不短了,对这只股票却毫无办法。你们三个共计持有20万股,大家心知肚明,除非你们能够创造市场,否则,卖出这只股票就是天方夜谭。吸收你们所释出的持股需要相当大的市场,而且要有足够的现金做保障,以便在操作初期,购买必须买进的股票。没有足够的资金,初见成效就再次停下来,只是浪费时间。我建议你们组成一个小组,筹募600万美元的现金,将20万股的买进期权交给这个小组,让其能够以40美元的价格自由进行交易,为保险起见,可以把你们所有的股票放

---

① 是指在协议规定的有效期内,协议持有人按规定的价格和数量购进股票的权利。——译者注

在信托账户下保管。如果进展顺利，你们会把手中的死鸟脱手，这个小组也小有赚头。"

市场上关于我在股市获利的谣言层出不穷，我认为这种谣言对于目前这种情况来说是有益的，它帮我增强了说服力，因为没有什么事情比成功更有说服力了。总而言之，我不必跟这些人大费周章地解释。他们对自己目前的处境很清楚，孤军奋战无益于事，他们都认可我的计划。他们走的时候说，会尽快成立一个小组。

他们轻而易举地就说动很多朋友加入进来，我猜想他们对这个小组利润的描述一定极具吸引力。从我听说的情况来看，他们确实相信这一点，因此他们对别人所说的也不是昧良心的谎言。总而言之，短短数日之内，这个集团就成立了。甘恩、戈登和伍尔夫以40美元的价格，授予我30万股的买进选择权，我也确信这些股票的信托已成立完毕，即便我拉抬股价，它们也不会跑到市场上来。我必须自我保护，因为集团的成员各怀心思，市场上不乏成功可能性极大的交易却以失败告终的例子。狗咬狗的时候绝对是鲜血淋漓的，这就是华尔街。在第二家美国钢铁钢缆公司（American Steel and Wire Company）上市时，内部人士就相互指控对方违背信用，私自出货。约翰·盖兹和他的朋友，以及塞理曼家族（the Saligmans）和他们的银行同业之间，都签过君子协定，我却偶然在经纪商那里听到有人朗诵下面这首盖兹写的四行诗：

毒蜘蛛跳上了蜈蚣背，
笑声残酷又得意。
我要毒死这只害人精，
否则的话，他会毒死我。

我并非以此暗示华尔街的朋友曾经在股票交易中欺骗过我。但保持高度的警惕性，未雨绸缪是很有必要的。

伍尔夫、甘恩和戈登告诉我小组已经组建成功，正在准备募集资金，我突然无所事事了，唯有耐心等待。我提醒他们一定要抓紧时间，但这些钱进来的速度还是很慢，我记得大概是分四五次才进来。我不知道问题出在哪，但是我记得自己曾经多次发出紧急的求救信号。

那天下午，一笔数目巨大的支票终于到手了，我掌握的现金累积到400万

第22章 没有永恒的利益体

美元左右，我也得到承诺，余下的钱一两天内就会到账。以此看来，在牛市结束之前，这个集团还可以有所作为。即使形势看好，也没有什么事情是绝对的，我必须尽早下手。大众不会在意一只冷门股票突然出现的新波动。但400万美元现金确实可以做很多事情——包括激发大家对任何股票的兴趣，这些钱足以吸收所有意欲出售的股票。时不我待，没有必要再等待剩下的200万美元，越早把股票拉到50美元，对这个集团越有益。

第二天早上一开盘，联合厨具公司出现了罕见的大成交量，这让我很振奋。我已经说过，好几个月以来，这只股票总是步履沉重，不见动静，价格一直徘徊在37美元左右，为了让这只股票稳住股价，巴恩斯花了不少心力，他已经不敢奢望股价上涨了，因为这比看到直布罗陀巨岩在直布罗陀海峡上漂移还难。

那天早上这只股票的需求量大增，价格涨到39美元。开始交易仅仅一个小时，成交量超过了此前半年的总成交量。这只股票一跃成为当天最热门的股票，整个市场也因此沾染上了牛市气息。我后来听说在经纪行的交易厅里，人们只对这只股票感兴趣，对其他事情都避而不谈。

我不知道这意味着什么，但我是乐于看到联合炉具股价恢复元气的。正常情况下，想要了解任何股票罕见的波动都很容易，因为股票大厅里替我做交易的朋友，以及在经纪行营业厅里的好朋友，都会将他们所听到的任何消息或谣言第一时间通过电话转述给我，如果他们认为我有必要知道的话。这一天，我得到的消息是，联合炉具的确有内线买盘，不存在任何洗盘的动作，全部都是真正的买盘。买方在37美元和39美元之间，将所有市场上卖出的股票全部吃进，买方拒绝说明理由，也不愿放出任何消息，这使精明而虎视眈眈的交易者断定，短期内会发生大的行情波动。因为内部人士大量买进而造成一只股票的上涨，同时内部人士又不鼓励别人跟进时，股痴们就会急于四处探听消息。我自己也摸不着头脑，只能按兵不动，随时追踪交易的情形。但是隔天买盘的数量继续加大，而且势头越发勇猛。在业内账簿中，近几个月来高于37美元求售的卖单，全部被吸收掉了，而且没有新卖单可以阻止涨势。价格只能继续上涨，先是突破40美元，很快就涨到42美元。

此时，我觉得应该将银行作为质押品的股票出手了。我知道我的卖出会导致股价下跌，但是如果我卖出股票的成交价达到37美元，那么这种做法就是合情合理的。我知道这只股票的价值，经历了数月冷清的交易，这只股票的市场性已经显而易见。我试着谨慎地将股票出手，我共计脱手了3万股。涨势竟然还在继续！

当日下午，有人向我解释了这种适时而神秘的涨势从何而来。似乎在前一晚上收盘后，也就是第二天开盘之前，就有人向场内经纪商放出消息，说我看好联合炉具公司，会按照惯例拉抬价格15到20点，中途毫不停顿，所谓的惯例是对我的交易记录完全不了解的人总结出来的。主持散播消息的人来头很大——伍尔夫，他自己作为内部人士大量买进，使得价格从前一天起涨。他在场内的经纪商朋友都乐于听信他的消息，因为这位老兄深谙内情，不太可能将错误的内幕消息提供给自己的追随者。

实际上，市场的卖压并不大。但是考虑到我已经锁住30万股，就可以体会我之前的恐惧，现在要拉抬股价易如反掌。毕竟弗劳尔州长所言甚是，每天都有人指责他炒作他公司负责撮合的股票，包括芝加哥瓦斯（Chicago Gas）、联邦钢铁（Federal Steel）等，他唯一的解释就是："我知道买进是让股价上涨的唯一的方法。"对于场内的经纪商来说，也是一样的道理，价格会反应买盘，跟着上涨。

隔天在吃早餐前，我在日报上看到关于拉里·利文斯顿即将在联合炉具这只股票上开始大力做多的消息，毫无疑问，这则消息会通过电报，传送到几百家经纪行的分公司和外埠的经纪行，铺天盖地的报道细节都大致相同，甚至有报道说我已经组成内部集团，即将修理卖空过度的空头；也有的报道指出，公司很快将宣布配股；还有的报道提醒大家，注意我在我看好的股票上操作所取得的成绩；不过也有消息指责这家公司隐匿资产，以此让内部人士吃饱股票。总之一句话，涨势才刚刚开始。

早上开盘前，不需要到办公室查收自己的信件，我就可以想象到华尔街上充满了滚烫的消息，号召大家立刻买进联合炉具。那天早上我的电话一直占线，所有打进来的电话都是同一个问题——联合炉具会上涨吗？我很佩服伍尔夫、甘恩和戈登处理通风报信这种小事情的能力，可能其中也不乏巴恩斯的功劳。

我不知道自己的追随者如此之多，那天早上买单从全美国各地纷至沓来，都是几千股的大单，一只三天前价格再低也无人问津的股票突然变得炙

第22章 没有永恒的利益体

手可热。请你不要忘记,事实上,大众只不过是从报纸上了解到我曾经是成功的大赌徒,而这完全得益于两位想象力丰富的记者。

在股价上涨的第三天,我开始将联合炉具出手了,此后的第四天和第五天也陆续卖出;现在我可以松一口气了,因为巴恩斯质押在马歇尔国民银行,作为350万美元贷款质押品的10万股已经全部出手了。如果成功炒作的衡量标准就是作手是否能用最低的成本达成目的,那么这次联合炉具的案子无疑是我在华尔街生涯中最漂亮的一战。我根本没有吃进任何股票,甚至无须买进再卖出。我在股价尚未达到最高点时,就开始卖出,也省去了在价格一路走低时再急于卖出的动作。一切都像美梦一样,毫不费力就找到了足够强大的买盘,这种事发生在急于脱手时就更显幸运。弗劳尔州长的一个朋友说过,这位伟大的多头作手曾经替一个集团进行操作,使其获利卖出5万股,但是弗劳尔的公司获得的利润更为丰厚,他们收取了超过25万股的交易手续费。W.P.汉密尔顿(W.P.Hamilton)也说过,詹姆斯·基恩共计交易了70万股,才将22万股联合铜矿公司成功出脱,这种手续费成本真是惊人啊!与此相比,我实际上只支付了替巴恩斯卖出10万股的手续费,真是节省得无以复加啊。

我答应替朋友巴恩斯卖光股票的诺言已经兑现了,但炒作小组承诺说要募集的资金并没有全部到位,而我无意对已经出手的任何股票再进行回购,我觉得自己该找个地方散散心,歇一歇了。时隔久远,有些事情已经变得模糊了,但我仍然记忆清晰的是,我对这只股票放任自流,任其自生自灭,很快,这只股票的价格开始出现下跌。有一天,整个

▲ 市场是愚蠢的,你也用不着太聪明。你不用什么都懂,但你必须在某一方面懂得比别人多。
★ 索罗斯

市场很疲弱，一位失望的多头决定将手中联合炉具的股票快速出手，在他的卖压下，股价一路狂跌，直至跌破我买进期权的价位——40美元。这只股票已经成了烫手的山芋，没有人愿意接手。我早就说过了，我对大盘的走势并没有信心，而我能够在这种情况下将10万股顺利出脱，不能不说是一个奇迹。那些乐于通风报信的好心人预测失误了，一周之内，股价非但没能够被拉抬20~30美元，反而因为没有了支撑，股价形成了持续下跌的习惯。某日，股价下跌的幅度很大，已经跌到了32美元，可谓是这只股票有史以来的最低点。或许你应该还有印象的，巴恩斯和原来的炒作集团曾经努力将价格钉在37美元，以免他们的10万股被银行拿到市场上断头。

那天，我正在办公室里悠然地研究大盘的走势，有人通报说伍尔夫想要见我。我让通报之人请他进来。他横冲直撞地就进来了，虽然他的身材不是很魁梧，但是看起来他的怒气已经让他全身膨胀了，我马上就意识到这一点。他冲到我站着看股票机器的位置上，叫嚷着："嗨，你到底在耍什么把戏？"

"请坐下说，伍尔夫先生。"我礼貌地说，然后自己也坐下来，以使他可以平复一下过激的情绪。

"不必坐了！我只想知道这一切到底是怎么回事！"他的声音瞬间又抬高了八度。

"你指的是什么？"

"你到底对它做了什么？"

"我不明白你的意思。"

"那只股票！那只股票！"

"哪只股票？"我明知故问。

我的态度让他越发生气，因为他几乎是怒吼着说："联合炉具！你对它做了什么手脚？"

"我什么都没做！我真的一无所知，有什么不对吗？"我问道。

他静静地瞪着我看了一会儿，才继续吼道："你看看价格！自己睁眼睛看看！"他已经出离愤怒了，所以我站起来看看报价。

我说："价格现在是31.25美元。"

"没错！31.25美元，我的那些股票都没有出手呢！"

第22章 没有永恒的利益体

"我知道你有6万股。你持有这批股票的时间已经不短了,因为当初你买进葛瑞炉具时——"

他迫不及待地打断了我的话,插口说:"但是后来我又买进了一些,其中有的进价高达40美元!所有这些股票我都没来得及出手呢!"

他气势汹汹地瞪着我,我无奈地说:"我并没有叫你买进啊。"

"你说什么?"

"我没有让你那么贪心啊。"

"你确实没有让我吃进,但是你已经打算要拉抬股价的。"

"我这样做的理由是什么呢?"我开始反问他。

他瞠目结舌,很久之后才再次开口,他说:"你已经计划要拉抬股价,你有钱购买这只股票。"

"你说得没错,但实际上我一股都没有买。"

这致命一击让他彻底崩溃了。

"你没有买股票?你有超过400万美元的现金可以操作,却根本没有出手?"

"我的确没有买!"我重复说。他因极度的惊讶和气愤沉默了良久,终于有气无力地问我:"告诉我你这样做的理由!"

我知道他内心里对我已经深恶痛绝了,他的眼神已经说明了一切,于是我开诚布公地说:"伍尔夫,其实你真正想问的问题是:为什么我没有用50美元以上的价格,接手那些你在40美元以下买进的股票,我说得没错吧?"

"不,不是这样的。你拥有以40美元买进股票的选择权,而400万美元的现金对于拉抬价格来说也足够了。"

"确实如此,但是我没有碰那笔钱,而且我的操作也没有给这个集团造成任何的损失。"

"听我解释,利文斯顿——"

他还想继续说什么,但是我阻止他再说下去。"你听我说,伍尔夫!你、戈登和甘恩持有的20万股已经绑死了,你们也非常清楚即使我拉抬股价,大量股票拥进市场的情形也不会出现。而我必须拉抬股价的原因有二:一是替这只股票创造市场性,让交易活跃一点;二是从40美元的选择权中获得自己应得的利润。但是，对于自己长期持有的6万股只卖到40美元，你心有不甘，也可能是因为你并未从这个集团中分配到任何利润，所以你决定在40美元以下，继续吃进大量股票，一旦我用集团的钱拉抬价格，你就会将这些股票高价卖给我，自己就可以从中获利了。你觉得自己已经完全预见到了我接下来会做的事情，你要在我买进之前买进，要在我出货之前出货。直截了当地说，你把我当成了你的不二买家，或许你还指望着我会把价格拉抬到60美元以上。局势已经清晰可见，你很可能买了1万股，已经在坐等我去接盘了，退一万步说，即使在我这里你的如意算盘没能奏效，你也可以向美国、加拿大和墨西哥的每一个人报消息，而对于这样做会给我造成的不利影响置之不理。你所有的朋友对此也都心知肚明，在他们和我一起买进时，你志得意满。你报消息给你的好朋友，让他们跟着吃进股票，然后再将消息传给他们的朋友，第三层接受消息的人再传给第四层、第五层，依此类推，或许你们还希望有第六层这样的傻瓜。于是，当我终于决定将股票出手的时候，会发现自己面对的是若干聪明的投机客。伍尔夫，你的如意算盘打得真不错！在我还没来得及购买股票时，联合炉具就开始上涨，我当时的惊讶应该完全在你的预料之中；那你也可以想象到我内心难言的激动，能够以40美元的价格将10万股成功出手，卖给准备用50美元或60美元接手，然后再将其倒还给我的那些人，这真是出乎我的预料啊！我没有用那400万美元替这个集团赚钱，显得很没有经济头脑吧？我可以用那笔钱购买股票，但前提是我确认出手的时机相当成熟才行，遗憾的是我并不认为自己有必要买进。"

伍尔夫在华尔街上摸爬滚打的时间不短了，他懂得让自己的怒火适时而止。在我说话的过程中，他已经让自己冷静了下来，等我说完话，他用友善的语气说："拉里，正所谓不打不相识，咱们也算老朋友了，给我指条明路吧！"

"随你们吧，与我无关。"

"宰相肚里能撑船，别和我一般见识了。如果换作是你面临这样的情形，你会怎么做？"

我很认真地说道："如果我是你，你猜我会如何处理？"

"怎么办？"

"我会全部脱手！"我大声说。

第22章 没有永恒的利益体

他对我凝视良久,没有再说什么,转身离开了我的办公室,此后再也没有踏进这里。时隔不久,戈登参议员也终于找上门来,他也是焦急地指责我给他们造成了困难。随即甘恩也加入了这支讨伐大军。在炒作小组成立之前,他们的股票根本无法大量出脱,对这一点他们都避而不谈,只是一味地强调是我在掌握这个小组的几百万美元,而且股价一度达到过44美元,那时交易也很活跃,我却毫不作为,没有替他们出售持股,现在股价跌到了30美元,而且股市也变得疲软而冷清。按照他们的想法,我有义务替他们出脱股票,并让他们因之得利。

只需稍加时日,他们就会冷静下来。这个小组丝毫没有亏损,而且主要的问题仍然没有得到解决——卖掉他们的股票。几天之后,他们又来向我寻求解决问题的办法,其中属戈登的态度最为坚决,最后我要求他们把共同持股以25.5美元锁住,我可以提供服务,条件是股票以这个价格出售后,利润我要分得一半。

这只股票最后的报价在30美元左右,而我需要在这个时候为他们出脱股票。受大盘走势的影响,加上联合炉具这只股票不活跃,出脱股票的唯一方法就是一路向下卖出,而且不要想着先把价格拉高。我可以确定无疑地说,如果靠一路拉升去出货,一定会收到一缸子股票;若是压低出货,还是有人愿意接盘的。他们总是认为,股票从上一波高点下跌15或是20美元后,买进还是划算的,而这个近期才出现的高点似乎预示着反弹即将出现。经历过联合炉具股价44美元的历史价格,现在低于30美元的价格,看起来很有诱惑力。

毫无悬念的,这种卖法让出手变得异常顺利。贪图便宜的人大量买进,让我能够卖出这个小组的持股。但是你觉得戈登、伍尔夫或甘恩会对我心存感激吗?当然不会。他们仍然对我抱有成见,至少他们的朋友是这样告诉我的。他们把我对他们做的事情经常挂在嘴边,无法原谅我没有按照他们所期望的那样,自己出力拉抬股价。

事实上,伍尔夫和其他人所散布的利多消息帮了我大忙,否则我想要卖掉银行的10万股简直就是痴人说梦。如果我依照以往的经验去做,或者说用合理而自然的方式去做,对我所能卖到的任何价格我都不会拒绝出手的。我曾经说过,我们已经进入了熊市。在这种市场中,卖出的唯一方法即便不是不惜一切代价，也一定是要花上血本的。此外，别无他法，但他们可能并不认同我的说法。他们仍然余怒未消，我却并没有将之放在心上，因为生气毫无意义。多次的经验教训让我受益匪浅，我深知冲动易怒的投机客无药可救，虽然在这件事情上，他们的牢骚没留下任何后遗症。

但还发生过一件奇怪的事情，这里我有必要说一下。某日，我妻子到一位口碑极好的裁缝师那里定做衣服，这位女裁缝手艺高超、服务热情、性格温顺。我妻子去她店里的次数多了之后，她们之间自然就比较熟悉了，于是女裁缝对我妻子说："我希望利文斯顿先生可以尽快拉抬联合炉具，因为听说他打算拉抬这只股票，而他在所有的交易中都相当成功，我们也就跟着买进了一些股票。"这些无辜的人可能因为听信了那些消息，从而给自己造成了经济损失，真让人痛心疾首，所以我从来不给人消息。那位女裁缝让我觉得伍尔夫的不满毫无天理，而我对他的不满才真正情有可原。

第23章
当心"匿名内幕人"的"忠告"

股票投机永远都会存在,这也是大众的希望,无论怎样强调投机的危险也无法阻止投机行为。无论如何能干或是经验多么丰富,预测错误总是在所难免的。因为意外之事时有发生:失败可能源于人力不可抗的天然灾害或是气候使然,也可能来自你自己的贪婪或虚荣心,来自恐惧担忧或无法控制的希望。排除这些天然的敌人,股票投机客还必须去应付那些在正常情况及商业状况下的坑蒙拐骗。

对于25年前初到华尔街时一些市场风气我记忆犹新,必须承认有很多地方都在朝着好的方向发展。旧式的对赌行已经消失得无影无踪了,但是骗人的经纪行仍然人满为患,坚持要玩快进快出的男男女女都在这里付出了相应的代价。证券交易所的表现可圈可点,不但揪出了这些不折不扣的骗徒,也制定了所有会员公司必须严格遵守的操作规则。许多健全的法令规章和限制都得以严格实施,但是仍然存在有待改善的不足之处,某些恶行也没有完全杜绝,当然原因在于华尔街根深蒂固的保守习性,与人们的道德素养无关。

股票投机获利原本就不容易,现在越发困难了。不久以前,真正的交易者对于挂牌的每一只股票,几乎都具备合宜的操作知识。1901年J.P.摩根在纽约证券交易所,成功推出了美国钢铁公司股票,它是由一些较小的联合公司组合而成的,那时证券交易所挂牌的股票只有275只,另外在"未上市部门"交易的有100只左右,其中有些股价已经失去了意义,因为都是些流通盘非常小的股票,或者是第三方担保付息的保证股,它们交易不活跃,也不具备投资吸引力。事实上，很多股票一年内也未进行过任何交易。而今天，正常的挂牌股票已经增加到了900只左右，在我们最近这样活跃的市场中，差不多有600只股票进行过交易。此外，旧式的股票板块分类也相对简单得多。因为它们不但数量少，而且资本额也很小。交易者需要了解的市场信息面也较为狭窄。但是，今天你可以交易每一种股票，可以说几乎每一种行业都有公司挂牌上市。单是要保持消息灵通，就需要花费大量的人力、物力和时间，从这一点来看，操作者的投机变得困难多了。

买卖股票的投机者有成千上万个，但是成功获利的人只是其中一小部分。就某方面来说，因为大众总是"流连"在市场中，所以他们多半都在亏损。无知、贪婪、恐惧和希望，都是投机客致命的敌人。无论法令规章和证券交易所的规则多么完备，都不能把人的这些动物天性抹去。一些突如其来的意外也会把最严密的计划打得支离破碎，即使是冷静的经济学家或热心的慈善人士对此也无能为力。有时候还会出现一些刻意误导投机者的消息，它们不是那类直截了当让大家去买某只股票的消息，这些消息通常会被五花八门的伪装所掩盖，当然其中也暗含了更多的危险，更容易给投机者造成损失。

外行之人常常会依靠消息或谣言进行交易，它们有的是口头传言，有的被印成文字，有的直接明确，有的婉转暗示。要知道有些消息你是无力与之相抗衡的。比如说，一位亲密的朋友诚恳地希望让你变得富有，向你进行了某种暗示，也就是说他买了或卖了某些股票。他确实是出于好心，但若是消息有误，你能怎么办？而且面对那些专门传播小道消息的专家或骗徒时，普通投机者所能得到的保护，和他们遭遇兜售假金块或假烟酒的程度一样，也就是说对于典型的华尔街谣言，投机大众是不具有自我保护能力的，也无法得到补偿。

众多销售证券的自营商、作手、内幕集团和个人，利用各种手段以最好的价格出售他们多余的持股。报纸和新闻播报器传播的各种利好消息是最难辨真伪的。任何一天的财经版都刊载了极多暗示自己带有半官方性质的声明，发表声明的权威人士是一些"重要的内部人士""著名的董事""公司高层人员"或是"权威专家"等，大家对这些人的观点深信不疑。我从今天的报纸上随意挑了一则，内容如下："银行业领袖说为时尚早，不能断言熊

第23章　当心"匿名内幕人"的"忠告"

市会出现。"真的出自某位银行业领袖之口吗？如果是真的，他为什么要这样说？他为什么不愿意署名呢？是否他的名字刊出来之后，可信度会增加？

再听听这条消息，是关于本周股票交易相当活跃的一家公司的新闻。这次发表声明的是一位"著名的董事"，究竟是这家公司几十位董事当中的哪一位仁兄在说话？显然，用这种不具名的方式说话，没有人需要为此承担任何后果。

股票交易者除了需要明智地研究各地的投机，还需考虑一些跟华尔街股市游戏有关的事实。也就是说，交易者不但要考虑如何赚钱，还要避免亏钱，了解什么应该做与什么不应该做都很重要。谨记，某种形态的炒作几乎在个股的所有涨势中都能见到，这种涨势是由内部人士发动的，目标就是为了以最能够获利的方式卖出股票。一般经纪行的客户都有这样的观点，对股票上涨的理由穷追不舍的才是精明人。不用说，作手为了解释这种涨势以方便自己出货，自然会提供一个精心算计的理由。我始终认为，如果主管机关规定利多声明必须署名，那么大众的损失会大大减少。我指的是人为安排、诱导大众买进或持有股票的声明。

基本上所谓不具名董事或内部人士的权威文章，都是在试图传播不可靠和错误的消息给大众。大众因为错误地认定这是半官方的声明，就毫不怀疑，为此损失惨重。

比如说，某家公司的经营业务经历了相当长的低迷期，这原本就是一只冷门股票，其报价也已经明确地说明了大众对这只股票价值的真正看法。如果股价相对于其真实价值过低，一定会有人跟进，股价就会上涨；如果相对于真实价值股价过高，有人就会卖掉这只股票，股价就会下跌。如果这两种情形都没有出现，就没有人会谈论它，更不会采取任何行动。假设这个公司的经营业务出现好转，首先一定是内部人士最先掌握情况。接下来会怎样？如果经营状况持续良好，盈余一直增加，公司就有机会派发红利，如果该公司之前也没有停止派发红利，那么现在就可能增发红利。总而言之，这只股票的价值也就增加了。

如果情况继续好转，管理层或股东会将这些情况公布于众吗？会有善良的董事发出具名的声明，让关注报纸财经版或喜欢看通讯社报道的读者从中受益吗？会有一些谦虚的内部人士发出公司远景极为美好的不具名声明吗？

所有人都会闭嘴不谈，包括报纸和新闻播报器。

这种股票价值增加的内幕会被瞒得滴水不漏，同时沉默寡言的"著名内部人士"则会进入市场，将所有便宜筹码一网打尽。在这些消息灵通却不张扬的买盘持续进行时，股价就会开始上涨。财经读者认为内部人士一定掌握股价上涨的内幕，于是就会发出疑问。所有不肯具名的内部人士都将噤若寒蝉，更有甚者会宣称，他们对股票市场的不稳定波动和投机客的怪异行动毫无兴趣。

涨势依然如故，直到某日，掌握内幕的人无力继续购进股票，各种各样的谣言才会在华尔街再度开始传播。"权威的消息表明"某公司的业务已经开始出现转机，股东有足够的理由对公司的远景深感鼓舞，而发表这则消息的人与过去否认掌握这只股票上涨原因的正是同一个人。

利好消息纷至沓来，受到鼓舞的大众开始买进这只股票。这些买盘协助股价一路上涨。时机合宜之时，不愿具名的董事们所言之事都得到了证实，公司恢复派发红利，有时还会增发红利。在这种消息出来后，利好传闻奔涌而出，不但数量有所增加，散布消息的人也更为热心。一位"重要的董事"被要求简明扼要地说明现状时，会向全世界宣告，状况之好完全超出了人们的想象。一位"重要的内部人士"经过记者的百般央求后，终于承认盈余简直高得惊人。一位跟公司业务有关的"著名银行家"，也无奈地指出销售量的扩增已经打破了纪录，即使再也没有其他订单进来，眼下的订单业务也要忙上若干时间。一位"财务委员会的成员"在报纸的特别声明里，表达了自己的震惊，不能理解大众何以对这只股票的上涨感到惊异，在他看来这

> 如果你想从政府官员那里得到投资建议，这会把你推向贫民窟。
> ★ 索罗斯

第23章 当心"匿名内幕人"的"忠告"

只股票股价上涨得已经太慢了。在公司即将推出的年报里,任何人都能够轻易得出这样的结论:这只股票的净值远高于其市场价格。但是,无论是什么情形,乐于发布意见的好心人都不愿意具名。

只要还有盈余,只要内部人士没有发现公司营运不良的迹象,他们就一直持有当初低价买进的股票。既然股价不会被压低,有什么理由要卖出?但是,公司的经营状况不佳的时候,你说会发生什么事情?他们会发出声明或警告,或者进行什么暗示吗?当然不会。当经营趋势出现下滑,他们会悄悄地将股票出手,就像公司业务尚佳时,悄然买进股票一样。股价在这种内部卖压下,自然会出现下跌。很快,大众所熟悉的"解释"又开始不绝于耳。"重要的内部人士"声称一切进展顺利,跌势只是空头企图影响大势刻意营造的结果。如果某日,股价居然开始出现剧跌,要求说明"原因"或"解释"的质疑之声会变得更大。大众惧怕最糟糕的情形出现,他们需要一些解释缓解紧张的情绪。因此新闻机构的机器适时印发出这样的消息:公司一位重要的董事对股价疲软给出了解释,今天下跌完全是空头打压所致,基本形势没有改变。公司目前生意兴隆,而且除非有完全无法预测的事情发生,下次董事会可能还会讨论提高分红率。市场上的空头有恃无恐,股价疲软是他们所为,目的是要清洗出意志不坚的持股人。新闻机构希望将充分的新闻传达给大众,或许还会对他们得到的"可靠的消息"加以适当的补充说明:内部人士在股价下跌时买进了大部分股票,空头会发现卖空使得自己陷在空头陷阱里,他们终究会自食恶果。

不只大众会相信利好声明,继续买进股票,最后遭到损失,也有人因听信谣言没有及时卖出,而遭到亏损。阻止大家卖出自己不想吸进的那只股票,对于想要卖出既定股票的"重要内部人士"来说也是有帮助的,大众看了"重要董事"的声明后,会对这只股票不会下跌一事深信不疑,相信暂时的下跌源于空头的卖出,只要空头停止卖出,内部人士会适时发动一次惩罚性的涨势,空头如果被迫高价买入平仓,就会损失惨重。大众的轻信无可厚非,因为如果跌势确实源于空头的打压,行情的发展的确如此。

股价还在下跌,将过度卖空的空头轧得死去活来的诺言没有人去兑现,股市的反弹没有如约而至,这很正常,因为市场根本无力消化内部人士脱手的大量股票。

这批由"重要董事"和"重要内部人士"卖出的内线持股,被专业交易者不停地买卖着。股价不断下跌,看不到止跌的希望。内部人士知道产业状况对公司未来的盈余影响很大,所以在公司的业务未见好转的情况下,不敢出手做支撑,就算有一天转机出现,内部人士也只会默默地买进,不会大张旗鼓地宣传。

我做了多年的交易,而且也可以算得上是消息灵通的人士,但我无法判断哪一次的股价大跌是由空头打压造成的。所谓的空头打压,不过是基于对真正情况的透彻了解而及时卖出。但是,将股价下跌归因于内线的卖压或不支持,却是信口胡言,因为当内部人士卖出、股价大跌时,每一个人都会急着抛售,只有人想卖出却没有人愿意买进,情形一定很惨。

大众必须牢记一点:股价长期下跌绝不是空头打压所致。一只股票不断下跌时,背后一定存在着隐情,不是市场有问题,就是公司本身有问题。如果下跌行情是不合理的,那么股价很快就会跌破面值,价格低于实际价值时,人们就会买进,而买盘则会阻止跌势。事实上,空头卖出股票获利时,往往是股价走到最高的时候。你可以用全部资产做赌注,但内部人士不会向世界宣布这个事实。

最典型的例子当属纽黑文铁路公司,当时只有少数人了解的内幕现在已经人尽皆知。1902年时,这只股票价格高达255美元,是属当时新英格兰地区第一流的铁路投资标的。是否拥有这只股票,是当时美国东北部地区人衡量自己在社区里受人尊敬程度和地位的依据。如果谁敢说这家公司前途堪忧,他不会因此被送进监狱,而是会和其他疯子一样,被关进精神病院。然而当一位胆大妄为的新总裁——查尔斯·梅林得到了摩根先生的任命走马上任后,惨剧拉开了帷幕,没有人会预料到新政策会使这家铁路公司沦落到今天的地步。但是,当数笔大额投资以虚高的价格添加到其身上后,一些目光敏锐的观察家开始持怀疑的态度了。价值200万美元的电车系统,转手就能够以1 000万美元卖给纽黑文铁路公司,一两位直言不讳的委员会成员,因此指责经营阶层行事鲁莽,暗示说这种挥霍对于纽黑文这样的公司也是致命的,这种话好像蜉蝣撼大树,毫无意义。内部人士总是最先看出大难即将临头,随着公司经营状况的恶化,他们开始减少持股。由于他们的卖压和不支持,这家风靡一时的铁路股票开始走软。大众迫不及待地寻求解释,解释也出现得

第23章　当心"匿名内幕人"的"忠告"

很及时。"重要的内部人士"宣称，他们不认为哪里出错了，跌势源自鲁莽的空头打压。所以，新英格兰地区的"投资人"并没有将他们持有的纽黑文铁路公司的股票出手。为什么要出手呢？内部人士不是坚称没有问题，完全是空头卖空造成的吗？公司不是没有停止派发红利吗？

但公司董事承诺的轧空现象并未得见，新低价纪录倒是出现了，内部卖压已经变得越发明显。波士顿有公益精神的民众纷纷要求给出真正的解释，要知道这只股票暴跌的真正原因，因为新英格兰想追求安全投资和稳定红利的人，都因此遭受了巨额的损失，却还要承担股票投机客的罪名。

这只股票从255美元跌到12美元，完全打破了历史纪录，这绝非空头打压造成的，跌势并非缘起于空头打压，一路狂跌更是与空头打压无关。内部人士从来没停止过出售该股票，而且卖的价格，总是高于他们在说明真相或容许真相说出来之前的价格。无论这只股票的价格是250美元、200美元、150美元还是100美元、50美元、25美元，都高于这只股票的实际价值，对此内部人士心知肚明，大众却被蒙在鼓里。大众买卖一家公司的股票，想要从中获利，如果能预先掌握一些这家公司的业务内幕，这样或许才能有获利的希望。

在我20年的从业经验中，跌势最惨的一些股票都与空头打压无关，但是，大众习惯于接受这种解释，所以会亏损几千甚至几百万美元。这种解释让那些本已对股价走势不满的人不甘于出手，他们总是期望在空头停止打压后，股价会立刻回升，而卖出持股只是时间问题。我曾经听到有人指责基恩，而此前，大家习惯把查理·伍利雪佛（Charley Woerishoffer）或阿迪森·柯马克（Addison Gammack）当成代罪羔羊，现在，我成了代罪羔羊。

对于山谷石油公司（Intervale Oil）的例子，我记忆犹新。有一个内幕集团在后面为之拉抬股价，并且在涨势中找到了一些买主。当股价被炒到50美元后，作手们卖出持股，随后股价迅速下跌。人们随即发出质疑：为什么山谷石油这么疲软？关注的人太多了，以致答案变成了重要的新闻。一家财经通讯社为此采访了最了解山谷石油股市行情的经纪商，希望得到一个可以刊登出来向全国人民解释的理由。这些属于多头炒作集团成员的经纪商将责任推给了我，"原因很简单，拉里·利文斯顿在打压股市！"他们还补充说，准备要给我点颜色看看。但是山谷石油的内幕集团并未停止卖出，虽然那时股价在12美元左右,他们即使把它卖到10美元以下,平均卖价还是高于他们的成本。

内部人士压低出货是明智之举,但对于付出35美元或40美元的外人来说,情况则恰恰相反。外人看到新闻报道之后,就抓住股票不放手,等着利文斯顿被怒不可遏的内幕集团狠狠地修理一番。

在牛市中,尤其是在景气热潮中,大众开始的时候都是能够获利的,但所有赚来的钱最后还是会还给市场,因为他们在牛市中流连忘返。对于那种不具名的内部人士给出的解释,大家一定要慎重对待。

第24章
做多做空不信谣言

大众对各种小道消息总是充满了渴望，所以报消息和听消息的现象才会如此普遍。经纪商利用自己从媒体或亲友那里得到的消息，在顾客进行交易的时候给出各种建议，本身是无可厚非的。但是，过于细致的描述实际状况就稍显不妥，因为实际状况的出现会落后于市场的走势6~9个月。经纪商不应该单凭今天的盈余就建议顾客购买某只股票，除非确信6~9个月后该公司的营运依然可以维持相同的获利率。如果可以清楚地看到那么远，能够毫无偏差地从眼前的情景判断出未来情势的发展，关于股价便宜的论证早就不存在了。交易者必须目光远大，但是，经纪商只对每一笔手续费感兴趣，因此一般证券商出版的杂志都有误导的嫌疑。证券商和经纪商一样从大众的手续费中获利，于是他们会设法利用他们的杂志对大众做诱导，希望大众购买内部人士或作手所持有的全部股票。

内部人士拜访证券公司老板的现象屡见不鲜，拜访者说："我希望你能够创造一个市场，让我可以散出5万股。"

于是双方就细节问题展开讨论，内部人士说："如果这只股票的报价是50美元，我会以45美元的价格，给你5 000股的买进期权，股价每提高1个点，另外给你加5 000股的买权，共计给你5万股期权。你同时拥有5万股的卖出期权，价格按市价定。"

对证券商来说，赚这样的钱如探囊取物，只要他拥有大量拥趸者，当然了，这样的证券商自然是内部人士需要的。一家证券商如果有线路直通分公司和全美各地的关系经纪行，很容易就可以找到大量乐于参与这种交易的追随者。请记住，由于卖出期权的关系，这家证券商打的绝对是有把握之仗。只需引导顾客跟进，就能够将他的全部持股快速散出，不但能够获得庞大的利润，正常的手续费也是一笔不菲的收入。

华尔街一位著名内部人士的"剥削"方式让我记忆深刻。他可以放下身段拜访一家大证券商的大牌经纪商，甚至会直接去见公司的某一位小股东。他一般会这样说："对你们之前的多次帮忙我心怀感激，因此，我想要回报给你们一个绝佳的赚钱机会，我们正在组建一家新公司，以便吸收我们关系企业中某家公司的资产，我们希望把这只股票炒高一些。这只股票目前的价位是72美元，如果你愿意以65美元的价格买进，我可以按照这个价位转给你500股。"

这位心存感激的大牌经纪商喜不自胜，忍不住把这个消息透露给了别的大牌经纪商。既然获悉此消息的人都混迹于华尔街，遇到这种稳赚不赔的股票时，该如何做呢？理所当然是建议身边的每一个人买进这只股票。这些大牌经纪商们会协助内部人士创造一个市场，让其能够以高价把他的好东西卖给大众。

还有一些卖出股票的手法不值得提倡。比如说，挂牌上市的股票在场外用分期付款的方式，向一般大众进行销售，这在证券交易所里应该明令禁止才对。正式挂牌报价对任何股票都有一种约束力，何况，决定是否要购买一只股票的因素很多，包括参与自由市场的合法证据，还有价格上的差距等。

还有一种出售股票时惯用的手法是拆分股票来增加股票数量，懒于动脑的大众总会因此损失千百万美元，却没有任何人需要为此负责，因为这种方法没有违背任何法律，完全是基于市场的需求去增加股本。这种做法其实并没有对股票的性质产生什么影响。

无论老股是以1股兑换2股、4股还是10股，这种做法的终极目的不过是要让原有的股票可以顺利卖出。老股价格就仿佛是一磅的包装，标价为1美元，却很难销售出去，但如果改成1/4磅的包装，标价为25美分，销路可能就好了很多，没准还可以卖到27美分或30美分。

为什么大众从来不去探究股票需要拆分再出售的深层次原因呢？这又是华尔街"慈善家"们玩的一点小把戏，但是，聪明的交易者务必要警惕这种

第24章 做多做空不信谣言

与"特洛伊木马[①]"性质极为相近的东西,这个警告放之四海而皆准。如果大众对此置若罔闻,每年就会损失数百万美元。

企图利用编造或散播谣言的手段,对个人、公司的信用或业务造成恶劣影响,终究逃不过法律的制裁。换言之,制造可以影响大众卖出的谣言,以便压低证券价值,是法律所不允许的行径。这则法律原本的意图不过是希望处罚那些在情势紧张时,质疑银行的能力,造成民众恐慌情绪的人。当然,这条法律对于大众也是一种保护,使其尽量避免以低于真正价值的价格出售股票,减少不必要的损失。换言之,美国的法律会惩处那些四处散布利空谣言的人。

那么,如何阻止大众以高于真正价值的价格购买股票呢?如何惩罚散布无稽利多消息的人呢?无解。而依据不具名的内部人士建议,很多大众会在高价位买进股票,这种损失是最严重的,与大众在所谓的"打压"时,听从利空的建议,以低于真正价值的价格卖光股票的损失相比,前者远胜于后者。

所以我们需要这样一种法律,不但要处罚说谎的空头,也要惩罚说谎的多头,如果真的拥有了这样的法律,大众的损失会减少几百万美元。

如你所料,承销机构、作手和因为不具名乐观说法而从中获益的人对此会持反对意见,他们认为任何人听信谣言和不具名的声明进行交易,都是自作自受,与别人无关。如果这样的说法可以成立,那吸毒成瘾者也就没资格接受法律保护。

为大众营造一个公平的交易环境,证券交易所义不容辞。如果有所谓的内部人士想发表声明,并且希望大众相信他所说之事,或者采纳他的意见,请实名制发布,并承诺为自己所言负责。为利好消息签名负责,虽然不会保证好事成真,但至少"内部人士"和"董事们"在胡言乱语时会收敛许多。

普通投机者牢记股票交易的要素很有必要。一只股票上涨时,不必花费过多的精力去研究股价上涨的原因,持续的买进会让股价继续上涨。只要股价没有出现停涨,中间只是偶尔出现一些自然的小幅回档,那么最安全的做法就是跟着涨势走。但是,如果股价经过长期的稳定上涨后,逐渐呈现下跌

[①] 特洛伊木马的故事是在古希腊传说中,希腊联军围困特洛伊久攻不下,于是假装撤退,留下一具巨大的中空木马,特洛伊守军不知是计,把木马运进城中作为战利品。夜深人静之际,木马腹中躲藏的希腊士兵打开城门,特洛伊沦陷。后人常用"特洛伊木马"这一典故,用来比喻在敌方营垒里埋下伏兵里应外合的活动。本文此处是指拆分股票的行为背后隐藏着出货的真实目的。——译者注

的态势，反弹出现的频率也越来越低，就意味着阻力最小的路线已经从向上变成向下。情形就是如此，过多的解释有什么必要呢？股价下跌很可能有正当的理由，但这些理由只掌握在少数人手里，他们要么拼命掩饰理由，要么反而误导大众说这只股价很便宜，正是买入的好时机。这就是游戏的本来面目，大众应该对此心里有数，少部分掌握内情的人不会把事实公布于众的。

无论所谓的"内部人士"或"董事"在发表声明的时候是否具名，其言论都不足以采信。有时候，这些声明并不存在，只是在市场上拥有重大利益的某些人凭空杜撰出来的。如果某种证券价格正处于上涨时期，持有大量该股的内部人士为了便于交易这只股票，很乐于获得专业人士的协助。但是，内部人士可能告诉大赌客买进的时机，但是却绝对不会告知合宜的卖出时机。大作手因而与大众站在了同样的起跑线上，只是他必须要有一个够大的市场，让他可以顺利出货。这种时候，最具煽动性的信息就会向大众放出来。当然，有些内部人士完全不值得信任，无论是处在这种游戏的哪个阶段。一般情况下，大公司的老板也可能运用内幕消息在市场上采取行动，但这些人习惯于闭口不谈，而不是说谎，因为他们深谙沉默是金的道理。

我一再表示，而且是不厌其烦地说，以我身为股票作手几十年的经验看来，我不相信在股票市场上存在常胜将军，但是，的确有人可以在某些特殊情况下，从一些个股上获得利润。但无论交易者的经验多么丰富，他一样存在因错误操作而造成亏损的可能性，因为投机从来都不会是十拿九稳的事情。华尔街的专家都明白一个道理，根据"内部"消息进行操作，会比饥荒、瘟疫、歉收等自然灾害和政治变革或所谓的意外事故等，更容易加快破产的速度。无论在华尔街还是任何其他地方，成功从来都不会是一片坦途，既然如此，为什么还要在成功的道路上给自己设置更多无谓的障碍呢？